노리치의 줄리안

팬데믹 시대와 그 이후를 위한 지혜

KB192272

노리치의 줄리안

2022년 11월 15일 초판 1쇄 펴냄

지은이 매튜 폭스
옮긴이 이창엽
편집 이만근
펴낸이 신길순

펴낸곳 (주)도서출판 삼인
전화 02-322-1845
팩스 02-322-1846
이메일 saminbooks@naver.com
등록 1996년 9월 16일 제25100-2012-000046호
주소 (03716) 서울시 서대문구 성산로 312 북산빌딩 1층

디자인 끄레디자인
인쇄 수이북스
제책 은정

ISBN 978-89-6436-228-0 03230

값 16,000원

노리치의 줄리안
팬데믹 시대와 그 이후를 위한 지혜

Julian of Norwich
Wisdom in a Time of Pandemic—and Beyond

매튜 폭스 지음 | 이창엽 옮김

이 책에 쏟아진 찬사들

우리가 지금 경험하는 것보다 더 치명적인 전염병을 더 오랫동안 겪고 여러 번 살아남은 학자가 있는데, 그가 현명한 여성이자 우리의 친구라면 어떨까. 그녀가 무슨 말을 했는지 알고 싶지 않을까? 매튜 폭스를 통해 만나는 노리치의 줄리안이 그 사람이며, 그녀는 바로 지금 우리에게 필요한 정신적·감정적·영적 백신 같은 친구이다.

글로리아 스타이넘Gloria Steinem, 여성운동가

매튜 폭스가 그리스도교의 개혁을 위해 되찾은 중요한 인물들과 사상들을 보면, 마치 유능한 인재를 발굴하라고 하느님이 고용한 존재 같다. 그는 그 원천을 알고, 그것을 현대어로 번역해 전한다! 힐데가르트, 에크하르트, 아퀴나스에 대해 알려줌으로써 중요한 스승이자 안내자가 된다. 과거와 유사한 팬데믹 시대를 겪고 있는 사람들이 "이제 사랑하고 믿는다는 게 무슨 의미인가?"라고 물을 때, 그는 노리치의 줄리안과 함께 다시 그 일을 한다.

리처드 로어Richard Rohr, 프란체스코회 사제

책 한 권의 존재와 힘 그리고 그것들의 필요가 한데 모이는 시간

이 있다면, 바로 지금이다. 매튜 폭스가 쓴 『노리치의 줄리안』은 팬데믹이 가져다주는 영적·감정적 의미에 대한 대답이다. 이 책은 코로나 바이러스가 가져온 좌절과 두려움을 영적 삶의 새로운 통찰로 변화시킨다. 우리 모두가 팬데믹에도 불구하고, 아니 팬데믹 덕분에, 평화와 기쁨의 삶 속에서 성장하기 위해서는 무엇을 해야 하는지 새롭게 이해시킨다. 무엇보다 이 책은 매우 흥미롭고, 흑사병 시대에 사람들이 어떤 경험을 했는지 잘 이해할 수 있게 해준다. 진심으로 이 책을 추천한다. 우리 자신에게 새로운 영적 에너지를 선물하기 바란다.

조안 치티스터Joan Chittister, 베네딕트회 수녀

여성들과 함께 싸우는 형제인 매튜 폭스 신부는 세심한 고고학자처럼 오랜 세월 쌓인 모래를 붓으로 쓸어내고, 그 아래 묻혀 있는 줄리안의 놀라운 축복과 설득력 있는 관점을 드러낸다. 줄리안은 현재와 매우 유사하게 전염병이 창궐했던 시기에 글을 썼다. 이 책은 고유의 영적 백신처럼 일부 사람들이 허둥댈 때도 우리가 침착할 수 있도록 도와준다. 그의 다른 책들처럼 이 책에서도 매튜 폭스는 유서 깊은 신성한 목소리에서 발견한 약으로 현대의 영혼들을 치유한다.

클라리사 에스테스Clarissa Estés, 『늑대와 함께 달리는 여인들』 저자

정말 훌륭한 책이다. 비범한 재능을 지닌 매튜 폭스가 애정을 가지고 지지하는 노리치의 줄리안의 글은 모든 생명들이 함께 호흡

하는 생태-영성 진리의 핵심에 이르는 이정표가 된다. 줄리안의 가르침은 만물이 하느님과 '하나'라는 심오한 진리를 나타낸다. 지금 같이 팬데믹이 초래한 혼란과 변형의 시대를 위해 책 한 권을 써야 한다면, 그것은 바로 이 책이다.

캐롤린 미스Caroline Myss, 교육가

이 멋지고 찬란하고 아름다운 책에서 매튜 폭스는 가장 위대한 그리스도교 신비가 중 한 사람인 노리치의 줄리안의 가슴속으로 우리를 초대한다. 그는 줄리안이 우리 시대를 위해 대단히 강렬하고 고무적인 안내자임을 보여준다. 그녀는 전염병이 만연하고 사회적 대변동이 일어난 시대를 살았지만, 인간성에 대한 희망과 하느님의 현존에 대한 기쁨을 결코 잃지 않았다. 영감을 받아 쓴 이 책은 고통과 혼돈이 휘몰아치는 한가운데서도 시대를 초월한 진리에 귀 기울이게 하고, 계속해서 하느님과 더 깊은 관계 속으로 들어가고 창조의 영광을 옹호할 수 있도록 용기를 불어넣는다. 아무리 많은 사람에게 추천해도 지나치지 않은 책이다.

앤드루 하비Andrew Harvey, 작가

참으로 위안을 주는 책이다! 매튜 폭스는 모든 것의 하나됨에 대한 줄리안의 통찰을 우리에게 다시 전한다. 줄리안은 전 세계가 팬데믹에 빠졌을 때 살았고, 두려움과 비통함을 꿰뚫어 보며 하느님에게 더 가까워졌다. 이 책은 위로가 되고 동시에 도전이 된다. 사회적 거리 두기를 해야 하는 우리 시대에 이 책을 통해 권력과 지

배의 역사를 지닌 문화와 단절하고, 하느님은 모든 피조물의 중심
에 깃든 사랑과 연민으로 생기 넘친다는 줄리안의 인식을 회복할
수 있을지도 모른다.

시몬 캠벨Simone Campbell, 사회정의 로비단체 '네트워크' 이사

"나는 노리치의 줄리안이 우리 시대를 위한 신비가이자 예언자이
며, 조용하지만 심오한 의식 혁명을 제공한다고 믿는다." 이 책의
저자 매튜 폭스의 말이다. 폭스가 소개하는 줄리안은 많은 교육을
받았고, 환시를 보았으며, 흑사병 시대에 여성 은수자로 살면서 책
을 썼다. 매튜 폭스가 오랫동안 창조 중심 영성과 지혜 전통에 대
해 책을 쓰고 가르친 덕분에 우리는 줄리안이 말하는 하느님의 여
성적인 면, 선함 그리고 혁명과 팬데믹과 기후변화가 일어나고 있
는 이 시대에 긴급히 필요한 그녀의 지혜를 알아볼 수 있다.

로렌 아트레스Lauren Artress, 영성지도사

이 책은 중세의 위대한 영성 저자 노리치의 줄리안의 환시적이며
동시에 현실에 기반한 세계를 알려준다. 자연 속에 있는 하느님과
여성적 신에 대한 줄리안의 메시지는 그 어느 시대보다 더 오늘날
과 밀접히 연관된다. 매튜 폭스는 줄리안의 통찰을 생생히 이해할
수 있게 해주고, 그녀의 책을 영적 조상들과 연결하고 또 현재 진
행 중인 위기와 연관 지어 영감을 준다.

루퍼트 셸드레이크Rupert Sheldrake, 『과학자인 나는 왜 영성을 말하는
가』 저자

지금까지 30년 동안 매튜 폭스를 친구라고 부를 수 있는 것은 내게 특권이자 영광이다. 나도 책을 쓰지만 그가 많은 책을 내는 것을 보면 경이롭다. 그가 우리를 위해 공경하며 명맥을 유지시킨 신비가들의 신전에 언젠가 그 자신도 포함되리라 믿는다. 노리치의 줄리안에 대한 이 책이 최근에 발간된 것은 전염병, 두려움, 불확실성으로 힘겨운 지금 시기에 앞을 내다본 듯이 시의적절하다. 그의 헌신, 용기, 가르침 그리고 그가 우리 모두를 대신하여 해준 모든 것에 감사하다.

크리스티안 델 라 후에르타Christian de la Huerta, 작가

이 책을 어머니 지구와 지구의 모든 피조물을 보호하고자 말과 행동으로 진리를 밝히라고 요청받는 모든 여성들(그리고 그들을 사랑하는 남성들)에게 바친다. 과도한 가부장제에 얽매인 우리 시대에 부디 지혜가 어리석음을 이기고, 사랑이 두려움을 이기고, 연민이 증오를 이기고, 정의가 불의를 이기고, 포유류 뇌가 파충류 뇌를 이겨 미래 세대가 번성할 수 있기를 기원한다. 줄리안의 정신에 그런 것들이 모두 들어 있으므로 그녀는 "우리는 끝없는 기쁨을 누릴 권리를 가지고 태어났습니다"라고 말한다.

"지혜가 모든 선한 것들의 어머니이다."

지혜서 7:11-12

첫째로 선한 것은 자연의 선입니다.

하느님은 자연과 같으십니다.

자연 안의 선이 하느님입니다.

하느님은 우리의 아버지이심을 매우 기뻐하십니다.

하느님은 우리의 어머니이심을 매우 기뻐하십니다.

우리는 행복과 비통함이 섞인 놀라운 것을 경험합니다.

우리 안에 행복과 고통이 뒤섞인 것이 너무 놀라워서

우리와 이웃들이 정말 어떤 상태인지 거의 알 수 없습니다.

그것은 얼마나 놀라운지요!

노리치의 줄리안

추천사

미라바이 스타Mirabai Starr*

"모든 것이 잘될 것입니다." 중세 영국의 신비가 노리치의 줄리안은 이렇게 말한다. 그녀는 다시 말한다. "그리고 모든 것이 잘될 것입니다." 그다음, 이렇게 두 번 말했어도 우리가 그것을 받아들이지 않을지 모르니까 명료한 열정으로 다시 말한다. "그리고 온갖 일들이 잘될 것입니다."

전 세계적 팬데믹과 만연한 인종차별이 일어나는 시대에 그런 말은 영적 우회로(종교의 상투적 문구와 수행을 수단으로 고통을 외면하려는 충동을 나타내기 위해 현대 불교 심리학의 적절한 용어를 빌려 왔다)처럼 들릴지도 모른다. 하지만 오히려 그 반대이다. 흑사병이 여러 차례 전 유럽을 휩쓸었던 시대를 살았던 줄리안은 내면에서 그리고 주변에서 이루 말할 수 없이 큰 고통을 겪었다. 역사에 기록된 대로 흑사병 시대에 절반 가까운 유럽 인구가 사망했다면, 줄리안

---

*추천사를 쓴 미라바이 스타는 십자가의 성 요한과 아빌라의 테레사 그리고 노리치의 줄리안을 현대적으로 번역하여 비평가들의 호평을 받았다. 가장 최근에 낸 책은 『야생의 자비: 여성 신비가들의 격렬하고도 다정한 지혜대로 살아가기(Wild Mercy: Living the Fierce and Tender Wisdom of the Women Mystics)』이다.

과 매우 가까운 사람들 중에도 절반이 사망했을 것이다. 사랑하는 사람들의 죽음을 여러 번 겪으면서 살아온 사람이라면 줄리안의 생각을 도저히 납득하기 어려울 것이다. 누가 그런 슬픔을 견디고 살아남을 수 있을까?

누구도 그럴 수 없다.

사랑하는 사람이 죽을 때 우리는 죽는 사람이 바로 자기 자신이라고 생각한다. 따라서 황폐해진 가슴의 재로부터 새로운 자기가 다시 살아나려면 시간이 필요하다. 하지만 슬픔의 불길로부터 도망가지 않고 그것을 향해 돌아설 때, 우리는 변화된다. 외적인 염려와 더 이상 쓸모없는 가치를 벗어버릴 때, 우리는 경계 공간(시간적 혹은 공간적 변화에 맞물려 있는 경계 지점−옮긴이)에 머물러 있고 그곳이 성역임을 알게 될 때가 많다. 줄리안이 열여섯 가지 '하느님 사랑의 계시'를 경험한 곳이 바로 그렇게 아무것도 가려지지 않은 곳이다. 그때 그리스도는 자신을 '어머니 하느님'으로 계시하고, 줄리안에게 죄와 지옥살이는 인간이 생각으로 만들어낸 것이며, 하느님에게는 티끌만큼의 분노도 없다는 것을 확신시킨다. 실제로 아버지/어머니 하느님은 이 초보 신비가에게, 우리를 무조건적으로 사랑하는 하느님은 우리의 실수와 상처 덕분에 우리를 더 사랑하게 된다고 분명히 말한다.

어디서 들어본 것 같은 말인가?

매튜 폭스 신부는 1983년, 신기원을 이룬 책 『원복』을 출간하여 그리스도교계에 대변혁을 일으켰다. 감히 우리가 (그리스도께서 줄리안에게 일어난 환시에서 말씀하셨듯이) 원죄에 얽매이지 말고, 경이를 향해 마음을 열고, 모든 피조물들이 아주 하찮은 것까지 선으로 충만하다는 점을 인식하자고 했기 때문이다. 여러분도 나도 선으로 충만하다는 말이다. 그리고 모든 인간과 다른 모든 존재도 선으로 충만하다는 것이다. 그렇게 신학적 관대함을 표명한 대가로 매튜 폭스는 가톨릭교회로부터 14개월 동안 함구령을 받았다. 또 몇 년 후에는 30여 년간 몸담았던 도미니크회에서 쫓겨났다. 그런 고통 속에서 그는 사랑하는 전통과 헤어져 갑작스럽게 예언자적 소명의 한가운데로 내던져졌고, 결국 '창조영성'이라는 보물을 세상에 내놓았다. 이 책은 노리치의 줄리안의 가르침에 대한 성찰과 그 가르침이 지금 우리 시대와 놀랄 만한 연관성을 지니고 있음을 알려준다. 그리고 여러 면에서 매튜 폭스가 수십 년 동안 급진적 은총의 영성을 개발하여 성숙시킨 결실이 담겼다.

그리스도의 수난에 대한 줄리안의 환시는 그녀의 고통의 심연으로부터 일어났고, 우리에게 터무니없을 만큼 낙관적인 그리스도교 신학의 풍경을 전해주었다. 줄리안은 서른에 깊은 병에 걸려 거의 죽음에 이르렀다고 믿었을 때 모든 것을 내려놓았다. 적어도 내려놓으려고 했다. 이때 그녀는 더 이상 삶의 목적이 없었고 죽음을 기꺼이 받아들였다. 그런데 줄리안은 이승과 저승의 문턱에서 살아 있는 그리스도를 만났다. 그것은 저 멀리 떨어져 있고, 고통스럽게 희생당하는 제물인 그리스도가 아니라, 친절하고 명랑하고 따뜻하게 맞이하는 그리스도였다.

줄리안이 쓴 『보여주신 것들(Showings)』에서 그리스도는 피 흘림과 죽음을 무조건적인 사랑의 행위로 계시했다. 도상圖像 연구자 신부인 윌리엄 하트 맥니콜스William Hart McNichols는 최근에 노리치의 줄리안에 대해 이야기를 나누다가 이렇게 말했다. "그리스도의 피는 모든 살아 있는 것들에게 양분을 주고 먹여줍니다. 그것은 속세의 우리 어머니들이 자궁 안에서 우리를 먹이고 길러주는 것과 같습니다." 줄리안은 묻는다. 어머니가 아닌 누가 몸을 활짝 열어 자신을 다 쏟아부으면서 자녀를 사랑하겠는가? 그때 구원이란 죄를 용서하는 문제가 아니라 진정으로 지금 이대로 우리의 전부를 사랑하는 것이다.

영어로 글을 쓴 최초의 여성인 줄리안은 임사 체험을 한 직후에 자신에게 나타난 계시를 기록했다. 그것은 「짧은 책(short text)」이라고 알려져 있다. 그다음에 그녀는 독방에 자신을 가둔 채 여생 동안 그 환시의 의미를 성찰했고, 그렇게 밝힌 지혜를 「긴 책(long text)」으로 썼다. 그녀가 은수자로서 살기로 선택한 것은 '어머니 그리스도'와 친밀한 대화를 나누며 얻은 비범한 선물에 집중하고 싶었기 때문이다. 그리고 그것은 전염병이 사회 구조를 뒤흔들어 사람들이 집단적인 두려움과 불확실성의 상태에 빠졌던 시대로부터 자신을 격리하는 길이었다.

코로나 바이러스가 일으킨 재난을 극복하려 노력할 때, 우리도 내면으로 시선을 돌리라는 권고를 받는다. 지금 우리가 격리되어 살 수밖에 없게 된 것은 기회를 얻은 것이다. 그것은 우리가 살고 싶고 자녀들에게 물려주고 싶은 세상을 다시 상상해보는 기회이고, 자애심과 두려움 없이 진실을 말하는 가치, 자발적인 간소한 삶과 낯선 이들을 보살피는 가치, 상호적 존재의 그물망에서 바른 자리를 찾고 모든 피조물을 가족으로서 환영하는 가치가 충만한 현실을 다시 상상할 수 있는 기회이다.

노리치의 줄리안이 수도원에만 갇혀 있지 않았다는 점을 주목할 필요가 있다. 그녀는 교회에 부속된 작은 독방에서 40여 년을 살았지만, 거기에는 노리치의 분주한 시내 거리를 향해 열린 창문이 있었다. 그녀는 그 창문을 통해 사람들에게 영적인 가르침을 전했다. 이웃에서 일어나는 일들을 세심히 지켜보았고, 가슴 아픈 사람들을 달래주었다. 사람들은 그녀에게 갓 구워진 빵을 가져다주었고, 그녀는 양봉해서 얻은 꿀을 사람들과 나눴다. 그녀는 세상으로부터 보호받는 동시에 세상 속의 삶과 연결되어 있었다.

매튜 폭스의 현명하고 기쁨에 찬 목소리에 감사하다. 그는 노리치의 줄리안과 자매 신비가인 빙엔의 힐데가르트 같은 신비가들로 하여금 오랜 세월을 건너뛰어 노래하고, 우리의 가슴을 변모시킬 수 있게 해준다. 바로 지금이 그것이 절실히 필요한 때이다.

차례

Julian of Norwich

Wisdom in a Time of Pandemic—and Beyond

노리치의 줄리안

팬데믹 시대와 그 이후를 위한 지혜

머리말

줄리안의 팬데믹 시대와 우리의 팬데믹 시대

전 세계에 전염병이 대유행하는 팬데믹이 일으킨 위기와 혼돈의
시대에는 무엇보다 우리 조상들의 깊은 지혜를 돌아봐야 한다. 죽
음과 심오한 변화가 일어나는 시대에는 단지 지식이 아니라 참된
지혜가 필요하다. 어리석게도 단순히 '정상'이라고 기억하는 바로
이전의 과거로 돌아가야 하는 것이 아니라, 새로운 미래와 새로운
인간성, 한결 적합해서 지속 가능하며 기쁨으로 충만한 문화를 다
시 상상하는 것이 요구되기 때문이다.

노리치의 줄리안Julian of Norwich(1342~1415년경)은 그렇게 호
소하는 우리의 조상들 중 한 사람이다. 그녀는 평생 팬데믹이 맹
위를 떨쳤던 시대를 살았다. 줄리안은 깜짝 놀랄 만한 사상가이고
심오한 신학자이며 신비가이자 온전히 깨우친 여성이다. 그리고 21
세기의 탐구자들과 공유할 장대한 비전을 지닌 훌륭한 안내자이
다. 그녀는 팬데믹 시대를 헤쳐나가는 사람들에게 특별한 후원자
이다. 줄리안은 은수자隱修者였으므로 '자가 격리'에 대해 알고 있
었다. 글자 그대로 평생 독방의 작은 공간 속에 갇혀 살았다. 또한
팬데믹의 트라우마를 딛고 생존할 수 있는 영성을 기르는 법을 알

았다. 주위의 다른 모든 사람들은 자연이 크게 잘못되었다고 과민하게 반응했지만, 줄리안은 영적·지적 평정심을 잃지 않고 현실에 굳게 발붙였고, 삶의 선함과 피조물과 인간성에 대한 믿음에 충실했으며, 다른 사람들도 그렇게 하기를 권했다.

인류 역사에서 최악의 팬데믹의 한가운데서 수십 년 동안 세 번에 걸쳐 쓴 심오한 책은 줄리안이 우리에게 남긴 놀라운 선물이다. 분명 그녀는 오늘날 우리에게 물려줄 깊은 교훈을 지니고 있다.

팬데믹 시대의 삶

줄리안이 살았던 시대에 노리치는 영국에서 둘째로 크고 부유한 도시였다. 그보다 더 크고 부유한 도시는 런던뿐이었다. 노리치 대성당은 큰 위세를 자랑하는 부유한 베네딕트회 수도원이었다. 캔터베리 대성당과 더럼 대성당·수도원 못지않았고, 노리치 도서관은 중세 말 영국에서 가장 훌륭한 도서관 중 하나[1]로 간주되었다.

줄리안이 일곱 살이던 1349년 흑사병이 노리치에서 처음으로 유행했고, 그 후에도 파도처럼 연달아 발생했다. 1361년부터 1364년까지, 다시 1368년과 1371년 또 (줄리안이 환시를 보았고 첫 책을 쓴) 1373년부터 1375년까지, 이어서 1390년과 1405년 그리고 15세기까지 흑사병은 거듭 유행했다. 줄리안이 첫 책을 쓴 1370년대까지 영국의 인구는 절반으로 감소했다. 너무 많은 사람들이 죽어서 한 묘소에 다섯 구씩 매장해야 했다. 런던의 거리 청소부는 모두 흑사병에 걸려 숨졌고, 성직자들은 다섯 명 중 두 명 꼴로 숨졌다. 아마도 그들은 병자와 죽어가는 이들을 보살피다 가 치명적인 전염병에 걸린 가장 선하고 용감한 사람들이었을 것이다.

흑사병은 무시무시하고 끔찍한 질병이었다. 온몸이 보기 흉한 상처와 흉터로 뒤덮였고, 검은 종기에서는 피와 고름이 배어 나왔다. 흑사병이 처음 발발했을 때 그 질병에 걸린 사람은 사나흘 안에 사망하는 경우가 흔했다. 전염력이 상당히 강해서 감염된 옷만 만져도 치명적일 수 있었다. 전날 밤까지만 해도 건강하게 잠들었던 사람이 아침에 죽어 있는 일도 있었다. 병균은 공기를 통해 전파되었고 벼룩이나 쥐를 통해서도 퍼졌다. 그래서 나는 그것을 '강력한 에이즈'라고 부른다. 흑사병의 전염력이 강할 뿐만 아니라 당시에는 사람들에게 병의 원인과 예방법을 알려줄 수 있는 질병통제센터 혹은 세계보건기구(WHO) 같은 조직도 없었고, 백신을 개발할 희망이나 약속도 전혀 없었다.

현대 역사가들은 흑사병으로 유럽 인구의 3분의 1에서 절반이 사망했을 것으로 추정한다. 지금 한창인 코로나 바이러스처럼 그것은 전 지구적인 전염병이었다. 중국과 인도, 페르시아, 시리아, 이집트에 퍼진 후에 항해하는 배를 통해 유럽으로 전파되었다. 그 전염병을 막으려고 배가 항구에 정박했을 때 선원들을 강제로 40일 동안 배에 머물게 했다가 40일이 지난 후에도 건강하면 육지에 내려올 수 있게 했다. 그 이래로 '40'을 의미하는 'forty'에서

'quarantine(격리하다)'이 유래했다.

그렇다. 줄리안이 평생 직면했던 것은 바로 그런 팬데믹 즉 대유행 전염병이었다. 분명 그녀는 주변에서 늘 죽음과 두려움을 보면서 성장했다. 하지만 그녀는 물러나지 않았다.

창조영성과 '보여주신 것들'

줄리안의 환시 혹은 '보여주신 것들'은 그녀가 서른이던 1373년에 일어났다. 그 후 바로 「짧은 책」으로 알려진 작품을 썼다. 그리고 몇십 년 뒤 자신이 받은 메시지에 대한 더 깊고 심오한 성찰과 설명을 덧붙여 사실상 두 권의 「긴 책」으로 다시 썼다. 그녀는 평생 자신의 책을 쓰고 개정한 셈이다.

그녀의 두 책을 읽어보면 줄리안이 팬데믹에 응답한 모습은 놀랄 만큼 삶에 대한 사랑과 감사에 굳게 기반하고 있음을 알 수 있다. 그녀는 죽음으로부터 도망가지 않았고, 실제로 죽음에 참여하기를 기도했다. 그녀의 환시는 주변에 만연한 죽음에 대한 경험과 (그녀가 개인적 사건만이 아니라 공동체적 사건으로 해석한) 그리스도의 잔인한 십자가형에 대한 묵상에서 비롯되었다.

미라바이 스타는 줄리안의 신학을 '근본적으로 낙관적인 신학'이라고 한다. 그것도 팬데믹 시대에 말이다![2] 줄리안의 삶과 가르침에서 현저히 두드러지는 점은 절망이나 비난에 굴복하지 않고 삶과 창조의 선함을 깊이 추구했다는 것이다. 실로 그녀는 삶과 창조가 선하다는 인식, 은총과 자연이 거룩한 결합을 했다는 인식, 자연 안에 하느님이 있다는 '범재신론(panentheism)'의 인식으로 자신의 세계관을 확립했다.

줄리안은 가부장제가 지배했던 시대에 '여성적 신(divine feminine)'을 옹호했다. 미라바이 스타는 줄리안이 "하느님의 여성적 측면을 밝히고", "어디에서나 부드럽고 사랑스럽게 가부장제에 저항한다"[3]고 말한다. 줄리안은 우리가 신을 이해하는 모든 측면과 삼위일체 하느님의 모든 차원에 여성성이 배어 있다고 주장했다. 어머니 살해 즉 소녀와 여성과 지혜와 창조성과 연민의 살해, 그리고 어머니 지구를 오염시키고 십자가형에 처하는 데서 절정에 이르는 어머니 살해가 어디서나 계속 일어나고 있는 우리 시대에 줄리안은 '하느님의 모성'의 단호한 대변인이다.

줄리안은 역사적 예수가 서 있는 것과 같은 성서의 지혜 전통에 뿌리내린 창조영성 전통에 충실한 학생이었고, 수행자이자 선생님이었다. 성 베네딕트St. Benedict와 그의 자매 스콜라스티카 Scholastica 그리고 빙엔의 힐데가르트Hildegard of Bingen에게도 풍부한 창조영성이 있다. 힐데가르트는 르네상스 시대 여성이자 베네딕트회의 대수녀원장으로 많은 노래와 오페라를 작곡했고, 많은 사람들을 치료해주었고, 10권의 책을 썼고, 자신이 본 환시를 만다라로 그렸고, 12세기 독일의 대수녀원에서 황제와 교황에게 도전했다. 창조영성은 켈틱 영성의 모체를 이루고, 아시시의 프란체스코Francis of Assisi와 토마스 아퀴나스Thomas Aquinas, 막데부르크의 메히틸드Mechtild of Magdeburg, 마이스터 에크하르트

Meister Eckhart의 기반이며, 그들 모두 노리치의 줄리안에게로 이어진다.

창조영성은 피조물, 우주, 자연을 하나의 전체로 여기는 것에서부터 시작된다. 창조영성은 인간중심적이지 않고, 단순한 인간의 이익을 넘어서는 '전체'를 먼저 본다. 창조영성은 전 세계 원주민들이 공경하는 전통이지만, 근대 이전 중세 유럽에도 그와 유사한 의식 양상으로 활동했던 많은 스승들이 있었다. 토마스 아퀴나스는 "하느님의 계시는 자연과 성서, 두 권으로부터 온다"고 가르쳤다. 분명 이 말은 오직 성서 하나에서만 하느님의 가르침을 찾을 수 있다고 믿는 사람들을 무력하게 만든다. 아퀴나스에 따르면, 또 줄리안에 따르면, 모든 피조물은 거룩하다. 또 피조물은 모든 신성한 것을 계시하는 원천이다.

흑사병은 어떻게 창조영성을 좌절시켰는가

줄리안의 시대에 흑사병으로 인해 유럽인 2천5백만 명이 숨졌다. 또한 창조영성 전통이 거의 사라질 지경에 이르렀다. 그 점에 대해 생태신학자 토머스 베리Thomas Berry는 이렇게 말한다.

1347년에서 1349년까지 2년 동안 흑사병에 의해 중세 시대가 종결되었고, 이에 충격을 받은 서구인들이 야생을 이해하는 데 있어서 큰 변화가 일어났다. 이때 그들은 자연 세계에 대해 소외감을 느끼게 되었다. 도대체 무슨 일이 일어나고 있는지 납득할 수 없었기 때문이다. 그들은 세균이나 바이러스에 대해 전혀 아는 것이 없었다. 그저 세계가 사악해졌다고 생각할 뿐이었다. 하느님이 세상을 벌하고 있었다. 자연 세계가 신의 현존을 나타내는 기본 양상이라고 여겼던 확신이 흔들렸다. 그러자 이 세상으로부터 구원되는 것을 새로 강조하게 되었다. 지오토Giotto와 치마부에Cimabue의 회화 작품에 깃든 은총, 연민, 자연주의가 물러나고 미켈란젤로Michelangelo의 〈최후의 심판〉의 가혹함이 대두되었다. 〈최후의 심판〉은 그리스도가 팔을 높이 들고 사악한 자에게 영원한 지옥의 형벌을 내리는 모습을 담고 있다.[4]

자연을 사랑하다가 자연을 두려워하게 되는 변화를 겪으면서 인간들은 영혼이 움츠러들었고, 자신의 몸을 자연에 맞서는 싸움터로 여기게 되었다. 종교와 문화는 점차 자연에 대한 신뢰보다 두려움을 증가시켰고, 마침내 죽음 이전의 삶보다 죽음 이후의 삶을 더 중요하게 만들었다. 종교에서 구원에 대한 강박적 선입견이 피조물에 대한 사랑보다 더 커졌다. 채찍질 고행자들이 나타났는데, 그들은 세상에 만연한 죄 때문에 흑사병이 발생했다고 믿어 속죄하고자 스스로 자기 몸에 채찍질을 했다. 그 집단이 마을마다 다니며 영향력이 너무 커지자 마침내 교황이 그런 행위를 금지했다. 인간중심주의는 비싼 대가를 치르게 되어 누구도 예상하지 못했을 정도로 종교와 문화에 큰 피해를 입혔다.

200년 후, 배를 타고 다른 대륙에 도달했을 때 유럽인들은 그곳의 원주민들이 자연의 경이와 신성함을 편안히 여기는 것을 알게 되었다. 유럽인들은 원주민들을 '야만인'이라고 비난했지만, 정작 그들이 야만적으로 수백만 명의 원주민들을 살해했고 토착 문화를 파괴했다.

창조영성은 흑사병이 일어나기 전 100년 동안 이미 두 번의 타격을 받았다. 첫째는 아마도 유럽에서 가장 영향력이 크고 존경받는 신학자 교수들인 파리 대학과 옥스퍼드 대학의 주교들이 토마스 아퀴나스를 그의 죽음 이후 1276년에 단죄한 것이다. 그로부터 반세기 후 아퀴나스가 성인으로 추서됨으로써 원칙적으로 단죄는 철회되었지만, 여러 측면에서 아퀴나스의 시성은 이론적일 뿐이고 실제적이지 못했다. 가톨릭 신학자 마리-도미니크 세뉘 Marie-Dominique Chenu는 그 점에 대해 이렇게 말한다. "아퀴나스의 신학을 너무 늦게 인정함으로써 그것은 실제적 효과를 거두지 못하고 단지 공식적 조치에 불과하게 될 운명이었…… 그리스도교는 좀처럼 아우구스티누스Augustine와 데카르트Descartes의 '이원적 심령론(dual spiritualism)'의 매력에 효과적으로 대항할 수 없었다."[5] 그리스도교는 아퀴나스가 평생 맞섰던 바로 그 이원론을 공언하게 되었다. 세뉘는 교회 전체로 보자면 아퀴나스가 실패했다고 말하고 있다.

창조영성에 가해진 두 번째 타격은 아퀴나스가 시성되고 겨우 6년이 지난 다음에 일어났다. 그것은 마이스터 에크하르트가 죽은 지 일주일 만에 교황 요한 22세John XXII가 그를 단죄한 일이다. 에크하르트는 토마스 아퀴나스의 제자이자 도미니크회 형제였으며, 신비주의의 스승으로 창조영성 전통을 발달시켰고, 수년 동안 베긴회 여성들의 운동과 긴밀히 협력했고, 자연과 은총의 거룩한 결합을 옹호했다. 에크하르트는 자연이 곧 은총이라고 말했다.

그다음, 줄리안의 시대에 발생한 흑사병은 창조영성이 담긴 관에 세 번째 못을 박았다. 하지만 줄리안의 깜짝 놀랄 만한 점은, 그녀에게 가해진 공세에도 불구하고 창조영성 전통을 찬미하고 훨씬 더 발전시킨다는 것이다. 에크하르트와 마찬가지로 줄리안에게 자연은 곧 은총이고, 은총은 곧 자연이다. 자연에 대한 신뢰가 자연에 대한 두려움을 앞서고 극복한다. 우리는 몸을 찬미해야 하고 감각성과 영성은 성스러운 결합을 한다. 줄리안은 본성과 은혜의 성스러운 결합, 인간과 신의 결합에 전념한다. 이는 그녀가 어둠과 영혼의 어둔 밤을 무시했다는 것이 아니라, 자연과 인간의 삶을 이루는 더욱 큰 축복의 맥락으로 본성과 은혜, 인간과 신을 다루었다고 말하는 것이다. 차차 분명히 밝히겠지만, 줄리안도 아퀴나스와 에크하르트가 지지했던 것과 같은 비이원론을 옹호한다. 모든 진정한 신비가들도 마찬가지다. 그런데 불행히도 이원론과 인간중심주의, 과학과 피조물이 경이와 지혜의 원천임을 의심하는 태도, 인간의 죄에 대한 선입견 등이 여전히 종교와 문화에 널리 퍼져 있다.

흑사병이 '12세기 르네상스'(C. H. 해스킨스Haskins의 『12세기 르네상스』 참조-옮긴이)에서 일어난 창조영성을 근절한 후에 종교개혁이 일어나는 동안은 창조영성을 찾아보기 어려웠다. 루터파와 칼뱅파는 인간과 피조물이 타락했음을 선언함으로써 창조영성이 거의 없다는 점을 강조했을 뿐이다. 확실히 창조영성은 간신히 더 근본적인 개혁 운동으로 전개되었고, 한스 허트Hans Hut, 세바스티안 프랭크Sebastian Frank, 한스 뎅크Hans Denck 그리고 마침내 (퀘이커의 창시자인) 조지 폭스George Fox는 행동과 관상, 신비주의, 예언을 결합했다. 하지만 도미니크회원이었던 조르다노 브루노Giordano Bruno가 단죄되고 고문받고 처형당했을 때, 창조영성은 다시 한 번 막대한 타격을 받았다. 브루노는 감히 믿음의 세계에 코페르니쿠스Copernicus의 주장을 도입하려 했기 때문에 로마에서 화형당했다(그의 도미니크회 형제인 아퀴나스는 300년 전에 아리스토텔레스Aristotle를 도입했다). 브루노의 종말은 감히 과학과 종교를 결합하려 하고, 자연과 은총을 결합하려 하는 이들에게 보내는 경고이자 위험 신호가 되었다.

줄리안과 지혜의 탐구

나는 이 책에서 줄리안의 목소리를 가급적 많이 들려주려 한다. 그녀는 우리에게 할 말이 많이 있고, 그녀의 여성적 목소리는 경청할 가치가 있으며, 가부장제와 그것이 가르치는 이원론과 지배, 권력의 역학과 권력에 봉사하는 지식, 세력 확장에 골몰하는 우월 집착증, 지혜를 희생하여 지식을 추구하는 태도가 수 세기 동안 지배해온 시대에는 특히 귀중하다. 그런 신념들이 우리 시대를 도덕적으로 파산시키고, 사람들과 다른 피조물들과 지구까지도 위협하며 본 모습을 드러내고 있다. 코로나 바이러스는 기후변화 위기의 일부로 나타났다. 왜냐하면 그것은 결국 인간들이 동물 서식지를 침범하는 일에서 비롯됐기 때문이다.

줄리안은 여성적 신이 돌아오는 것을 옹호한다. 그녀의 시대 이후 여성적 신은 주변으로 밀려났고, 그 때문에 줄리안의 저작은 수백 년 동안 무시되었다. 우리가 하나의 생물종으로서 생존하려면 더 이상 여성적 신을 무시할 수 없다. 인간이 생물종으로서 생존하고 지속될 수 있으려면 여성적 신과 남성적 성스러움의 건강한 균형을 회복하는 것이 핵심이며, 줄리안은 그 방향으로 안내한다.

지식과 구별되는 지혜를 가리키는 길을 이슬람교 신비가 루미Rumi는 이렇게 말한다. "과거에 나는 영리했으므로 세상을 바꾸고 싶었다. 지금 나는 현명하므로 나 자신을 바꾼다." 지식은 영리하고 그것을 안다. 가진 것을 과시하고 싶어 하고 남을 변화시키려 한다. 반면에 지혜는 내면을 바라보기를 두려워하지 않고 내면에서 무엇을 변화시켜야 하는지 안다. 따라서 지혜는 지식만 있을 때보다 근본적이다. 지혜는 감히 이렇게 묻는다. "나는 어떻게 변화되어야 하는가?" 그렇지만 지식과 지혜는 서로 배척할 필요가 없다. 우리에게는 지식과 지혜 중 하나만 선택하는 것이 아니라 둘다 필요하며, 내면과 외면은 늘 함께 나아간다. 물리학자 데이비드 봄David Bohm이 말했듯이 '과학 너머의 것'이 필요하다. 가치가 필요하고 가치대로 살고 가치를 실천할 열정과 용기도 필요하다. 줄리안은 내면 작업을 수행했고, 우리도 내면 작업을 하라고 권하며, 통합적 가치를 제시하는 지도자로서 우리의 미래를 위한 비전을 제공한다.

나는 이 책에서 줄리안이 내면 작업과 외적 작업을 아우르는 미래를 위한 방향을 제시해주기를 바란다. 앞으로 일곱 개 장에 걸쳐 그것을 살펴볼 것이다. 우리가 코로나 바이러스를 견디고 겪고 그것으로부터 배울 수 있도록 줄리안은 여러 방식으로 교훈을 전할 것이다.

지혜는 지식과 달리 시간에 따라 반드시 커지지는 않는다. 하지만 좋은 포도주처럼 오래될수록 더 풍부해지고 귀중해질 수 있다. 지혜는 시간을 앞서는 경우가 많기 때문이다. 내 경험에 따르면 힐데가르트, 아퀴나스, 에크하르트, 줄리안을 처음 알게 된 사람들은 그들이 살고 가르쳤던 창조영성의 지혜를 듣고 흥분한다. 그러므로 학계와 교육계가 거의 전적으로 지식에 몰두하느라 주변으로 몰아낸 지혜에 목마른 이 시대에, 우리는 자신의 지혜를 스스로 증명한 조상들을 돌아보라는 권유를 받는다. 그녀의 시대의 (또 우리 시대의) 많은 신자들과 달리, 줄리안은 흑사병 때문에 발작적 자기 연민 혹은 절망에 빠지거나 자연과 존재를 저주하지 않았다. 실제로 그녀는 포기하거나 슬픔과 우울(그녀의 시대에는 '아케디아acedia'라는 대죄로 불렀다)의 병에 걸린 사람들을 자주 비판한다. 줄리안은 슬픔을 훌쩍 뛰어넘고, 우리에게도 똑같이 하라고 촉구하고, 혼란이 만연할 때 자율권을 통해 현실에 기반을 두라고 촉구한다. 그녀는 이 책의 일곱 개 장 각각에서 현실에 기반을 두는 법을 설명한다.

줄리안의 책은 매우 적은 부수만 출간되었다. 현재 전해지는 것은 필사 판본 세 권뿐이다. 영국에서는 1476년부터 인쇄기를 사용하기 시작하여 초서Chaucer의 『캔터베리 이야기』가 처음으로 인쇄되었지만, 줄리안의 책은 17세기가 되어서야 인쇄되었다. 반면에 줄리안과 동시대인이었던 초서의 책은 그 후에 기하급수적으로 더 많은 주목을 받았다.

일부는 줄리안의 책을 '이단'이라고 여겼고, 저자가 '여성'이라는 점을 들어 그 책을 신뢰할 만하다고 여기지 않았다. 첫 책에서 그녀는 자신의 책에 의해 논란이 발생할지도 모른다는 점을 의식하고, 그녀의 책이 "적대감을 불러일으킬지 모른다는 우려"[6]를 나타낸다. 신학자 이블린 언더힐Evelyn Underhill은 줄리안이 '최초의 영국 여성 문인'이라고 했다. 분명히 줄리안은 영어를 개척한 이들 중 한 사람이다. 사실 그녀는 'enjoy(즐기다)'라는 말을 만들어냈다. (아시시의 프란체스코와 단테Dante는 이탈리아어를 사용한 초기 작가였으며, 마이스터 에크하르트는 독일어를 집대성하는 데 있어서 유사한 역할을 했다. 이들 같은 창조 중심의 신비가들이 새로운 단어를 만들어내는 것은 드문 일이 아니다.) 힐데가르트, 아퀴나스, 에크하르트가 우리 모두의 안에 있는 예술가 기질을 찬양하고, 우리가 신과 함께 창조한다고 말할 때, 그들은 진심이고 그것은 새로운 언어를 개발하는 데까지 이른다.

줄리안이 숨진 지 2세기가 지난 1623년에 아홉 명의 영국 여성들이 영국을 떠나 네덜란드로 가서 수녀원을 세웠다. 그들의 나이는 17세부터 22세였고, 그중 세 명의 고조할아버지는 토머스 모어

Thomas More였다. 그들은 영국을 떠날 때 필사한 줄리안의 책을 일부 가지고 갔다.

중세학자 에드먼드 칼리지Edmund Colledge(아우구티누스회)와 제임스 월시James Walsh(예수회)는 줄리안의 책 『보여주신 것들』을 함께 편집하고 원본 고대 영어의 교정판으로 번역했다. 그들은 줄리안이 "20세기까지 결코 인기 있는 저자가 아니"었으며, 종종 독자들을 "깜짝 놀라게" 만들었다는 점을 강조한다.[7] 그녀는 심지어 첫 책에서 자기 글이 반감을 일으킬 수도 있다고 예상했다. 창조영성은 당시 팬데믹 시대의 비관주의와 어울리지 않았고, 15세기에 '발견의 교리'(doctrine of discovery, 유럽 정복자들이 원주민의 토지 소유를 무효화하는 결정을 지지하는 내용-옮긴이)를 공표한 교황 칙령과 콜럼버스Columbus의 항해로 시작된 세력 확장에 매력적이지 않았다. 또 16세기와 17세기에 일어난 종교전쟁과 어울리지 않았고, '우주적 그리스도'와의 만남보다 아우구스티누스의 원죄 의식의 영향을 더 많이 받은 가부장적 사고방식에도 적합하지 않았다. 실로 줄리안의 창조영성은 과거 어느 시대보다 오늘날 우리에게 더 큰 호소력을 가진다.

그런데 19세기에 예외적으로 줄리안을 무시하지 않았던 사람들 중에 주목할 만한 이는 플로렌스 나이팅게일Florence Nightingale이다. 그녀는 줄리안의 책을 읽었고, 모성애에 대한 줄리안의 가르침을 실천하고자 병자를 간호하는 소명에 종사하며 간호직제를 확립했다. 20세기 초 시인 T. S. 엘리엇Eliot은 줄리안의 글을 넣어서 장시 「네 개의 사중주(Four Quartets)」를 지었다. 그리고 엘리엇 연구자 중 한 사람은 악이 더 큰 목적에 기여할 수 있다는 줄리안의 가르침 덕분에 엘리엇이 다른 장시 「리틀 기딩Little Gidding」의 전체 전개 과정에서 주제를 나타내는 요지를 만족스럽게 해결할 수 있었다고까지 말한다.[8]

20세기의 저명한 트라피스트회 수사 토머스 머튼Thomas Merton은 북미에 선禪을 전한 불교 스승 D. T. 스즈키Suzuki 박사의 권유로 1958년 마이스터 에크하르트를 연구한 것을 계기로 회심했고, 그렇게 수도원적 이원론으로부터 회심한 후에 노리치의 줄리안을 알고 나서 깊은 감동을 받았다. 노트르담 성 마리아 대학의 학장 마리 마델레바Mary Madeleva 수녀는 최초로 여성을 위한 신학 프로그램 고급 학위를 개설했고, 머튼은 그즈음인 1961년 그녀에게 보낸 편지에서 흥분한 어조로 이렇게 썼다.

줄리안은 조금도 의심할 여지없이 그리스도교에서 가장 놀라운 말을 하는 사람입니다. 내가 나이 들수록 그녀는 점점 더 위대해 보이고, 예전에는 십자가의 성 요한에게 열광했지만, 이제는 온 세상과 인도 대륙에 더해서 스페인의 신비가들을 한꺼번에 준다고 해도 줄리안을 성 요한과 바꾸지 않겠습니다. 노리치의 줄리안은 영국의 가장 위대한 신학자 뉴먼Newman과 어깨를 나란히 한다고 생각합니다. 정말 그렇습니다. 왜냐하면 그녀는 위대한 구원의 신비라는 그리스도교의 실체적 중심에서 일어난 경험으로부터 사고하기 때문입니다. 그녀는 자신의 경험과 추론을 분리해서 명확히 말합니다. 그리고 물론 그 경험은 단지 주관적인 것이 아닙니다. 14세기 영국 여성인의 마음과 구조를 가지고 그녀가 파악한 객관적인 그리스도의 신비입니다.[9]

이것은 놀라운 찬사이다. 줄리안을 오늘날의 뉴먼과 같은 '영국의 가장 위대한 신학자'라고 부르기 때문이다. 그 점에서 나는 진심으로 머튼에게 동의한다. 하지만 줄리안이 십자가의 성 요한과 스페인의 다른 신비가 모두를 대신할 수 있다는 말은 훨씬 더 충격적이다. 줄리안은 '하느님의 모성'이라는 주제를 20세기 후반에 이르기까지 어느 신학자보다 더 완전히 발전시켰다. 그리고 머튼은 그것을 알았다. 머튼도 하느님의 모성[10]에 대해 말한다. 내게 줄리안은 힐데가르트와 프란체스코, 아퀴나스, 메히틸드, 에크하르트가 전한 창조 중심 영성의 계승자이다.

줄리안은 제목이 『보여주신 것들』과 『하느님 사랑의 계시 (Revelations of Divine Love)』인 두 권의 책을 전한다. 당연히 어느 제목도 다른 하나를 쓸모없게 하지 않는다. 그녀에게 보여주신 것들은 곧 계시 혹은 계몽이다. 그리고 그녀에게 일어난 보여주신 것들, 계시, 계몽의 주제는 '하느님의 사랑'으로 요약할 수 있다. 줄리안은 그 사랑을 피조물 속에서, 인간 영혼의 내면에서, 어디에서나 본다. 우리는 처음부터 다시 사랑을 이해하기 위해 내려놓기와 죽음을 비롯한 내적 작업을 해야 한다고 주장한다. 일상생활에서 일어나는 일들에 대한 우리의 반응과 외부 세계는 우리의 깊은 내적 자아를 감추거나 왜곡할 수 있으므로, 그것을 회복하기 위해

(줄리안의 표현대로 말하면) '도랑을 쳐야' 한다.

줄리안은 열여섯 가지 계시들이 1373년 5월 8일에 일어났다고 말한다. 그때 그녀는 서른 살의 '소박하고 배운 바 없는 피조물'이었다. 이런 말은 중세의 여성이 으레 말하는 일종의 형식이었으므로(학식이 깊은 빙엔의 힐데가르트도 유사하게 말했다), 그 말을 곧이곧대로 받아들이면 안 될 것이다. 확실한 것은 그 시대의 대다수 남성이나 여성과 달리 줄리안은 읽고 쓸 줄 알았으므로 스스로 말하듯 '배운 바 없는' 사람이 아니었다. (사실 칼리지와 윌시는 그녀를 '박식한 여성', '위대한 학자'라고 부른다.)[11] 그로부터 수십 년 후에 더 긴 내용의 책이 나왔고 줄리안은 그 책에 대해 이렇게 말한다. "하느님께서 나의 의식에 전하신 열다섯 가지 계시가, 바라건대 몇 년 전에 그것을 계시하신 같은 정신에서 비롯된 계몽과 영감으로 되풀이되었습니다." 이어서 그 계시들이 새벽 4시에 시작되어 오후 3시까지 이어졌고, "깊은 고요 속에서 매우 우아하게 하나씩 차례로 펼쳐졌습니다"라고 말한다. 그리고 다음 날 밤 열여섯 번째 환시가 나타났다. "앞서 일어난 열다섯 가지 계시를 마무리하고 확증했습니다."[1] 그러므로 그녀는 나중에 일어난 성찰도 처음 일어난 계시들만큼 중요하다고 여긴다.

그녀는 이어서 세 가지를 달라고 기도했다고 말한다. 그것은 '예수의 고난에 참여'하는 것, (흑사병처럼) '목숨을 위태롭게 하는 병'에 걸리는 것 그리고 '회개와 연민과 견딜 수 없는 갈망이라는 세 가지 상처의 은혜'를 경험하는 것이었다. 실제로 그 기도가 응답받아서 그녀는 깊은 병에 걸렸다. 그녀가 거의 죽음에 이르자 친구들이 종부성사를 할 사제를 불렀다. "나는 죽을 때 겪는 온갖 신체적·정신적 고난과 그에 따르는 공포와 악의 영의 유혹을 온전히 경험하기를 열망했습니다. 죽음의 문턱까지 다가가지만 그것을 넘지는 않기를 소망했습니다. 내가 원한 것은 그 병이 나를 정화해서 하느님의 은혜로 말미암아 보다 온전히 오직 하느님만을 위해 살고자 한 것입니다. 또한 그것으로 곧 찾아올 것으로 예상하는 실제 죽음을 대비하기를 바랐습니다. 나는 창조주이신 하느님에게 돌아갈 준비가 되어 있었습니다."[2]

그런데 그녀는 글자 그대로 죽지 않고 일종의 죽음을 겪었고, 그와 더불어 토마스 아퀴나스가 '첫째 부활'이라고 하는 것과 유사한 일종의 부활 즉 이 삶에서 '깨어나는' 경험을 했다. 그것을 깨달음, 돌파(에크하르트의 개념-옮긴이), 사토리satori(일본 불교에서 깨달음을 가리키는 말-옮긴이)라고 부를 수도 있을 것이다.

그녀가 흑사병을 겪었던 이야기를 제외하면 그녀의 인생사는 알려진 것이 별로 없지만, 특별한 어머니가 있었던 것은 분명하다. 그녀의 어머니는 아이였던 줄리안이 팬데믹을 견디도록 보살펴주었고, 진정한 모성이 무엇인지 그녀에게 깊은 인상을 남겼다. 어머니는 줄리안이 하느님의 모성을 신학적으로 발달시키면서 깨우친 '신뢰'를 가르쳐주었다. 미라바이 스타는 아내이자 어머니였던 줄리안이 흑사병으로 가족을 잃었을 가능성이 있다고 한다. 칼리지와 월시는 줄리안이 젊었을 때 프랑스에서 교육을 받았을지도 모른다고 한다.

줄리안이 베네딕트회에서 배웠다는 유력한 증거가 있다. 그녀가 분명히 지식 있는 여성이었고, 베네딕트회는 수 세기 동안 소녀들을 교육하는 데 탁월했기 때문이다. 줄리안은 베네딕트회 수녀들의 수련에 포함된 지혜 의식이 매우 풍부하다. 거기에는 (성경의 지혜 전통의 일부인) 시편을 노래하는 수행도 들어 있다.

줄리안이 살았을 때 노리치에서는 도미니크회의 세력이 강했다. 도미니크회는 성 도미니크St. Dominic가 교단을 설립한 지 6년 만인 1221년 영국에 들어갔다. 노리치에는 1226년 들어왔는데, 아퀴나스가 시성된 지 3년째 되는 해였다. 아퀴나스가 단죄되고 수십 년 동안 의심을 받은 후 마침내 교회 전반에 의해 다시 받아들여지고 그의 신학을 설교할 수 있게 되었을 때 그들이 얼마나 흥분했을지 우리는 그저 짐작만 할 수 있을 뿐이다. 실제로 프란체스코회에서는 아퀴나스의 『신학대전』을 읽는 것이 금지되었다. 일부 사람들은 아퀴나스가 그 정도로 위협적이라고 여겼다. 1307년 교황 클레멘트 5세Clement V가 '참회하는 수사들' 교단을 억압했을 때 도미니크회는 노리치에 있는 그들의 건물과 큰 도서관을 인수했다.

이처럼 도미니크회원인 토마스 아퀴나스와 마이스터 에크하르트가 줄리안에게 상당한 영향을 주었을 것이라고 믿는 이유가 있다. 막데부르크의 메히틸드의 경우처럼 실제로 한 명 이상의 도미니크회 수사가 그녀의 영적 지도자였을 가능성이 매우 크다.

은수자 줄리안

줄리안은 성인이 되어 수도원에서 살지 않고 '은수자'가 되기로 했다. 그것은 교회에 딸린 독방 안에서 다소 종교적 은둔자로 사는 길이었다. 은수자들은 독방에서 예배실을 향해 난 창문을 통해 정기적으로 미사에 참여했고 영성체를 모셨다. 또 외부 세계로도 창문이 나 있어서, 그 창문을 통해 영적 조언을 구하는 사람들에게 상담해주고 가르침도 주었다. 은수자들은 독방에 들어갈 때 주교가 주관하는 의식을 통해 상징적으로 '세상을 떠나고 세상에 대해 죽는' 경험을 하고, 실제로 죽을 때까지 독방에만 있겠다고 맹세했다. 하지만 널리 알려지고 존경받는 은수자들은 대단히 많은 요구를 받았고, 공동체의 중심이 될 수도 있었다. 줄리안이 바로 그런 경우였을 가능성이 높다.

여성 은수자들에게는 대개 도움을 주는 한두 명의 동료가 있었다. 줄리안을 도왔던 두 사람은 사라Sara와 앨리스Alice였다. 그들은 물과 음식을 가져다주었고, 아마 세탁과 서신 교환을 도왔을 것이고, 읽을 책과 펜과 종이를 가져다주고, 변기를 비우는 일도 했을 것이다. 줄리안은 이런 세세한 일들을 특히 중요하게 여겼고, 이 책 6장에 나오듯 대소변을 보는 일의 영적 차원을 극찬했다.

은수자 전통은 팔레스타인에서 3~4세기에 시작되었다. 남성 은수자는 여성 은수자에 비해 그 수가 훨씬 적었다. 영국에서 처음 기록된 은수자는 11세기에 나온다. 13세기 영국에는 약 200명의 은수자가 있었다. 요즘 우리는 코로나 바이러스 팬데믹 때문에 재

택근무가 시행되고 될수록 격리 상태를 유지한다. 그러므로 성인기 대부분을 그렇게 살았던 줄리안 같은 사람의 이야기를 들어보는 것은 특히 지금 우리에게 매우 적절한 것 같다. 분명히 줄리안은 오늘날 우리에게 전염병의 시대에 갇혀 지내는 시간을 어떻게 보내야 하는지에 대해 가르쳐줄 것이 많이 있다.

줄리안의 독방은 제2차 세계대전 때 폭격으로 파괴된 후 재건되었다. 나는 그곳을 방문할 기회가 있었다. 무엇보다 교회가 평범하고 가식적이지 않은 점이 인상적이었다. 유대인 여성을 포함한 세 여성과 나는 줄리안의 독방 안에서 간소하게 미사를 드렸다. 다른 기도들도 드렸지만 줄리안의 훌륭한 가르침에서 '하느님은 선하시다' 혹은 '모든 것이 잘될 것이다' 같은 만트라를 만들어서 그것을 여러 번 불렀다.

또 인상적이었던 것은 독방이 강에서 이어지는 보도와 접해 있었다는 점이다. 배에서 내리거나 여관에서 나온 선원들이 (일부는 분명히 취하지 않은 맑은 정신으로) 밤낮으로 항시 그녀의 창문에 들렀을 것이 틀림없다. 그런 여건 덕분에 줄리안의 글이 세상 물정에 밝고 구체적일 수 있었을 것이다. 그녀는 시골 수도원에 틀어박혀 있는 게 아니라, 번잡한 수로가 있는 도시에서 많은 사람들이 오가는 한가운데에 있었다. 사실 그녀의 이름을 붙인 교회는 그녀와 마찬가지로 매우 평범했다. 그 교회를 그렇게 유지하는 영국인들에게 경의를 표한다. (그리고 줄리안에 대한 책과 수집품을 파는 기념품점을 교회에서 좀 떨어진 곳에 설치한 것에 대해서도.)

줄리안은 생기 넘치는 지적이고 창의적인 삶을 누렸다. 그녀보다 2세기 먼저 살았던 힐데가르트처럼 줄리안은 배움과 '이성'을 찬미하여 이렇게 말한다. "나는 이성이 하느님 안에 있는 것을 보았으며, 이성은 우리가 받은 가장 귀한 선물입니다. 이성은 자연에 기반하고 있습니다."[3] 이는 그녀의 자매격인 힐데가르트가 "가장 위대한 보물은 활기찬 지성입니다" 그리고 "모든 과학은 하느님에게서 비롯됩니다"라고 말했던 것과 공명한다. 힐데가르트는 인간이 합리성 혹은 지성이라는 선물을 소유하고 있으므로 '만물'을 이해할 수 있다고 가르쳤다. 힐데가르트에게 그리스도는 '신성한 합리성' 자체였으며, 그녀는 "하느님은 합리성이시다"라고 주장했다. 성서나 다른 문서를 연구하려면 '인간의 오감을 하느님의 의로우심으로 이끄는'[12] 합리성이 필요하다.

줄리안이 훌륭한 베네딕트회의 교육을 받고 지적 생활을 사랑할 수 있었던 것은 성인이 되었을 때 도미니크회 수사들을 만났고, 그들에게서 토마스 아퀴나스와 마이스터 에크하르트의 신학을 배웠기 때문이었을 가능성이 크다. 에크하르트의 저술 일부가 존 타울러John Tauler의 이름으로 위장된 책에 포함되어 영국으로 밀수되었다. 타울러는 에크하르트의 도미니크회 학생이었고 단죄되지 않았다(중세 도미니크회 수사들은 매우 신중하게 자신을 방어했다).

하지만 무엇보다도 줄리안은 서른 살에 일어난 환시에 충실했고, 평생 그 환시가 그녀 자신만이 아니라 다른 사람들에게 전하는 지혜와 메시지와 의미를 파악하려 했다. 그녀는 여성성과 자기 몸을 매우 편안히 여겼고, 아마도 그 시대의 신성한 여성으로 여겨져서, 뱃사람을 포함한 남성들과 여성들, 평민과 일부 귀족 등 많은 사람들이 그녀에게 와서 영적 지도를 받고 조언을 구했다. 그녀는 대단한 자기 확신을 가지고 있었고(6장에서 '신뢰'에 대한 그녀의 가르침을 살펴볼 것이다), 그런 확신으로 힘을 얻어 세 권의 책을 쓰게 되었다.

다른 데서 보기 드문 그녀의 글의 특징은 신학자의 말이나 심지어 성경 구절도 거의 인용하지 않는다는 점이다. 책에서 읽은 것을 자기 생각에 철저히 통합시키는 법을 배웠고, 오랫동안 성찰적 연구를 함으로써 그녀는 자신의 신학을 이룬다. 그녀는 자신의 경험 특히 자기에게 일어난 계시를 신뢰하는 법을 배우고, 첫째 책 이후 수십 년 동안 거기에 담겨 있는 지혜를 얻기 위해 그 의미를 설명한다. 그녀는 '보여주신 것들'에 "비밀이 가득하고" 여러 층의 의미를 간직하고 있음을 알아보고, 수년 동안 그것을 판독하여 "시간이 지나서야 이해하게"[4] 된 "온전한 의미"를 알게 된다. 틀림없이 그녀는 다른 신학자들의 이야기와 가르침과 더불어 성경의 이야기와 가르침을 통합하여 글을 쓰지만, 기본적으로 머릿속과 가슴속에서 '보여주신 것들'을 거듭 되새기고 그것을 삶의 경험 및 다른 사람들과의 관계에 적용한다. 여기서 요점은 그녀가 자신의 경험을 나누고 신뢰하고 해석한다는 것이고, 바로 그것이 둘째와 셋째 책에서 가장 중요한 점이다. 그렇게 함으로써 그녀는 생생한 신학적 비전을 이루어내고, 독자들도 참여하여 그들 자신의 경험을 신뢰하라고 초대한다. 여기서 그녀는 오늘날 세계를 섬길 수 있는 영성의 생생한 비전이 필요한 우리에게도 호소력을 지닌다.

그녀가 심오한 사상가이자 창조영성 계보의 수행자라는 사실은 부정할 수 없다. 더 놀라운 점은 팬데믹 시대였던 당시에 대다수 사람들이 자연에 대한 신뢰를 버렸는데도 불구하고 줄리안은 자신의 경험을 제시하여 자연의 선함과 은총을 옹호한다는 것이다. 줄리안의 팬데믹 시대에 사람들은 그녀와 전혀 다른 결론을 내렸다. 즉 자연은 우리를 증오하고, 하느님이 우리를 벌하고 있고, 인간은 죄가 많고 치욕으로 가득해서, 인간에 대한 가장 큰 진실은 죄라는 것이었다. 다시 말해, 토머스 베리의 말처럼 당시 사람들은 창조영성을 잃었다. 반면에 줄리안은 그런 신학적 함정에 빠지지 않았고, 바로 그 점 때문에 그녀는 종교개혁자들이나 오늘날까지도 이어지는 대다수 그리스도교인들과 다르다.

줄리안에게는 오늘날 21세기의 팬데믹으로 인한 자가 격리의 시대에 우리에게 가르쳐줄 것이 많이 있지만, 팬데믹이 끝난 후에도 전할 가르침이 많이 있다. 그녀의 가르침과 통찰은 결코 팬데믹 시대에만 국한되지 않으며, 실제로 우리가 그녀의 가르침과 통찰을 묵상하고 실행하면 미래에 팬데믹을 예방하는 데 도움이 될 것이다. 그녀는 기후변화에 의해 닥치고 있는 우리의 소멸을 직면하도록 영감을 준다.

줄리안의 광범위하고 포용적인 청중

줄리안 사상의 또 하나의 차원은 깊은 인본주의와 심오한 세계 교회주의 혹은 종교를 초월하는 것에 있다. 성경에 있는 지혜 문헌도 매우 세계교회주의적이므로 그것은 과히 놀라운 일이 아니다. 결국 시바의 여왕은 유대인이 아닌 아프리카인이고, (지혜 문헌과 창조영성처럼) 자연이나 피조물을 계시의 원천으로 내세운다면 반드시 더 크게 포용하게 된다. 내가 우주적 그리스도에 대한 첫 책에 쓴 것처럼, 불교의 강이나 로마가톨릭의 바다, 침례교의 달 혹은 무신론자의 옥수수밭 같은 것은 없기 때문이다.

줄리안은 650년 후에 살고 있는 우리까지 포함해서 매우 넓은 범위의 청중들을 대상으로 말한다는 점을 명백히 밝힌다. "하느님이 보시기에 모든 인간들은 한 사람이고, 모든 사람들은 한 인간입니다."[5] 그녀는 그리스도가 인간성 자체를 나타낸다고 여긴다. "나는 그것이 그리스도의 인간적인 면을 의미한다고 이해했습니다. 그리스도는 모든 인간을 나타냅니다."[6] 만일 그리스도가 누군가를 해방시킨다면, 모든 인간들을 해방시키는 것이다. "그리스도의 성육신과 복된 수난이 우리 모두를 해방할 것입니다. 그리스도는 우리의 머리이고, 우리는 그분의 지체이기 때문입니다."[7] 줄리안에게는 교회가 그리스도의 신비한 몸이라는 전통적 가르침이 확장되어 전 인류가 그리스도의 몸이다. "그리스도는 우리 모두의 안에 있는 영적 열망을 나타냅니다. 그리스도는 곧 모든 영적 탐구자들이고, 모든 영적 탐구자들은 곧 그리스도입니다."[8] 여기서 줄리안은 모든 존재와 모든 인간 안에서 볼 수 있는 '우주적 그리스도'를 말하고 있다.

그녀는 우리가 인간이라는 것의 아름다움을 찬미할 때, 특정 종파의 사람들이 아니라 모든 인간을 말하는 것임을 다시 명백히 밝힌다. "하느님이 우리를 본질에 있어서 매우 부유하고 고귀하게 만드셨으므로, 우리가 할 수 있는 일은 그분의 뜻을 실행하려 노력하고, 모든 면에서 그분을 공경하는 것입니다. 여기서 '우리'란 모든 참된 영적 탐구자들을 가리킵니다."[9] 그녀가 '모든'이라고 말할 때는 정말 '모든'을 의미한다. 거기에는 우리 시대에 있는 모든 종파의 그리스도인들, 모든 유대인들, 모든 불자들, 힌두교인들, 도교인들, 무슬림들, 여신 숭배자들, 모든 토착종교인들, 불가지론자 혹은 무신론자처럼 종교 없는 사람들이 모두 포함된다. 그녀는 현재 의미에서 이 정도로 보편적이고, 14세기에도 이에 못지않았다.

그녀는 "주님이 거하시는 우리 자신의 영혼 속으로" 물러간다며, 우리의 영적 추구를 망라하는 보편성을 다시 거리낌없이 말한다. "누구도 이 진리가 자신에게만 적용된다고 생각하면 안 됩니다. 그렇지 않습니다. 그 진리는 보편적입니다. 우리의 아름다운 인간성은 귀중한 어머니 그리스도를 위해 준비되었습니다. 태초부터 어머니 그리스도께서 인정하시고 아시고 이해하신 것처럼, 인간은 하느님의 영광과 존귀함을 위해 그리고 구원받는 순전한 기쁨과 지복을 위해 창조되었기 때문입니다."[10] 거듭해서 줄리안은 전체적 맥락에서 인간 조건의 보편성에 대해, 그리고 우리가 '우리의 이 아름다운 인간성'을 내면에 지니고 있는 것에 대해 생각하고 그것을 표현한다.

어떻게 해서 책을 쓰게 되었는지 설명하면서, 그녀는 처음에는 '보여주신 것들'이 개인적인 일이라고 생각했지만, 나중에 인간 '전체'에게 적용됨을 알게 되었다고 말한다. "처음에는 그 가르침을 나 자신에게만 적용했습니다. 그때는 그것을 다르게 볼 마음이 없었기 때문입니다. 하지만 그다음에 일어난 크고 은혜로운 위안 덕분에 하느님께서 그 통찰을 인류 전체에게 주셨음을 깨달았습니다." 그녀는 그녀의 책을 더 많은 사람들에게 전해야 한다는 것을 알게 되었다. "나는 그 계시를 동료 그리스도인들을 더 사랑하라는 의미로 받아들이지 않고 개인적인 것으로 여기는 실수를 저질렀습니다. 하느님께서 마치 우리 모두가 한 사람인 것처럼 우리 모두를 사랑하신다는 것을 아는 것보다 동료 그리스도인들을 더 사랑할 수 있는 다른 길이 있겠습니까?"[11] 그녀는 다른 사람을 덜 판단하는 법을 배우는 것에 대해 한 마디 덧붙인다. "다른 사람들의 불완전함에 집중하지 말고 나의 불완전함을 책임져야 한다는 가르침도 받았습니다. 유일한 예외는 나의 생각이 동료 영적 탐구자들에게 도움이 되고 위로가 될 수 있는 경우입니다."[12]

그런 보편성에 대한 인식은 이렇게 표현된다. "하느님 안에서 동료 그리스도인들을 보편적으로 사랑하는 사람은 존재하는 모든 것을 사랑합니다. 왜냐하면 우리 안에 모든 것이, 다시 말해 창조된 모든 것과 만물의 창조주가 모두 포함되기 때문입니다." 피조물과 우주는 한 사람이 아니라 모든 사람에게 속하고, 그것은 우리를 더 큰 확장된 사랑의 의식으로 부른다.[13]

줄리안은 하느님이 "인간 영혼 안에 머무십니다"라고 자주 말한다. 하지만 책의 말미에서 그 이미지를 개인적이기보다 더 보편적인 이미지로 확장하며 이렇게 말한다. "주님은 당신이 머물 곳으로 인간의 영혼을 선택하셨고, 인간의 영혼은 주님이 영광스러운 왕

좌에서 사랑으로 다스리시는 훌륭한 도시입니다. 주님은 우리 내면의 그 자리에서 결코 일어나거나 떠나지 않으실 것입니다. 주님이 거하시는 곳이 얼마나 놀랍고 장엄한지요!"[14]

책의 앞부분에서 그녀는 독자들에게 말할 때 (그녀가 명백히 말했듯이 광범위한) 청중들에게 호소한다. "나는 동료 영적 탐구자들에 대한 깊은 사랑에 감동받았고, 그들도 내가 본 것을 볼 수 있게 해달라고 기도했습니다. 왜냐하면 그것이 그들에게 큰 위안이 될 것을 알았기 때문입니다."[15] 여기서 그녀는 글을 쓰는 동기를 설명한다. "내가 본 환시가 나만을 위한 것이 아니라 모든 사람을 위한 것임을 알았습니다."

줄리안이 자신의 책이 보편적이고 모두를 위한 것이라고 주장할 때 그녀가 매우 확고한 정치적 입장을 취하고 있음을 놓치면 안 된다. 결국 흑사병에 대한 가장 많은 반응 중 하나는 '이단자' 혹은 유대인들 같은 희생양을 만드는 것이었다. 실제로 팬데믹 기간에 사람들이 비난할 대상을 찾을 때 반셈족주의가 만연했다. 그래서 많은 유대인들이 영국에서 도망갔다. 하지만 줄리안의 책에는 반셈족주의나 이단에 대한 공격이 조금도 없다. 또 그녀는 (스스로 채찍질하는 운동에 나타났던 사고방식처럼) 개인의 죄가 팬데믹의 원인이라는 생각도 단호히 거부한다. 앞으로 6장에 나오겠지만 그녀는 영성과 감각성을 분리하고 싶어 하고 감각성을 멸시하는 사람들에게 단호히 맞섰다. 사실 줄리안의 책에서는 '죄'에 대한 논의가 많이 이루어지는데, 그녀는 우리의 실수가 더 큰 선을 일으키는 경우가 많으며 죄가 과대평가되고 있다고 자주 말한다.

그녀는 죄에 집중하기보다 우리의 더 선한 본성과 거기서 찾을 수 있는 은총에 더 집중하라고 조언한다.

줄리안은 자신이 '단순한' 사람이라고 하면서 "환시를 보지 못했지만 나보다 훨씬 더 하느님을 사랑하는 사람들이 많습니다"라고 확신한다. 그런데 "나를 개인으로서 바라보면 아무것도 아니라는 걸 압니다. 나는 동료 영적 탐구자들과 결합되어 있을 때만 존재가 있습니다. 이런 결합의 토대가 인류를 구원할 것입니다"[16]라고 생각하며 개인보다 큰 공동체를 생각한다. 여기서도 그녀는 글을 쓰고 책을 나눌 때 '인류'를 염두에 두고 있다. 거기에는 21세기에 팬데믹을 겪으며 그녀에게 가르침과 지혜를 구하는 우리도 포함된다.

줄리안의 책의 번역에 대하여

이 책을 쓸 때 에드먼드 칼리지와 제임스 월시가 두 권으로 엮은 줄리안의 중세 원고의 교정판이 큰 도움이 되었다.[13] 그것은 내가 줄리안을 이해하는 데 매우 귀중한 자료였지만, 이 책에서 인용하려고 줄리안의 저술을 현대어로 번역한 다른 두 책을 더 선택했다. 하나는 미라바이 스타의 번역인데, 그녀는 마음속 깊은 곳으로부터 신비가 줄리안을 사랑하고 이해한다. 줄리안에 대한 사랑에 근거해서 스타 자신이 세계교회주의에 전념하며 십자가의 성 요한과 아빌라의 테레사의 책을 번역한 것을 통해 신비가들의 세계에 대한 감수성이 있음을 보여준다. 미라바이 스타의 『노리치의 줄리안의 계시(Showings of Julian of Norwich: A New Translation)』는 내가 인용하는 두 권 중 하나다. 그녀가 21세기에 종교 교류가 일어나고 있는 세계 속에 살고 있으면서, 종교적 분파주의를 뛰어넘는 세심함을 가지고 줄리안의 책을 번역한 것은 지혜로운 선택이었다. 예를 들어 그녀는 줄리안이 '동료 그리스도인들'이라고 하는 말을 '동료 영적 탐구자들'로 바꾸었고, 줄리안이 '우리의 믿음'과 '교회'라고 말하는 것을 이따금 '우리의 영적 공동체'로 바꾸었다. 그리고 '구원받을 사람들'을 '모든 존재들'로 바꾸고, '악마(devil)'를 '악의 영(spirit of evil)'으로 바꾸고, '죄'를 '과녁을 빗나감' 혹은 '실수', '위반', '불완전함', '부정성'으로 바꾼다. 미라바이 스타는 줄리안의 메시지의 중요성이 한 종파의 광신자들이 품고 있는 것이 아니라 전 세계에 미치는 것임을 잘 알고 있으므로, 줄리안의 책이 "모든 곳의 영적 탐구자들을 위한"[14] 것이라 말한다.

스타는 또 한 마디 중요한 말을 했다. "나의 번역이 '옳기'만 한 것이 아니라 '아름답기'를 바란다. 읽을 때 즐겁고 가슴을 여는 만남이 되기를 바란다."[15] 정말 그렇다! 신비가 줄리안은 그럴 만한 가치가 있다. 신비가는 다른 신비가가 번역해야만 한다. 학자들이 너무 오랫동안 한심스러울 정도로 이원론과 가부장적 사고방식에 물든 번역을 해왔기 때문이다. 신비가들의 신비적 근원을 만난 학자들이 거의 없었다. 여성적 신을 옹호하는 줄리안의 책은 여성 번역가가 번역할 가치가 있는데, 미라바이 스타가 그 과제를 해결했다. 그녀는 감수성 있는 언어와 지신의 신비적 토대를 가지고 줄리안의 정신과 그녀의 글에 담긴 의미를 훌륭하게 포착한다.

내가 언급한 또 다른 번역은 브렌던 돌리Brendan Dolye의 『노리치의 줄리안과 함께 하는 명상(Meditation with Julian of Norwich)』이다. 1983년에 출간된 그 책은 창조영성의 전통에 굳게 기반하고 있다.[16] 내가 설립한 출판사에서 돌리의 번역서를 출간하고 내가 추천사를 쓴 것은 영광이었다. 나는 그의 번역이 세월의 시험을 잘 견뎠다고 믿는다. 왜냐하면 돌리가 줄리안의 중세 문헌의 교정판을 가지고 번역했고, 감수성과 배려, 줄리안이 훌륭히 나타내는 창조영성의 전통에 대한 이해를 가지고 공들여 번역했기 때문이다. 그는 자주 '구원'을 '해방'으로 번역하기로 선택한다. 토마스 아퀴나스가 'salvaio seu liberatio'(seu는 '즉'이라는 의미이다)라고 쓸 때 똑같이 그렇게 하기 때문이다. 음악가인 돌리는 음악적 직관을 도입해서 번역했다. 또 시카고 먼델라인 대학과 오클랜드 홀리네임즈 대학의 문화와 창조영성 연구소(Institute in Culture and Creation Spirituality) 학생이자 존경받는 교수이며 사랑받는 행정가이기도 했다. 마지막으로, 나는 노리치에 있는 줄리안의 교회 인근 줄리안 센터에 그 번역서가 전시되어 있는 것을 보고 감동했다는 것을 말하고 싶다.

우리 시대에 줄리안을 생생하고 실제적으로 만드는 데 큰 역할을 한 두 번역가에게 감사하다는 말씀을 드린다. 이 책은 줄리안 자신의 말을 강조하고 될수록 참견하지 않는 선에서 언급하기 위해, 미주에서 두 번역서의 해당 페이지만 숫자로 표시하기로 했다. 앞의 약자 'S'는 스타의 번역서, 'D'는 돌리의 번역서를 의미한다.

팬데믹 시대에 영적으로 성장하기 위한 일곱 가지 교훈

이 책은 줄리안이 팬데믹을 헤쳐나가고 그 과정에서 영적으로 성장하기 위해 우리에게 전하는 일곱 가지 교훈으로 구성되었다.

1장에서는 팬데믹의 어둠에서 도망가지 말고 머무르면서 고통과 혼돈과 미지와 영혼의 어둔 밤이 우리에게 가르쳐주는 모든 것을 기다리라고 권한다.

2장에서는 만물과 존재 자체에 충만한 선을 잊지 말라고 권한다. 그것은 기쁨, 경외, 경탄을 불러일으킨다. 줄리안은 매일매일 흑사병을 곁에 두고 살며 자신의 '선함(goodness)의 철학'에 충실했다. 그것을 실로 '선함의 형이상학'이라 부를 수 있을 것이다. 그녀는 자신이 설교한 것을 실천하며 언행이 일치했다.

3장에서는 전체 자연(우주) 안에서 또 자연 안에 있는 피조물들과 모든 존재 안에서 볼 수 있는 신성을 깊이 성찰하고 음미하라고 권한다. 이 가르침은 에밀리 디킨슨Emily Dickinson의 작품에 있는 요소를 떠올리게 한다. 디킨슨은 자신의 시대에 자신의 방식으로, 일종의 '은수자'의 생활방식으로 살았다고 할 수 있다. 가령 '꿀벌과 나비와 미풍의 이름으로'라고 말할 때 디킨슨은 자연에 기반한 삼위일체적 은총을 제공한다.

4장에서는 여성적 신과 하느님의 모성에 대한 깊은 인식을 회복하라고 촉구한다. 줄리안은 우리의 영혼과 제도와 문화 안에서 젠더 균형을 되살리라고 요구한다. 가령 우리는 교육 방식에 있어서 (여성적인) 지혜를 추구하는가? 아니면 맹렬히 지식을 추구하고 그와 더불어 자연을 지배하고 다른 사람들을 지배하고 자신의 가슴을 지배하는 원초적 힘을 추구하는가? 줄리안은 우리를 신성의 여성적 차원으로 초대하여 젠더 균형을 이루고 건강을 회복하는 시대를 요청한다.

5장에서는 우리의 깊은 자아, 고귀한 자아, 참 자아, 따라서 우리와 신 사이의 비이원적 경험으로 우리를 부른다. 토마스 아퀴나스는 "인간이 신이 될 수 있게 하기 위해서 하느님은 인간이 되셨다"고 가르쳤고, 줄리안은 그에게 동의한다. 우리는 아직 거기에 도달하지 못했는가? 무엇이 우리를 막고 있는가?

6장에서는 우리의 육체성과 실제성에 대한 신뢰를 포함하여 신뢰와 용기가 우선임을 말한다. 우리의 감각성, 섹슈얼리티, 영성이 모여 거룩하게 결합한다. 그리고 비이원성이 모든 관계를 은혜롭게 할 수 있다. 이와 같은 신뢰로부터 용기와 관대함이 나온다.

7장에서는 사랑이 우리 모두를 결합하는 것을 상기시킨다. 그런데 사실 줄리안은 감상성과 싸우라고 권하므로 그것은 감상적인 사랑이 아니다. 그녀는 파괴하는 힘, '악의 영'이라고 부르는 힘에 맞서라고 격려한다. 우리는 1장에서 논의한 불확실성과 깊은 어둠을 직면할 때 그림자나 '마귀(fiend)' 혹은 칼리(kali, 시바 신의 아내로서 죽음과 파괴의 여신-옮긴이) 여신의 파괴적 측면이 내면과 외부에서, 꿈과 제도 속에서, 내면의 삶과 외부 일들 속에서, 정치와 경제에서 우리를 따라다니며 괴롭히는 것을 깨닫게 된다. 이 '악의 영'에는 어머니 지구를 모친 살해하는 것뿐만 아니라 도처에서 일어나는 여성혐오도 포함된다. 하지만 우리 안의 전사가 떨쳐 일어나 신뢰와 용기로 무장하고 사랑을 퍼뜨리고 정의를 이루고 연민이 일어나게 할 수 있다. 그렇게 함으로써 언젠가 모든 것이 잘 될 수 있다는 약속이 이루어진다.

8장에서는 앞의 일곱 개 장에서 제시한 기본적 가르침을 요약한다. 줄리안이 겪은 계시는 대단히 풍요로워 단선적으로 제시되지 않는다. 그녀는 거의 음악 같은 나선형 양상으로 생각하는 경향이 있어 각 주제들로 돌아가고 또 그 과정에서 주제를 확장하므로, 8장에서 그 주제들을 열거하면 그것을 보다 쉽게 이해하고 기억하는 데 도움이 된다는 것을 알게 되었다.

결론과 후기에서는 줄리안이 팬데믹, 기후변화, 성차별, 여성혐오, 모친 살해, 가부장제의 문제에 대해 오늘날 우리에게 직접적으로 호소하는 내용들을 보다 깊이 살펴본다. 우리는 그녀의 신비가적 목소리가 최고조에 달해 예언자의 목소리가 되는 것을 알아차린다. 또 15세기에 두 교황이 공표한 교황 칙령에 담긴 '발견의 교리'에 함축된 서구의 인종차별과 집단 학살의 역사를 직면하게 된다. 유럽의 탐험가들이 아프리카 대륙과 아메리카 대륙의 비그리스도인들에게 속죄를 요구하는 대신 그들의 영성에서 피조물의 선함을 앞세웠다면 어떻게 되었을까? 만일 창조물의 선함을 전제로하는 줄리안의 종교적 비전을 통해 유럽과 전 세계 원주민들 간의만남이 이루어졌다면 역사가 어떻게 달라졌을까?

우리가 치명적인 팬데믹을 직면하여 온갖 우여곡절을 겪고 있지만, 노리치의 줄리안은 우리 시대를 위한 신비가이자 예언자로서의식과 실천에 있어서 심오한 혁명을 제안한다. 그녀는 평생 우리와 같은 팬데믹의 현실에 직면했고, 이용할 수 있는 자원은 우리에 비해 턱없이 부족했지만, 그 위기를 통해 자기 영혼과 가슴이 진정으로 원하는 것과 할 수 있는 것을 더 깊이 탐구했다. 바로 그것이 신비가가 하는 일이다. 그리고 우리 모두는 신비가이다. 특히 지금과 같은 대변혁의 시대에는 더욱 그러하다.

이어지는 내용들이 줄리안이 펼친 진실들을 잘 모아서 제시했기를 진심으로 바란다. 우리의 자매이자 조상인 줄리안은 오늘날 우리에게 간곡히 말할 뿐만 아니라, 부드러운 목소리이지만 크게 외친다. 깨어나서 깊이 들어가고 어둠을 직면하고 선함과 기쁨과 경외를 파헤쳐 발견하라고 외친다. 그리고 어머니 지구와 지구의 피조물들을 보호하는 일을 하며, 우리들 안에서 인종주의, 성차별, 국수주의, 인간중심주의, 분파주의 등 인간의 위대함을 방해하는 것들을 모두 없애라고 촉구한다. 또 생명의 거룩함과 새롭게 연결하라고 외친다.

최근 토마스 아퀴나스에 대해 가르치면서 그의 멘토이자 과학자, 철학자, 신학자인 성 알베르투스 마그누스Albertus Magnus (1193~1280)를 연구하다가 독일의 한 과학사학자를 알게 되었다. 그는 만일 교회가 알베르투스 마그누스의 과학에 대한 관점과 존중을 따랐다면, 서구 문화는 근대 과학을 400년 정도 앞당길 수 있었을 것이라고 주장했다.

내가 50년 동안 창조영성 전통에 대해 연구하고 글을 쓰고 가르친 경험에 비추어 보면, 만일 교회가 노리치의 줄리안과 그녀가 알린 창조영성의 계보를 따르기로 선택했다면 프로테스탄트 종교

개혁이나 가톨릭의 반종교개혁(16~17세기 가톨릭교회 내부의 자기 개혁 운동-옮긴이)이 필요 없었을지도 모른다. 두말할 것 없이 종교 전쟁과 제국주의적 침략과 그에 따른 원주민 대량 학살도 일어나지 않았을 것이다. 게다가 20세기에 일어난 두 번의 세계대전도 방지할 수 있었을 것이고, 산업화가 일어난 이래 우리가 목격한 어머니 지구에 대한 파괴적인 모친 살해도 일어나지 않았을 것이다.

줄리안이 모범을 보인 여성적 신의 회복 및 여성성과 건강한 남성성의 조화를 통해 이룰 수 있는 근본적 변화는 그렇게 장대하다. 그러므로 우리 인간종이 치명적인 팬데믹뿐만 아니라 (다른 재난 및 생물들의 멸종과 더불어 더 많은 바이러스를 일으킬 수 있는) 훨씬 더 치명적인 기후변화 위기를 직면하고 있는 가운데, 줄리안의 심오한 페미니즘과 자연에 대한 사랑이 영성의 미래를 앞당기기를 바랄 수 있다. 그런 고요한 혁명이 일어나야만 그녀의 힘찬 비전이 언젠가 실현될 것이고, 그러면 '모든 것이 잘될 것'이다.

1장

어둠을 직면한다

우리는 이따금 기력을 모두 잃어버리는
어둠을 경험합니다.

줄리안

팬데믹 시대는 깊은 어둠의 시기이다. 첫째, 팬데믹이 언제 끝날지 모른다는 어둠이 있다. 14세기에는 확실히 그랬다. 당시는 바이러스와 병원균에 대한 과학 지식이 전무했으므로 흑사병이 난데없이 발생한 것 같았다. 또 흑사병이 파도처럼 거듭 밀려왔으므로 언제든 흑사병이 다시 발생할지 모른다는 두려움이 컸다. 흑사병이 한번 휩쓸고 간 후에는 늘 의문이 생겼다. 이제 끝난 건가? 다시 일어날까? 정상적인 삶으로 돌아갈 수 있을까?

오늘날 우리는 14세기 때와 비슷한 생각을 많이 하고 유사한 질문을 하지만, 우리에게는 의학이라는 희망이 있다. 과학자들이 백신을 만들어낼 것이지만 의문은 남는다. 얼마나 오래 걸릴까? 백신의 효과는 얼마나 완벽할까? 모든 사람에게 골고루 접종될까? 얼마나 빨리 시행될까? 접종 비용은 얼마나 될까? 가난한 사람들도 백신을 맞을 수 있을까?

둘째, 고통과 죽음이 주변에서 흔히 일어나고 있지만 우리가 할수 있는 일이라고는 집 안에 머무르기, 자가 격리, 공공장소에서 마스크 쓰기, 방역 최전선에서 일하는 이들을 지원하는 것밖에 없다는 사실을 아는 어둠이 있다. 또한 누가 바이러스에 감염되었는지 모르는 어둠이 있다. 대중매체와 소셜 미디어는 계속 확진자수, 병원과 돌봄 노동자에게 가중되는 부담, 사망자 수를 알려주고, 이동식 시체 안치소, 병자와 임종하는 이를 수용하는 천막의 사진을 보여주면서 불안, 두려움, 깊은 슬픔을 일으킨다.

바이러스에 대해 모르는 어둠은 다른 것을 모르는 현실 위에 겹쳐진다. 코로나 바이러스가 유행하기 전에도 우리 인간종은 이미 묵시록 같은 사건들을 직면하고 있었기 때문이다. 전 세계 과학자들이 작성한 유엔 보고서에 따르면, 기후변화의 재난이 예상보다 더 빠른 속도로 더 심각하게 계속해서 우리를 짓누르고 있다. 2019년에 유엔은 인류 전체가 10년 안에 삶의 방식을 바꾸지 않으면 빙하가 녹고 해수면이 높아져 짐작하기도 어려운 피해가 발생할 것이라고 보고했다. 빙하가 녹고, 해수면이 높아지고, 열대우림이 불타 없어지고, 가뭄이 심해지고, 허리케인과 홍수가 훨씬 더 자주 더 심하게 발생하고, 기온이 올라가고, 동물들의 계절 이동이 심해지는 것은 모두 유사한 메시지를 전한다. 그동안 오스트레일리아 대륙 전역에 대화재가 발생했다. 지금은 '광산 안의 카나리아'가 위험을 미리 알려주는 것이 아니라 '대륙 전역'이 큰 소리로 짹짹거리고 있는 것이다. "어서 깨어나! 기후변화는 실제야. 믿을 수 없을 만큼 심각하단 말이야. 어서 움직여!"

실로 코로나 바이러스는 보다 거대한 기후변화 위기의 일부이다. 전 세계에서 3천8백만 명의 인간을 숨지게 한 에이즈 바이러스처럼 코로나 바이러스도 인간과 다른 종의 상호작용에서 유래하기 때문이다. 에이즈의 경우는 인간과 아프리카 원숭이 간의 상호작용이 원인이었고, 코로나 바이러스는 인간과 중국 박쥐 간의 상호작용에서 일어났다. 과학적 합의에 따르면 흑사병은 중세 유럽의 생쥐에 의해 발생했고, 결국 전 인구의 3분의 1 내지 2분의 1을 희생시켰다.

인구가 폭발적으로 증가했고, 수많은 다른 종들의 서식지를 빼앗았기 때문에 우리는 에이즈를 겪었고, 지금은 코로나 바이러스를 겪고 있다. 그리고 과학자들은 코로나 바이러스가 중단된다 해도 그런 위험이 다시 일어날 것이라고 경고한다. '메소아메리카 사람과 숲 동맹'에서 일하고 있는 코스타리카의 브리브리족 원주민 교사 레비 수크르 로메로Levi Sucre Romero는 이렇게 경고한다. "코로나 바이러스는 지금 세계를 향해 우리가 수천 년 동안 얘기해온 것을 보여주고 있습니다. 우리가 생물 다양성과 자연을 보호하는 것을 돕지 않으면 지금 같은 위협과 더불어 미래에 더 심각한 위협에 직면할 것이라는 겁니다."[1]

우리 인간종의 어둔 밤

신비가들은 이런 나쁜 소식을 가리켜 '부정의 길(via negativa)'이라고 한다. 그런 부정의 길은 고통, 죽음, 모름, 통제 불능의 현실이다. 삶의 어두운 측면이 심해져 우리의 의식에 침투할 때, 그것을 '영혼의 어둔 밤'이라고 한다. 랍비 헤셸Heschel은 우리가 영혼의 어둔 밤만이 아니라 '사회의 어둔 밤'에 대해서도 생각하고 말해야 한다고 경고했고, 그에 따라 신비적 언어를 개인의 심층 체험뿐 아니라 공동체의 심층 체험에도 적용해야 한다고 촉구했다.

하지만 오늘날 나는 더 멀리 가고자 한다. 우리 인간종은 인터넷과 소셜 미디어를 통해 금융과 교통, 사상과 정보의 공유에 있어서 밀접하게 상호 연결되었으므로 '우리 종의 어둔 밤'에 대해서도 이야기해야 한다. 결국 우리는 몰락하는 행성과 지난 6천5백만 년 중 어느 때보다 더 많은 생물의 멸종에 직면하고 있다. 그리고 전 인류가 코로나 바이러스를 직면하고 있다.

우리는 지구적 규모의 곤경에 빠져 있다. 멸종이 일어나고 있고 인간도 예외가 아니다. 우리에게는 변화를 일으킬 시간이 부족하고 마땅한 해답도 없다. 따라서 우리 종의 어둔 밤이 닥친 것이다.

줄리안과 그녀의 동시대인들은 영혼의 어둔 밤과 사회의 어둔 밤을 겪었는가? 분명히 그렇다. 하지만 그녀가 우리에게 전한 지혜를 가지고 응답한 사람은 거의 없었다. 서구 역사에서 가장 종말론적인 시기가 닥쳤을 때 그녀와 동시대인들이 겪은 경험에서 비롯된 지혜는 무엇인가?

줄리안은 우리가 삶에서 투쟁과 고난에 기력을 모두 빼앗기는 것에 대해 이렇게 말한다. "우리는 이따금 기력을 모두 잃어버리는 어둠을 경험합니다." 그녀는 여기서 지나친 부담이 일으키는 우울과 '아케디아'라는 중죄에 대해 말하고 있다. 아퀴나스는 아케디아란 특히 영적인 문제에 대한 깊은 슬픔 때문에 일어나는, "새로운 일을 시작할 에너지를 상실한 것"이라고 말한다. 줄리안은 우리가 "썩어 없어질 살의 무게에 짓눌리고", "이 어둠 때문에 하느님의 크신 사랑을 인정하고 신뢰하고 섭리를 지키는 것이 거의 불가능하다"[17]고 말한다. 깊은 슬픔은 실제이고 그것이 우리 시대의 징표가 되었다. 시인 라이너 마리아 릴케Rainer Maria Rilke는 이따금 우리는 어깨 위에 세상의 모든 짐을 지고 있는 듯이 여긴다고 말한다.

그렇다면 무엇을 해야 하는가? 줄리안은 우리가 해야 할 일은 목표와 의도를 점검하는 것이라고 조언한다. 닥친 일들을 계기로 모든 것을 벗겨내어 본질적인 질문을 해야 한다. 나는 왜 여기에 있는가? 나는 누구를 혹은 무엇을 섬기기를 바라는가? 우리의 어두운 시기에 줄리안은 이렇게 응답한다. "하지만 삶에서 우리의 의도는 계속 하느님 안에서 살고 연민과 은혜를 받을 것이라고 굳게 신뢰하는 것입니다." 우리의 의도와 목적은 하느님과 함께 공동창조하는 것이다. "하느님은 우리 안에서 이런 식으로 일하십니다."[18]

팬데믹에서 배워야 하는 줄리안의 가르침 또 하나는 '인생이 짧다'는 것이다. 팬데믹은 우리가 모두 죽는다는 사실을 다시 일깨운다. "하느님은 인생이 짧다는 것을 우리가 기억하기를 원하십니다."[19] 그러면 당연히 죽음을 부정하기를 거부하게 되고, 사소한 것들에 골몰하여 다음과 같은 심오한 물음을 잊지 않게 된다. 나는 인생에서 무엇을 하기를 원하는가? 나는 얼마나 오래 살지 알지 못하는 가운데, 주어진 재능과 배경을 가지고 최선을 다해 어떤 기여를 할 수 있는가?

이는 명백한 물음 같을지 모르지만, 안전과 편안함을 당연한 것으로 여기기 쉬운 우리 사회에서는 실제보다 덜 긴급하게 여겨진다. 줄리안의 시대처럼 지금보다 살균 소독이 덜 되었던 사회에서는 형편이 좋을 때조차 죽음이 훨씬 더 가까이 있었다. 집에서 태어나 집에서 죽는 사람들이 많았다. 죽은 이의 얼굴을 아직 살아 있는 것처럼 화장하고 몸을 보존하는 장의 사업은 없었다. 죽음은 죽음

그대로 받아들여졌다. 그리고 아이들과 모든 연령의 시민들이 죽음에 익숙했다. 특히 팬데믹의 시대에는 죽음이 더 흔했다.

나는 열두 살 때 삶이 짧다는 것을 힘들게 배웠고, 그 후에 그것은 나의 인생에서 중요한 역할을 했다. 나는 어느 여름방학에 소아마비에 걸렸는데, 그때 우리 가족은 차를 타고 위스콘신주 매디슨에 있는 집을 떠나 어머니의 친정이 있는 펜실베이니아로 갔고, 다음에는 뉴욕으로, 또 나이아가라 폭포로 갔다. 그리고 집으로 돌아가는 길에 인디애나주 개리 부근 미시간 호숫가에 들렀다. 몇 주 후 나는 뭔가 몸이 이상해서 병원에 갔고, 척수 천자 검사를 해서 소아마비라는 확진을 받았다. 나는 즉시 입원해서 격리되었고, 형제자매들은 나를 만나러 오지 못하게 되었지만 이따금 1층 창문 밖에 서서 나를 면회할 수 있었다. 나중에 의사들은 방학이 끝날 무렵 미시간 호숫가 여행에서 내가 바이러스에 감염되었음을 밝혀냈다.

내가 소아마비에 걸린 1952년은 소아마비 백신이 개발되기 1년 전이었다. 당시 소아마비는 대단히 무서운 병이었다. 그 전해 여름 이웃의 한 친구가 소아마비에 걸려 죽었다. 소아마비가 내 다리를 침범했고, 의사는 내가 다시 걸을 수 있을지 확실히 알 수 없었다. 할아버지도 30대에 소아마비에 걸려서 진공청소기를 수리하는 사업을 접었다. 그리고 남은 인생을 휠체어에 앉아서 지냈다.

그런데 나는 소아마비에 걸린 덕에 많은 것을 배웠다. 하나는 '내려놓기'였다. 여러 달 동안 학교에 가지 못했고, 친구들도 나를 만나러 올 수 없었다. 아버지는 위스콘신 대학교의 미식축구 코치

였고 형은 고등학교의 스타 미식축구선수였는데, 나는 겨우 8학년이지만 평생 걷지 못할지도 모른다는 말을 들었다. 미식축구를 통해 나 자신과 남자다움을 규정하며 마음에 품었던 무의식적 투사를 내려놓는 법을 배웠다고 말할 수 있을 것이다. 어떤 의미에서 나는 그 나이에 아버지에게서 떠난 셈이다. 그때를 되돌아보면 소아마비는 내게 일종의 성인식 경험이었다.

그로부터 여러 해가 지난 뒤 나는 젊은 도미니크회 사제가 되어 스물아홉의 나이로 파리에서 공부를 하고 있었다. 그런데 어머니가 나를 찾아와 놀라운 이야기를 들려주었다. 내가 소아마비에 걸렸을 때 아버지는 몹시 걱정했다고 했다. 소아마비가 당신의 아버지의 인생과 일에 심각한 영향을 주었던 것을 경험했기 때문이다. 그런데 아버지는 내가 소아마비 진단을 받고 의연했던 것을 보고 깜짝 놀랐다. 어머니가 말했다. "그 전까지 네 아버지는 육체적 용기만을 존중했단다. 하지만 네가 아버지에게 도덕적 용기를 가르쳐 준 거지." 그러므로 그것은 소아마비 덕분에 생긴 또 하나의 선물이라고 말할 수 있다.

나는 격려하는 카드를 많이 받았고, 우리 교구 성당에서 봉사하는 도미니크회 평수사 한 사람이 자주 찾아왔다. 나는 그 사람의 깊은 고요함에 감동했다. 또 하나의 남성다움의 본보기로 관상의 차원이 내게 영향을 주었다. 나중에 그는 트라피스트회 수사가 되었다.

하지만 내가 소아마비에 걸려 얻은 가장 큰 선물은 병원에 여러 달 입원한 후에 의사가 사실상 내가 다시 걸을 수 있을 것이라고 말했을 때 일어났다. 나는 그 기쁜 소식을 듣고 어쩔 줄 몰랐고, 우주에게 "다시는 내 다리를 당연한 것으로 여기지 않겠어요"라고 말했던 것이 기억난다.

이것이 바로 '신비적' 진술이다. 실로 그것은 내가 신비주의를 규정하는 하나의 길로, 그 어느 것도 당연하게 여기지 않는 마음가짐이다. 우리는 모든 호흡도 알아차리고 당연하게 여기지 않을 수 있다. 그렇게 호흡에 주의를 집중하는 것을 가리키는 말이 '명상'이다.

도미니크회원, 사제, 영성을 배우는 학생이자 가르치는 교사로서 나의 소명은 십대 때 다리를 잃을 뻔했던 '부정의 길' 체험에서 비롯되었다고 생각한다. 그 무엇도 당연하게 여기지 않는 태도의 일부는 '감사'와 '공경'이다. 감사와 공경은 우리가 가지고 있는 것을 깨달을 때 일어나고, 우리가 가진 것에는 존재 자체와 삶, 건강, 각 부위가 잘 움직이는 몸이 포함된다.

이와 유사한 경험이 줄리안의 이야기에서 보인다. 분명히 그녀는 당시 만연했던 끔찍한 팬데믹의 시대에 깊은 성인식을 치렀다. 어느 융학파 심리치료사는 줄리안의 시련과 이어진 계시를 일종의 '샤먼적 성인식'이라고 부른다. 분명히 그녀는 일종의 멸절 혹은 임종을 겪었고, 그것으로부터 돌아와 자신의 임종과 되살아남에서 배운 교훈을 알려준다. 그녀는 이렇게 생생하게 말한다.

내가 서른 살이 되고 반년이 지났을 때 하느님은 내가 젊을 때 요청했던 병을 주셨습니다. 사흘 밤낮을 몸져누웠고,

나흘째 되는 날 밤에 임종할 때 마지막으로 행하는 신성한 교회 의식을 받았습니다. 누구나 내가 그날 밤을 넘기지 못할 것이라고 생각했지만, 그 후에도 나는 이틀 더 목숨을 이어갔습니다. 나는 곧 죽을 것이라고 생각했고, 내 곁에 앉아 있는 사람들도 모두 그렇게 믿었습니다.

나는 아직 젊었으므로 죽는 것이 슬프다고 생각했습니다. 하지만 내가 슬퍼한 까닭은 세상의 어떤 것을 기뻐했기 때문이거나(그렇지 않았습니다) 고통을 두려워했기 때문이 아니었습니다(나는 하느님의 자비를 신뢰했습니다). 단지 하느님을 더 잘 사랑하는 법을 배울 수 있기 위해 더 오래 살고 싶었습니다…… 문득 헤아릴 수 없을 만큼 긴 영생에 비하면 내가 세상에서 보낸 시간은 무척 짧았다는 생각이 떠올랐습니다.[20]

그녀는 몸의 고통과 "이성에 의해 나의 삶은 끝났다고 결론짓게 되었습니다"라고 말한다. 그녀의 몸은 하반신이 죽은 것처럼 느껴졌고, 그녀는 "아무것도 느낄 수 없었습니다"라고 한다. 사제가 도착해서 그녀의 얼굴 앞에 십자가상을 들었다. 그녀는 눈이 보이지 않았다. "모든 것이 점점 희미해지다가 결국 온 방 안이 한밤중처럼 어두워졌습니다." 십자가상만 겨우 보였고, '다소 평범한 빛'으로 빛나고 있었다. "상반신이 죽기 시작했습니다. 곧 나는 전혀 아무것도 느끼지 못했습니다." 그리고 "나의 생명이 급격히 쇠하는 느낌이 들었고, 그때 나는 죽고 있다고 확신했"으며 숨이 가빠졌다.

그런데 "갑자기 고통이 전부 사라졌고 다시 건강해졌음을" 느꼈다. "이전보다 훨씬 건강해졌습니다…… 그런 갑작스러운 변화에 깜짝 놀랐습니다." 그때 그녀는 십자가에 못 박힌 그리스도를 만났다. "별안간 주님의 가시면류관 아래에서 붉은 피가 뚝뚝 흘러내리는 것을 보았습니다." 이어서 "매우 어리고 소박하고 겸손한 동정녀"[21] 마리아의 존재가 있었다.

이렇게 우리는 줄리안의 계시가 일어난 상황이 그녀의 임종 체험 혹은 임사 체험과 뒤따라 일어난 되살아남이라는 것을 알게 된다. 줄리안의 임사 체험은 대개 말하는 빛의 경험이 아니라 죽음에 초점이 맞추어졌다. 하지만 그녀가 명시적으로 말하는 것처럼, 예수의 죽음에서 그녀에게 예수는 '모든 사람' 즉 전 인류 전체를 나타낸다. 이는 그녀가 일곱 살 때부터 흑사병 때문에 주변에 늘 죽음이 있었던 경험이 그녀의 깨우침의 출발점이었음을 암시한다.

줄리안은 많은 친구와 친척들을 잃었는가? 미라바이 스타는 줄리안이 결혼하고 자녀도 낳았다가 가족을 모두 잃었을지도 모른다고 추측한다. 줄리안이 다음과 같이 깊은 슬픔을 말할 때 그런 기미를 보인다. "해방을 일으키는 고통 중에서 우리가 사랑하는 사람이 고통받는 것을 보는 것이 가장 큰 고통입니다. 내 삶의 모든 것이고, 내 모든 행복이고, 내 모든 기쁨인 사람이 고통받는 모습을 보는 것보다 더 큰 고통이 있을 수 있겠습니까? 사랑이 클수록, 더 달콤할수록, 더 많이 사랑할수록, 사랑하는 사람의 몸이 고통받는 것을 보는 연인의 슬픔은 더 큽니다."[22] 그리고 이렇게 덧붙인다. "당연히 자녀는 어머니의 사랑을 단념하지 않습니다. 당연히 자녀는 지나치게 자신만만할 수 없습니다. 당연히 자녀는 엄마와 형제자매를 사랑합니다."[23] 이것은 어머니의 말투가 아닌가? 줄리안은 다시 이렇게 말한다. "은혜로우신 어머니께서 우리를 아버지의 기쁨으로 데려가실 때까지 이 삶에서 능력도 재주도 거의 없는 어린 시절보다 더 고귀한 상태를 나는 알지 못합니다." 이것은 자녀를 잃고 깊은 슬픔을 맛본 어머니의 말이 아닐까? 그리고 이 말도 그렇다. "본성적으로 하느님에게서 나오는 복된 자녀들은 모두 은혜에 의해 하느님 안으로 돌아갈 것이라고 이해했습니다."[24]

부정의 길과 깊은 상실은 그 무엇도 당연하게 여기면 안 된다는 것을 일깨운다. 팬데믹도 같은 것을 가르쳐준다. 팬데믹은 우리가 어떤 것도 당연하게 여기지 않기를 배우고, 가만히 있기를 배우는 시기이고, 그 과정에서 우리의 삶과 문화를 재평가하는 시기이다. 그것이 팬데믹 이후의 삶에도 적용되기를 바란다. 가령 조지 플로이드George Floyd(2020년 5월 25일 미국 미네소타주 미니애폴리스에서 경찰의 과잉 진압으로 비무장 상태에서 살해당한 흑인 남성-옮긴이)를 냉혹하게 살해한 사건에 대해 사람들이 보인 반응도 바로 그랬다. 그가 생명을 잃은 것은 곧 '흑인의 목숨도 소중하다'고 외치며 사람들을 규합하는 운동이 되었고, 그것에 의해 우리는 흑인의 생명을 당연하게 여기지 않는 것을 배울 뿐만 아니라 압도적인 사회적 영향력과 구조와 태도를 무너뜨리기 시작하는 법을 배운다.

어둔 밤에 대한 줄리안의 첫째 가르침은 어둔 밤을 있는 그대로 직면하는 것이다. 부정하는 것에 굴복하지 마라. 먼저 진실을 말하라. 어둠 중 가장 깊은 어둠일지라도 그 속으로 들어가라. 임종으로 들어가라. 줄리안은 때때로 "우리의 약함과 실패, 우리의 배신과 부정, 우리의 굴욕과 부담과 비통함이 이 삶의 지평선까지 완전히 채우"[25]는 것 같다고 인정한다. 그녀는 이 삶에서 "끊임없는 비통의 흐름"을 경험한다고 토로한다.[26] "고통과 비통을" 일으키는 "깊은 밤"[27]에 대해 말한다.

그녀는 우리의 비통함에 대해 때때로 "가슴이 메마르고 아무 것도 느끼지 못하거나 악의 영의 유혹을 받아 하느님을 단념한다"[28]고 한다. 그때 우리는 갇혀 있고 하느님의 부재, 내면과 외부의 어둠밖에는 아무것도 느끼지 못한다. "주변에 만연한 악을 보고, 손상된 것을 너무 많이 보아서, 이 세상에 도무지 선이 있을 수 없다고 생각합니다." 선함은 모두 사라지고 없어지고 잊힌 것 같다. "우리는 슬픔 속에서 이것을 바라보고 가슴 아파하느라 하느님을 보아야 하지만 보지 못합니다." 하지만 그녀는 우리가 맹목적이고 근시안적인 것을 이렇게 비판한다. "이는 우리가 이성을 너무 맹목적으로 불충분하고 둔하게 사용하기 때문에 기쁜 삼위일체의 놀라운 지혜와 능력과 선을 알지 못하기 때문입니다."[29] 우리에게 바른 관점이 없기 때문이다. 우리는 나쁜 소식에 지나치게 주목한다. (다음 장에서 살펴보겠지만) 기쁨은 큰 그림의 일부이다. 줄리안은 거듭해서 아무리 상황이 비참하더라도 삶과 자연의 선함이라는 진실과의 접촉을 잃지 말라고 주의를 준다.

2011년 9월 11일 아침이 생각난다. 창조영성대학이 개최 중이었다. 그날 우리를 방문한 원주민 장로가 말했다. "우리 전통에서는 큰 정신적 외상이 일어났을 때 그 일을 곱씹지 말라고 합니다.

그것을 직접 말하더라도 머릿속에서 계속 그 일을 되풀이하지 마세요. 뉴욕에서 비행기가 빌딩에 충돌하는 장면을 대중매체에서 자꾸 틀어주는 것처럼 되풀이하지 마세요." 똑같은 조언이 우리의 코로나 바이러스 응급 사태에도 적용될 것이다. 사실을 아는 것은 중요하지만 끊임없이 피해를 되새기면 우리는 쇠약해질 수 있다.

줄리안은 애도 작업도 하라고 조언한다. "우리 영혼이 이성과 은총에 내몰려 주님께 외치고 큰 소리로 간청하며 주님의 복된 수난과 크신 선함을 떠올립니다." 그런 울부짖음으로써, 그렇게 깊은 슬픔을 표현함으로써, 우리 안에서 어떤 것이 변할 수 있고 그 결과 이따금 우리는 어둠에서 빛으로 이동한다. "그러므로 주님의 말씀의 능력이 우리 영혼 안에 들어와 가슴을 약동시킵니다. 주님의 은혜로 말미암아 우리는 참된 실천을 하기 시작하고, 복된 기도를 하고, 주님 안에서 기뻐합니다."[30]

고통과 괴로움을 겪을 때 일종의 임종이 일어나지만, 그 괴로움 속에서도 연민을 배울 수 있다. "우리의 죽음은 슬프지만 그 가운데서도 친절과 사랑의 다정한 눈은 결코 우리를 떠나지 않고, 연민의 작용도 멈추지 않습니다."[31] 우리는 다른 곳에서 배우지 못하는 것을 '부정의 길'을 통해 배운다. 그중 하나가 '연민'이다.

1976년 심한 교통사고를 당했을 때, 나는 무릎과 등을 다쳤고 대단히 예민해졌다. 그 후 2년 동안 하루 24시간 내내 고통스러웠다. 나는 고통이 가르쳐주어야 하는 것을 배우고 싶어서 진통제를 먹지 않았다. 강연 약속을 계속 받아들여 비행기를 타고 일하러 갔고, 시카고 오헤어 국제공항 바닥에 한 걸음 한 걸음 디딜 때

마다 살을 도려내는 것처럼 아팠다. 게다가 비행기까지 가는 거리는 몸이 건강할 때 기억한 것보다 더 멀었다. 하지만 '고통 속에 들어가기'로 선택한 과정에서 의미 깊은 교훈을 배웠다. 그중 하나는 우리가 많은 고통을 참을 수 있지만, 그때 다른 많은 일을 할 수 있는 기력을 빼앗긴다는 것이었다. 다른 교훈은 연민의 진정한 의미와 어머니 지구의 특별함이었다. 다친 무릎으로 오헤어 공항에서 걷는 것과 어머니 지구 위를 걷는 것의 차이는 밤과 낮의 차이만큼이나 컸기 때문이다. 지구가 부드러운 땅으로 나의 고통을 흡수하고 고통을 더하지 않아서 나는 무척 감사하게 되었다. 하지만 땅은 자신의 방식대로 견고히 남아 있다.

줄리안은 고통을 다루는 것에 대해 좀 직설적인 충고를 한다. "행복은 영원하고, 고통은 일시적이고 사라질 것이므로 우리가 온 힘을 다해 강해야 하는 것이 하느님의 뜻입니다." 그녀는 모든 고통이 사라진다고 조언한다. "그러므로 고통을 느낄 때 우리가 초췌해지고 슬퍼하지 않고, 더 나아지고 계속 삶을 즐기는 것이 하느님의 뜻입니다."[32] 그녀는 피해자 의식에 빠지는 유혹에 저항한다. "시련과 불편함을 될수록 가볍게 받아들이세요. 사랑을 위해 그것을 가볍게 받아들이고 사소하게 여길수록 그것을 느낄 때 덜 고통스럽고, 그것을 겪는 것에 대해 더 감사하고, 원기를 회복하게 되기 때문입니다."[33]

또 줄리안은 로마제국에 의해 예수가 겪은 고통과 괴로움을 묵상하는 것에 대해 솔직히 말한다. 어쨌든 그녀의 환시는 예수가 십자가 위에서 몹시 고통스러운 죽음을 맞은 일을 기념하는 성 금요일에 일어났다. 물론 예수의 죽음은 린치를 가한 것과 다름없는 정치적 행위였고, 잔인한 형벌을 보여줌으로써 누구든 감히 제국에 도전하면 수치스러운 처벌을 받아 마땅하다는 것을 모든 시민들에게 경고하는 죽음이었다.

예수의 '어둔 밤'에 대해 줄리안은 이렇게 말한다. "신성은 하느님 아버지로부터 나와 동정녀의 자궁 안에 들어가셨고, 형상 속으로 내려오셔서 인간의 본성을 취하셨고, 그렇게 내려오실 때 치명적인 상처를 입으셨습니다. 주님의 상처는 우리의 살이고, 주님은 그 상처를 통해 견딜 수 없는 고통과 치명적인 괴로움을 경험하셨습니다."[34] 여기서 줄리안은 예수에 대해서만 말하는 것이 아니라 살을 가지고 괴로움을 겪는 우리 모두에 대해 말하고 있음을 명확히 한다. 또한 "그리스도 자신은 모든 인간을 구체적으로 나타냅니다"[35]라고 말함으로써 그리스도인들만 생각하는 것이 아니라 모든 인간들에 대해 생각하고 있음을 나타낸다. 예수는 "인간의 조건과 연관된 모든 고통"을 겪었다. "(하느님은) 예수님에게서 어떤 고통도 덜어주시지 않았습니다."[36] 예수는 많은 인간들이 겪는 '비참한 상태'를 피하지 못했다.

그녀는 십자가 위에서 죽어가는 그리스도의 모습을 생생하게 말한다. "주님께서 죽어가는 모습을 보면서 '목이 마르다'는 주님의 말씀이 생각났습니다. 그때 나는 주님께 두 가지 갈증이 있는 것을 알았습니다. 하나는 육체의 갈증이고 다른 하나는 영적 갈증이었습니다…… 육체의 갈증은 수분이 부족해서 일어났습니다. 몸에서 피가 모두 빠져나가 그분의 복된 살과 뼈에 수분이 하나도 남지 않았기 때문입니다. 주님의 복된 살이 버려져 말라서 죽어가고 있었고, 상처 속에서 못이 비틀어졌습니다." 계속해서 그녀는 환시에서 본 예수의 모습을 눈앞에 그리듯이 말한다. "연약한 손과 발을 가차 없이 파고든 크고 단단한 못에 주님의 몸무게가 더해져 상처가 점점 더 커졌고, 십자가에 오랫동안 매달려 있어서 살이 밑으로 처지기 시작했습니다. 가시면류관이 머리 속으로 파고들었고, 피가 마르면서 바싹 말라 주님의 머리를 조이고 살갗을 벗겼습니다…… 면류관의 가시가 끊임없이 찔러서 머리에 상처를 내고 벌어지게 했습니다." 그 결과 그녀는 이렇게 말하게 된다. "내게 슬픔과 두려움이 밀려들었습니다."[37]

이 환시에서 우리가 첫째로 배워야 하는 것은, 줄리안이 예수의 괴로움(따라서 우리의 괴로움)을 꾸밈없이 직설적으로 대하는 것이다. 그녀는 우리가 코로나 바이러스와 기후변화를 직면할 때 겪는 괴로움을 감상적으로 대하거나 은폐하거나 (많은 정치인들처럼) 부정하지 말라고 가르친다. 우리는 슬픔, 두려움, 애도에서 도망가지 말고 자기감정과 연결되어 있어야 한다. 진실만이 우리를 자유롭게 해주므로 그 진실을 직접 마주해야 한다. 작가 제임스 볼드윈James Baldwin은 그것을 이렇게 말한다. "우리가 직면하는 모든 것을 바꿀 수는 없지만, 직면하기 전에는 어떤 것도 바꿀 수 없다."

그녀는 말한다. 나쁜 소식으로부터 도망가지 마라. 사실을 은폐하고 감정을 마비시켜 결국 우리가 창조적이고 효과적으로 응답할 수 있는 능력을 없애는 중독으로 도피하지 마라. 나쁜 습관을 피난처 삼아 당면한 현실을 외면하지 마라. 자기가 할 수 있는 방식으로 도움이 필요한 사람들을 도와줘라. 마스크를 쓰는 것부터 사망한 사람을 매장하는 것까지, 할 수 있다면 음식을 제공하는 것부터 단체를 조직해 배우거나 인터넷을 활용하는 것까지, 의료인이라면 방역 일선에서 일하는 것부터, 언론인이라면 진실을 알리는 것까지, 자녀들을 사랑하고 보살피고 교육하며 노약자와 병자들을 돌보는 일 등.

여기서 둘째로 반드시 기억해야 할 것은 줄리안이 예수의 죽음에 대한 묵상을 동반한 자신의 임사 체험에 들어간 경험을 우리와 공유하고 있다는 것이다. 그녀의 책이 예수의 죽음과 그녀의 죽음에 대한 이야기로 시작되는 것은 깊은 의미가 있다. 그녀의 병과 임사 체험은 일종의 성인식을 촉발한 것과 같다. 설령 샤머니즘적 통과의례일지라도 거기에서 그녀는 모든 것을 잃는 상태에 매우 가까이 다가갔다. 토마스 아퀴나스가 두 가지 부활이 있다고 가르친 것처럼 줄리안도 환시를 다 보기 전에 죽음 경험과 부활 경험을 했다. 부활하기 위해서는 먼저 죽어야 한다.

중세 시대 흑사병이 창궐하던 시기에 검은 맹금 즉 죽음의 존재를 상징하는 새 마스크를 쓰는 것이 관습이었다. 14세기든 21세기든 팬데믹이 발생하면 우리는 어디에서나 흔히 일어나는 죽음에 익숙해진다. 줄리안도 은수자가 되어 '세상을 떠나' 독방에 갇혔을 때 죽음으로의 심오한 통과의례를 겪었다. 그녀는 이미 세상에 대한 죽음을 경험했고, 그때 영원한 '자가 격리' 상태로 사는 법을 배웠다.

줄리안은 죽음이 낯설지 않았고, 그녀가 '보여주신 것들'에서 풍요로운 부활을 전한 것은 바로 죽음이었다. 그런 점에서 그녀는 부활을 전혀 인식하지 못한 많은 동시대인들과 전혀 달랐다. 아퀴나스가 확실히 말하는 것처럼, 첫째 부활은 이번 생에서 깨어나는 것이다. 줄리안은 그렇게 깨어났다. 하지만 먼저, 줄리안도 예수처럼 죽어야 했다. 우리가 죽음과 함께 추는 춤에 참여할 때 거기에 우리가 배우는 진정한 가르침이 있다. 죽음이 없는 부활은 없다. 그런 죽음은 과거의 삶, 일, 정체성, 자아의 소멸일지도 모른다. 심지어 단순히 한때 소위 '정상'이라고 했던 것의 죽음일 수도 있다.

부정과 중독을 딛고 일어선다

고통을 겪고 불확실성과 상실에 빠져 있을 때 우리는 손쉽게 고통을 마비시키는 경향이 있고, 우리 문화에서는 진통제를 어디서나 얻을 수 있다. 거대 제약회사들 및 그들과 공모한 의사들이 공급하는 오피오이드(아편과 유사한 작용을 하는 합성 진통제-옮긴이)를 복용해서 수십만 명의 미국인들이 죽었고, 현대 미국에서 수많은 공동체가 황폐해진 것을 생각해보라. 그녀 이전의 힐데가르트와 아퀴나스처럼 줄리안은 열정을 가지고 사는 삶을 상기시킨다. 열정을 가지고 사는 삶이란 기쁨을 기대하면서도 다치는 일을 맞을 준비를 하는 것이다. 줄리안은 '기쁨'과 '슬픔'이 모두 근본적으로 우리에게 영향을 주는 실제임을 알려준다. 그러므로 기쁨과 슬픔 모두에 마음을 열어야 한다.

심리학자 안네 윌슨 셰프Anne Wilson Schaef는 자신의 책 『사회가 중독자가 될 때(When Society Becomes an Addict)』에서 중독은 반드시 우리를 고통에 마비시킨다고 경고한다. 그녀는 중독은 "우리가 내면에서 일어나는 것을 알아차리지 못하게 한다. 그래서 우리는 분노, 고통, 우울, 혼란, 심지어 기쁨과 사랑을 느끼지 못하거나 겨우 희미하게 느끼기 때문에 그런 것을 다룰 필요가 없다"고 말한다.

반면에 신비가들은 우리가 고통에 (혹은 기쁨에) 마비되면 안 되고, 고통과 기쁨 속으로 깊이 들어가 '내면에서 일어나고 있는 것'에 진정으로 익숙해져야 한다고 말한다. 바로 그것이 줄리안이 우리에게 전하는 메시지이다. '부정의 길'과 '긍정의 길' 모두 실제이다. 사실 고통과 기쁨은 삶에서 가장 실제적인 것이다. 그러므로 고통과 기쁨 속으로 온전히 들어가자.

안네 윌슨 셰프는 중독이 개인은 물론 사회구조, 가족, 집단을 장악할 수 있다고 경고하고, "내면의 알아차림이 없으면 조만간 내적 과정이 메마르고, 이어서 우리가 계속 중독된 채로 있게 한다"고 말한다. 중독은 우리를 죽일 수 있다. 중독을 이기지 못하면 우리는 죽음에 이른다. "우리는 죽을 것이다. 이렇게 죽는 과정은 개인적 차원에서만 일어나지 않고, 우리의 문화 전체에도 일어난다." 중독은 제도를 만들어내는 체계를 해친다. 중독은 교육부터 법까지, 정치부터 경제까지, 종교부터 언론까지 모든 직업과 제도에 스며든다. 그러므로 중독은 치명적이다.[2]

우리가 주목해야 하는 중독에는 부정 자체의 중독이 있다.

2017년 올랜도에서 열린 기후변화 컨퍼런스에 참가했을 때, 나는 북부 돌출부에 사는 플로리다 주지사가 주 공무원들이 공식 서신에서 '기후변화'라는 말을 사용하지 못하게 금지하는 법령을 전했다는 소식을 듣고 놀랐다. 남부의 마이애미에서는 해수면이 상승하여 보도 위로 바닷물이 몇 센티미터나 올라왔는데도 말이다! 모래 속에 머리를 박고 사는 인간의 상상력의 힘은 상상력과 더불어 자기기만의 거대한 힘을 증명한다.

코로나 바이러스의 경우에도 같은 양상이 벌어진다. 일부 정치인들은 시민들에게 마스크를 쓰지 않아도 된다고 말하고, 코로나 바이러스가 모두 사라질 것이며, 우리가 바이러스를 이겨낼 수 있고, 바이러스가 수십만 명의 사람들을 죽이고 더 많은 사람들을 영구히 쇠약하게 만들지는 않을 것이라고 주장한다. 이런 자기기만의 힘을 과소평가하면 안 된다. 우리는 광대한 마음을 진실 추구와 치유하는 데 사용할 수 있지만, 부정하고 진실을 숨기는 데 사용할 수도 있다. 그래서 마이스터 에크하르트는 "하느님은 부정의 부정이다"라고 말할 수 있는 것이다. 하느님이 진실이라면 부정을 부정하는 것은 진실이 흐르게 하는 것이다. 팬데믹의 시대에 그 전략은 그야말로 사느냐 죽느냐의 문제이다.

줄리안은 고통과 괴로움에 대한 두려움과 중독을 딛고 일어서라고 촉구하고, 부정을 확실히 딛고 일어서라고 촉구한다. 그녀는 팬데믹과 함께 일어나는 그림자와 어둠에 머무는 것을 두려워하지 않는다. 그녀는 우리도 그렇게 하라고 권한다. 우리는 스스로 생각하는 것보다 더 강하고, 삶이 요구하는 것보다 더 견딜 수 있다고 힘주어 말한다.

줄리안은 팬데믹이 지금보다 훨씬 더 치명적이었고, 치료법은 비할 수 없이 부족했던 시대에 살았지만, 확실히 괴로움과 상실의 슬픔에 과도하게 오래 머무르지 않았다. 그녀의 '보여주신 것들'은 어둠과 괴로움을 직시하지만, 거기에 머무르지는 않는다.

그녀는 흑사병 자체에 주의를 기울이기보다(사실 그녀는 흑사병의 이름을 한 번도 거론하지 않는다) 계시와 가르침의 거의 대부분을 우리가 겪는 어둔 밤을 해결하는 목표에 집중한다. 어둠을 부정하지 않고 거기에 머무르지도 않는다. 여기에도 우리에게 주는 깊은 가르침이 있다. 우리는 상처 입은 세상에 살고 있음을 인정하되 상처에만 머물지 말아야 한다. 그 대신 해결책과 치유에 머무는 줄리안을 따라야 한다.

어둔 밤 속에 있는 동료

영혼의 어둔 밤을 겪을 때 줄리안은 혼자가 아니다. 막데부르크의 메히틸드(1210~1280)는 어둔 밤들을 겪었고, 그것들의 이름을 전한다. 베긴Beguine(수녀원에 속하지 않은 여성들의 자치적인 생활 및 영성 공동체-옮긴이)이었던 그녀는 많은 의심과 공격을 받았고, 이곳저곳으로 옮겨 다녀야 했다. 베긴들은 (안락하게 있을 수 있었던) 봉쇄수녀원에 있는 수녀도 아니고 결혼한 여성도 아니었으므로, 여성이 '마땅히 있어야 할 곳'에 있기를 바라는 사회에서 쉽게 자리 잡지 못했다. 실제로 교황 요한 22세는 마이스터 에크하르트의 사후 일주일 만에 그를 단죄했던 것과 마찬가지로 베긴들을 17회에 걸쳐 단죄했다! (당연히 그것은 그의 단죄가 영원한 것이 아니었음을 가리킨다고 볼 수 있다.)

남성 권력자들의 베긴들을 향한 증오심은 그 여성들의 삶을 괴롭게 했다. 베긴들은 스스로 대안적 생활 방식을 이루고 가난한 사람, 어린이, 병자를 보살피는 봉사를 하는 데 전념했다. 바느질을 하고 스테인드글라스를 만들어 팔고 뜨개질을 해서 생계를 유지했고, 중간 규모의 공동체를 이루어 함께 살았다. 베긴들은 분명히 그들의 적에게 위협적으로 여겨졌고, '헤픈 여자들'이라고 중상모략을 당하는 경우가 많았다. 그들이 결혼하지 않았고, 봉쇄수녀원에 들어가지도 않았기 때문이다. 다시 말해 베긴들은 손쉽게 통제할 수 없었다. (이것은 가부장제에서 끊임없이 문제 삼는 것이다.)

베긴이었던 마거릿 포레Marguerite Porete는 『단순하고 멸절된 영혼들의 거울(Mirror of the Simple, Annihilated Souls and for Those that Tarry Soley in Desiring and Demanding Love)』이라는 책을 썼다는 이유로 1310년 파리에서 화형당했다. 목격자들에 따르면 종교재판관이 신념을 철회하기를 요구했지만 그녀는 거부했고, 화형에 처하려고 광장에 끌고 갔을 때도 그녀는 마지막까지 꼿꼿하고 강한 모습을 잃지 않았다. 나는 다른 책에서 마이스터 에크하르트가 베긴들과 긴밀히 협력했다고 말했는데, 사실상 포레의 사상을 그의 설교에 포함시켜 사라지지 않도록 유지한 것 같다.[3]

메히틸드도 비방과 학대를 받았다. 『신성의 흐르는 빛(The

Flowing Light of the Godhead)』이라는 제목으로 출간된 일기에서 그녀는 기쁨, 환희, 놀이, 목적, 정의를 위한 일과 연민에 대해 많은 말을 한다. 하지만 또한 어둔 밤의 경험을 가슴에 사무치게 말한다. "몸과 영혼이 광대한 어둠 속에 들어가는 시간이 온다. 그 어둠 속에서 우리는 빛과 의식을 잃고, 하느님의 친밀함에 대해 아무것도 모른다." 그 어둠은 얼마나 깊은가? "초롱불이 다 타버린 그런 때, 초롱불의 아름다움은 더 이상 볼 수 없다." 우리는 쉽게 빛과 그 아름다움을 잊을 수 있고, 심지어 초롱 자체도 잊을 수 있다. 그런 때 우리는 무엇을 배우는가? "우리는 갈망과 고통으로 자기가 아무것도 아님을 떠올린다." 그것은 광대한 세계 속의 장대한 계획 안에 있는 우리의 왜소함을 새로 보고 배우는 때이다.

우리는 어떻게 응해야 하는가? 메히틸드는 기도에 의지한다. "그런 때 나는 하느님에게 기도한다. '주님, 이 짐은 제게 너무 버겁습니다!' 그러면 하느님이 '먼저 내가 이 짐을 가져가 꼭 끌어안으면, 네가 그것을 견디기 수월할 것이다'라고 대답하신다." 그러므로 그녀는 고통을 그냥 내버려두거나 부정하거나 중독되어 도망가지도 않는다. 하느님에게 하소연하여 고통을 드러내고, 신성이 그녀의 고통을 떠맡는 것을 발견한다. 결국 이것이 그리스도의 이야기가 우리에게 말해주는 것이고, 그것은 줄리안이 십자가에 매달려 고통당하는 예수에 대해 묵상하는 태도와 생생히 부합하는 것이 분명하다.

하지만 메히틸드의 고통은 사라지지 않고 어둔 밤은 계속된다. "여전히 나는 하느님이 주신 상처를 더 이상 견딜 수 없다고 생각한다. 나는 기름 부음을 받지 못했고, 매여 있지 않았다. 원수들이 나를 포위한다. 주님, 사람들이 사악한 교활함으로 나의 명예를 공격하고 표적 삼아 돌을 던지고 화살을 쏘는, 이 죽을 몸을 가지고 얼마나 오래 세상에 남아 있어야 합니까?" 공격은 계속되고 그녀는 죽어서라도 도망갈 생각을 하기 시작한다. 전혀 희망이 남아 있지 않다.

내면의 괴로움에 대한 이야기가 계속된다. "나는 사냥당하고 사로잡히고 묶이고 끔찍한 상처를 입어서 결코 치유될 수 없다." 그녀는 절망을 맛보고는 거의 바닥에 이르렀고, 하느님에게 버림받았다고 느낀다. "하느님은 나를 거의 죽을 정도로 상처 입혔다. 하느님이 나를 기름 부음 받지 않은 채 내버려두면 나는 결코 회복될 수 없다. 설령 세상의 모든 언덕들에 치유의 기름이 흐르고, 바다에 치유력이 가득하고, 모든 꽃과 나무들에서 치유의 연고가 뚝뚝 흘러내려도, 그래도 나는 결코 회복될 수 없다."[4]

고통에서 벗어나기를 갈망하는 메히틸드는 예수가 고통받는 이야기에서 조금 힘을 얻는다. "나는 아프고, 예수 그리스도께서 마셨던 건강하게 해주는 한 모금을 절실히 갈망한다." 예수가 겪은 갈증에서 어떤 것이 일어났는데, 그것은 불을 이용한 것이다. "주님이 불을 깊이 마셔서 사랑으로 불이 붙었다." 하느님은 그녀의 간청에 이렇게 답한다. "나는 늘 너의 의사가 되어 너의 상처에 치유하는 연고를 발라주고 싶다. 만일 너에게 심한 상처를 입게 한 것이 나라면, 동시에 내가 가장 사랑스럽게 너를 도와줄 것임을 믿지 않겠느냐?"[5]

메히틸드는 어둔 밤을 겪을 때 배운 지혜를 우리에게 전하며 이렇게 말한다. "나는 고통으로부터 이렇게 배웠다. 사랑으로 상처받아 아픈 사람은 상처를 준 바로 그 사랑을 받아들이지 않는 한 결코 온전해질 수 없다."[6] 이 가르침은 두 가지를 의미하는 것 같다. 첫째, 고통에서 도망가거나 고통을 줄이려 하지 마라. 그리고 둘째, 고통을 받아들이고 괴로움과 기쁨, 부정의 길과 긍정의 길로 나누는 이원론을 불살라버려라. 삶은 괴로움과 기쁨, 부정의 길과 긍정의 길을 모두 요구한다.

또 메히틸드는 자신이 아무것도 아님을 받아들이는 법과 그것을 다른 사람들에 대한 봉사로 바꾸는 법을 가르쳐준다. (알코올 중독자 갱생회가 회원들에게 그렇게 해서 성공한 것을 보라.) "무(nothing)를 사랑하고, 자아에서 달아나라. 홀로 서라. 아무에게서도 도움을 바라지 마라. 네 존재를 고요하게 하라. 모든 구속에서 벗어나라. 얽매인 사람을 해방하라. 자유로운 사람들에게 권고하라. 병자들을 돌보지만 혼자 머물러라. 슬픔의 물을 마시게 되면 인내의 성냥으로 사랑의 불을 붙여라. 이것이 광야에 머무는 길이다."[7] 물론 우리는 광야에 머무를 때가 있다. 영혼의 어둔 밤이 그렇게 느껴질 것이다. 고통과 광야에 있는 것처럼 여겨지는 것은 삶의 일부이다. 특히 옳은 일을 하고 봉사하려 할 때 그렇게 느껴진다. "큰 죄책감이나 죄가 없는 사람만 고통을 겪는다."[8]

십자가의 성 요한(1542~1591)은 16세기 스페인 카르멜회의 탁발 수사였고, 신비가이자 예언자였다. 그의 아버지가 가난한 혼혈 여성과 결혼했기 때문에 그의 부모는 아버지의 귀족 집안에서 의

절당했다. 인종차별과 계급차별에 의해 가차 없이 쫓겨난 그의 아버지는 가난한 재봉사 아내와 함께 도시 빈민가에서 살았다. 생활고에 시달리는 그 부부에게는 세 아들이 있었다. 그중 한 아이는 난장이였고(그가 십자가의 성 요한이다), 한 아이는 정신장애가 있었고, 한 아이는 건강했다. 그럼에도 그 가정에는 사랑이 넘쳤지만 요한의 아버지는 그가 여섯 살 때 숨졌다. 그의 어머니는 한 푼도 없이 세 아이를 혼자 키우게 되자 시댁에 도움을 요청했다. 하지만 거절당했고 홀로 간신히 생계를 꾸리며 겨우 입에 풀칠해서 세 아이를 키웠다. 그래서 요한은 강인한 여성에 대해 잘 알았다.

십자가의 성 요한은 예수회에서 교육을 받았고 카르멜회에 들어가기로 했다. 아빌라의 테레사는 갓 성직에 임명된 십자가의 성 요한을 발탁해 카르멜회에서 그녀가 여성 영역을 개혁하는 것처럼 요한이 남성 영역을 개혁하도록 시도했다. 그리 놀랄 것도 없이 카르멜회의 남성들은 그런 요한의 노력을 달갑게 받아들이지 않았고, 그를 작은 독방에 가둔 후 고문하고 물도 음식도 주지 않았다. 기력이 쇠진한 요한은 도망가지 않으면 곧 죽게 되리라는 것을 알았으므로 극적으로 탈출했다. 만일 실패하면 붙잡혀서 맞아 죽을 게 뻔했다. 우연히 달이 없는 어둔 밤에 그는 침대보를 묶어 만든 줄을 타고 간신히 독방 밖으로 내려갔다. 이렇게 십자가의 성 요한도 죽었다가 첫째 부활을 겪었다.

십자가의 성 요한은 카르멜회 형제들의 손아귀에서 거의 죽을 뻔했다가 도망친 것을 상징하는 시를 썼다. 그는 그 시를 이렇게 불렀다. '어둔 밤: 완덕의 숭고한 상태에 도달한 것을 기뻐하는 영

혼의 노래. 영적 부정을 통한 하느님과의 합일.' 그 시에서 요한은
탈출할 때 친구가 되어준 어둠을 찬미한다.

어느 어둔 밤에
초조함과 불타오르는 사랑에서,
오! 복된 행운이여!
들키지 않고 나왔네
이미 고요해진 내 집에 있으면서.

어둠 속으로 안전하게
변장하고, 비밀 사다리 따라
오! 복된 행운이여!
어둠 속으로 살그머니
이미 고요해진 내 집에 있으면서.

행복한 밤에,
날 본 이 없이 은밀하게,
나 또한 아무것도 보지 못했고,
빛도 길잡이도 없이
단지 마음속에서 타오르는 것뿐.

저 밤이 날 인도했다네,
한낮의 빛보다 더 확실하게,

날 기다리는 분이 있는 곳으로
내가 잘 알고 있던 분께로,
아무도 보는 이 없는 곳으로.

오! 이끌어준 밤이여!
새벽보다 더 다정한 밤이여!
오! 합쳐준 밤이여!
신랑과 신부를,
신랑 안에서 변화된 신부!

시가 노래하는 힘겨운 싸움은 행복한 결말을 맞는다. 연인은 사
랑하는 이와 재결합된다. 줄리안의 경우처럼, 거대한 어둠은 영혼
의 정화를 불러일으키고, 그것은 상상보다 더 큰 기쁨과 즐거움을
일으킬 수 있다. 그리고 기쁨과 휴식이 뒤따른다.

홀로 남았고 잊었다.
얼굴을 신랑에게 기울이고,
모든 것 멈추고, 나는 정신이 없어지고,
근심을 버리고
백합꽃 사이에서 잊어버리고.[9]

십자가의 성 요한은 탈출을 도운 밤의 어둠을 찬미한다. 달이
뜨지 않아 안내해줄 빛이 없었다. 이 시에서 우리와 줄리안의 팬데

믹 시대에 가장 의미 깊은 것은 아래 행들이라고 생각한다.

행복한 밤에,
날 본 이 없이 은밀하게,
나 또한 아무것도 보지 못했고,
빛도 길잡이도 없이
단지 마음속에서 타오르는 것뿐.

깊은 어둠의 시기에, 설령 '행복한 밤'이라도 안내해주는 수단이 거의 혹은 전혀 없고, 단지 마음속 깊이 불이 타오르고 있다. 작가 존 업다이크John Updike는 현대에 우리가 따라야 하는 안내자가 '섹스, 극기, 별들'이라고 말했다. 하지만 십자가의 성 요한과 메히틸드와 줄리안은 다른 안내자 즉 우리 마음속 깊이 숨어 있는 불이 있다고 알려준다. 그렇기 때문에 어둔 밤은 우리 안의 최선, 우리 가슴속 가장 깊이 불타는 것을 쉽게 이끌어낼 수 있다. 그 '하느님의 불꽃'(에크하르트)은 우리를 격려한다. 무엇을 하라고 격려하는가? 그것을 따르고 배우라고 격려한다. 이 책에서는 앞으로 줄리안을 안내자로 삼아 하느님의 불꽃을 따르고 배울 것이다.

순간의 만족과 소비 숭배에 푹 찌든 우리 문화에서, 소비 자본주의와 깊이 어울리고 삶을 더 편하고 빠르고 만족스럽게 만들어주는 최신 제품을 신처럼 숭배하는 게 최선임을 매일 교육하는 문화에서, 하지만 결코 기쁨과 휴식을 얻지 못하는 문화에서, 어둔 밤의 경험은 심각한 경고이다. 기후변화, 코로나 바이러스, 정치가들의 실패, 민주주의적 이상의 파괴, 종교적 약속의 실패, 개인적 고통 혹은 이런 것들이 함께 일어남으로써 그런 경고가 주어질 때, 많은 슬픔이 생기고 많은 좌절을 겪어야 한다. 어둔 밤이 우리 영혼의 문을 세차게 두드릴 때, 상실의 기운이 감돈다. 줄리안은 어둔 밤에 맞섰다. 그리고 메히틸드와 십자가의 성 요한처럼 심지어 어둔 밤이 자신을 깨우치게 해달라고 기도했다. 어둔 밤에서 도망가지 않았고, 어둔 밤이 가르쳐주는 것을 배우려고 기다렸다. 어둔 밤은 우리에게도 가르침을 줄 수 있다.

2장

선함, 기쁨, 경외

하느님은 선한 모든 것입니다……
하느님은 "나는 만물의
최고선이다"라고 말씀하십니다.

줄리안

줄리안은 환시 속에서 예수의 죽음을 경험하고, 그때 예수가 겪은 고통을 매우 자세히 말한다. 하지만 그녀에게 일어난 계시는 죽음의 계시(부정의 길)를 넘어서 가장 중요한 것인 선함, 기쁨, 경외(긍정의 길)에 이른다. 그녀는 수십 년 동안 머릿속과 가슴속에서 자기 경험과 환시를 숙고했다. 그리고 얼굴을 마주하거나 그녀의 세 책을 통해 사람들에게 조언하고 영적 지도를 하며 봉사하는 삶을 오래 살았다. 그 과정에서 다른 사람들을 치유하고, 그녀가 매우 설득력 있게 쓴 신성의 모성적이고 연민하는 차원을 잘 보여준다. 그녀는 어둠과 불안으로 황폐해진 세상에 빛을 낳고, 우리도 같은 일을 하라고 가르친다.

줄리안은 깊은 고통과 괴로움을 직접 말하고, 그런 고통의 전형으로 십자가에 매달린 예수의 경험을 말하며, 그에 못지않게 더 많은 시간을 들여 기쁨과 선과 경외의 경험을 주목하라고 가르친다. 왜 그런가? 그녀는 선이 "악을 선으로 갚는 하느님의 본성입니다"[38]라고 말한다. 그녀에게는 선을 되찾고 기억하는 것 그리고 선에 대한 인식을 회복하는 것이 괴로움과 악에 맞서 싸우는 핵심이었다.

줄리안은 만물의 선을 보기 어려울 때, 어둠 속에 빠지고 혼란이 만연할 때, 만물에 깃든 선함을 기억하는 것이 가장 중요하다고 조언한다. 카리브해의 시인 데릭 월콧Derek Walcott는 1992년 노벨 문학상을 받고 수상 소감에서 이렇게 말했다. "시의 운명은 역사에도 불구하고 세상과 사랑에 빠지는 것이다." 사랑에 빠지는 것은 선을 인정하는 것이다. 선은 사랑하는 것이고, 사랑하는 것은 선이다. 팬데믹의 시대, 인간의 부당 행위의 시대에 우리가 인정해야만 하는 선은 자연 자체의 선과 존재 자체의 선이다. 그것은 역사보다 더 깊고, 언론보다 훨씬 더 깊고, 존재 자체까지 도달한다. 줄리안은 그것을 알았다. 우리 시대 같은 때에는 감상적 사랑이나 심지어 인격주의적 사랑이 필요한 것이 아니라 창조의 사랑, 형이상학적 사랑, 다시 말해 존재 자체의 사랑이 필요하다.

중세 유럽에서 흑사병이 대유행하자, '채찍질 고행파(flagellants)'는 자신들의 죄 때문에 팬데믹이 발생했다고 억측하여 죄를 벌한다고 자기 몸에 채찍질을 하며 이 마을 저 마을로 다녔다. 줄리안의 신학은 그들의 신학과 극명하게 대조된다. 그들은 죄책감 때문에 자신과 몸에 더 큰 고통을 주고 증오했다. 반면에 줄리안의 반응은 정반대였다. 이어지는 장들에 나오지만, 그녀는 몸을 사랑하라고 촉구하며 좀처럼 죄에 대한 생각을 하지 않는다. 하느님이 사람들을 판단하고 벌한다는 생각을 버리라고 촉구하고, 하느님에게는 분노가 없다고 말하고, 선함과 기쁨과 경외에 머물라고 조언한다.

줄리안에게 힘겨운 시기를 헤쳐나가는 해결책은 우리가 여기 있다는 사실, 우리가 여기 있는 이유, 존재의 광대한 아름다움과 선의 일부인 것이 특권임을 기억하는 것이다. 이 놀라운 우주는 130억8천만 년 동안 이어지며 계속 확장되었고(아직도 확장되고 있다) 2조 개의 은하가 존재한다. 만일 줄리안이 지금 우리가 아는 것만큼 그런 우주 안에 우리의 존재가 있다는 것을 알았다면 기뻐서 어쩔 줄 몰랐으리라. 그녀는 될수록 온전히, 기쁘게, 감사하며 살라고 권한다. 결국 그것은 마이스터 에크하르트가 "평생 드리는 유일한 기도가 '감사합니다'라면 그것만으로 충분하다"고 말한 것과 같은 의미이다. 그리고 토마스 아퀴나스가 "참된 종교란 지극히 감사하는 것이다"라고 말한 것과도 같은 의미이다.

이것은 신비가들이 '긍정의 길(via positiva)'이라고 하는 것이고, 줄리안에게는 그 길이 전혀 낯설지 않다. 사실 팬데믹이 한창일 때 그녀가 지혜의 삶을 살기 위해 가장 필요했던 근본적인 약은 바로 긍정의 길에 대한 깊은 경험이었다. 그녀의 말을 끝까지 들어보자.

선의 형이상학

줄리안은 "하느님은 부유하고 풍부하게 선을 보여주셨습니다"[39]라고 말한다. 우리는 부유하고 선이 넘쳐나는 세상에 살고 있다. 그리고 "첫째로 선한 것은 자연의 선입니다"라고 한다.[40] 여기서 그녀는 우리가 인간의 조건에 갇혀 있는 상태에서 벗어나 자연에서 찾을 수 있는 풍부한 선에 우리의 눈과 가슴을 열라고 말한다. 하늘, 별, 달, 바다, 육지, 나무, 꽃, 동물, 새, 고래, 코끼리, 우리 동료인 개와 고양이, 강과 숲, 이 모든 것들이 육화된 선이 아닌가? 토머스 머튼은 "두 발로 걷지 않는 모든 피조물들은 성인이다"라고 말하곤 했다. 그가 옳다면, 우리 주변 세상에 이미 매우 많은 성인들이 있는 셈이다. 만물의 선에는 신성함이 있다. 실로 '우주적 그리스도'(혹은 불성)는 모든 존재들에게서 밝게 빛난다.

줄리안은 특히 힘겨운 시기일수록 우리가 "잘못된 분별로 인해 지나치게 맹목적이게" 되어 "하느님의 놀라운 지혜를 헤아리지 못하고" 시야가 너무 좁아져서 우리에게 계시되는 것의 "힘과 선을 파악하지 못할 수 있다"고 경고한다.[41] 우리는 마음과 가슴을 열어 실제 주변에 있는 것을 알아차려야 하고, 주위에 선이 얼마나 많은지, 아름다움이 얼마나 많은지 인식해야 한다. 그녀는 환시에서 초기에 본 것 즉 "인생은 짧다"[42]는 것을 인식하라고 권하고, 할 수 있을 때 인생의 선을 깊이 음미하라고 권한다.

실로 줄리안은 신성을 선 자체와 동일시하며 이렇게 말한다. "하느님은 선한 모든 것입니다. 지음을 받은 모든 것은 하느님이 창조하셨습니다. 하느님은 당신이 창조한 모든 것을 사랑하십니다. 그러므로 사랑하는 하느님 안에서 모든 동료 인간을 사랑하는 사람은 존재하는 모든 것을 사랑합니다. 영적인 길을 가는 모든 사람들에는 모든 피조물과 창조주가 포함됩니다."[43] 어째서 그런가? "하느님은 자연과 같으십니다."[44] 이 점에서 줄리안은 20세기의 시인인 빌 에버슨Bill Everson(안토니우스 형제라고도 한다)을 떠올리게 한다. 그는 "대다수 사람은 자연 속의 신을 경험하거나 전혀 신을 경험하지 못한다"고 말한다. 줄리안은 하느님이 '자연의 본질'이라고 말한다. 여기서 그녀는 인간의 본성을 비롯한 모든 자연을 가리킨다. 그녀에게는 은혜와 자연이 "하나의 선의 모든 측면"이고, 그녀는 "우리 안에서 그중 하나가 작용할 때 모든 것이 작용합니다"라고 말한다.[45]

그것은 "부족한 것을 채우시고, 자신의 본성적 선으로부터 우리에게 풍부하게 쏟아부으시는 자비와 은혜의 작용으로 우리를 회복시키시는" 하느님이다. 그러므로 선은 하느님의 본성이다. "하느님의 본성적 선은 자비와 은혜가 흐르게 하고, 그분이 우리에게 주신 본성적 선은 우리로 하여금 자비와 은혜의 작용을 받을 수 있게 해줍니다."[46] 우리는 "본성적 선"을 소유하고 "우리의 본질"은 "지극히 선하신 하느님"인 성령 안에 있다.[47] 그러므로 선은 모든 자연이 발현되는 가운데 우리를 둘러싸고 있지만 또 언제나 우리를 통해 흐른다. 그것은 우리 안에서 우리를 통해 작용하는 성령이다.

줄리안은 우리 주위에 우리 안에 그리고 우리가 하는 일에 들어 있는 선을 깨우치라고 촉구한다. 선을 깨우치는 것은 하느님의 현존을 깨우치는 것이다. 선은 삼라만상의 깊은 토대 안에 있다. 있음 자체가 선하고 존재 자체가 선하다. 실로 누군가 말하듯이 창세기만큼 매우 선하다. 창세기 1장은 인간을 비롯한 피조물이 펼쳐지는 것을 말한다. 인간은 나중에 나오지만 '매우 선한' 우주의 일부로서 나온다.

줄리안은 선의 인식에 매우 예민해서 마치 '선의 형이상학'을 구축하고 있다고 말할 수 있을 정도이다. 창조는 선하고, 우리가 가슴과 마음을 열고 그 지혜를 듣기만 하면 우리에게 창조의 선과 우리의 선에 대해 말해준다. 만일 자기 연민과 죄책감에 머무르거나 괴로움에 지나치게 집중하면, 이렇게 보다 깊은 삶의 가르침을 놓치게 된다. 줄리안은 마치 토마스 아퀴나스가 자주 말하는 '원선(original goodness)'의 가르침을 받아들이고 동조하며 그 위에 그녀의 전 세계관을 쌓는 것 같다. 그녀의 신학은 철저히 '원선'의 신학이다(이 용어에 대해서는 아래에서 다시 설명한다).

줄리안은 인간 본성의 아름다움에 대해 풍부하게 상세히 설명한다. "(하느님이) 창조하신 모든 본성들 중에 인간의 본성 안에 완벽한 온전함, 능력, 아름다움, 선, 위엄, 고귀함, 공경, 귀중함, 영광을 두셨습니다."[48] 인간 본성과 역사가 이런 칭찬을 받을 만한지 의문스러운 사람도 있을 수 있지만, 줄리안이 인간의 잠재력에 대해 철저히 확신한다는 점은 의문의 여지없이 확실하다. 그녀는 인간성의 깊은 곳에서 근원적 선을 보고, 위 구절에서 우리를 '선량한 자신'으로 불러내며, 우리의 '선량한 천사'를 이용하여 선한 일이 일어나게 한다.

줄리안은 '하느님이 선'이라는 말이 무엇을 의미하는지 상세히 설명하면서, 하느님의 사랑이 "하느님의 본성적 선으로부터 흐릅니다"라고 말한다. "하느님은 존재 자체로 본성이십니다. 다시 말해 본성적 선이 하느님입니다. 하느님은 토대이시고, 본질이시며, 본성과 같으십니다."[49] 본성적 선이 하느님이라고 말하는 것은 우리에게 본성적 선을 찾고 그것과 함께 지내라고 촉구하는 것이다. 그것을 묵상하고, 마음을 터놓고 그것이 우리에게 말하게 하라고 권하는 것이다. 그런데 묵상은 생각을 내려놓는 것만이 아니다. 묵상은 생각을 우리 내면과 주위에 있는 본성의 선과 아름다움으로 향하게 하는 것을 의미하기도 한다. 선에 머무는 것은 하느님에게 머무는 것이다. 그리고 하느님의 현존 안에 있는 것이다.

이렇게 하느님이 선이고 선이 하느님이라고 강조하는 것은 줄리안에게 너무도 명백해서 고난과 혼란의 시대에 생존하기 위해 기본적으로 필요한 약과 같다. 그녀는 고통을 부정하지 말라고 촉구하지만, 동시에 삶과 본성 속 깊이 있는 선에 더 집중하라고 촉구한다. 결국 우리가 삶의 선을 소중히 여기기 때문에 삶을 위협하는 것을 그렇게 두려워하는 것이 아닌가?

여러 가지 면에서 줄리안은 "누가 선한 사람인가? 선한 사람은 선한 사람을 칭찬한다"고 말하는 마이스터 에크하르트의 가르침을 떠올리게 한다. 에크하르트는 그의 (그리고 아퀴나스와 줄리안의) 세계관의 근본이 되는 똑같은 경험을 다루고 있다. 그들은 모두 "선을 찾아라! 선을 추구하라. 선을 수렵하고 채집해라. 그러면 선 자체가 당신 자신의 선을 나타낼 것이다"라고 촉구한다. 줄리안 같은 사람들은 우리가 선을 찾기 위해 가던 길을 벗어나야만 하고, 삶은 항상 쉽거나 명백히 긍정적이지는 않다는 것을 알려준다. 그래서 시인 라이너 마리아 릴케는 "찬사의 길에서 슬픔의 산책을 하라"고 말한다. 찬사는 선에 대한 반응이고, 찬사와 선은 두려움과 슬픔보다 더 크다. 그러므로 우리는 아름다운 것으로 비탄과 슬픔을 둘러쌀 수 있고, 선의 사랑 덕분에 계속 살 수 있다.

에크하르트도 우리에게 선한 사람들을 칭찬하라고 하면서 '시기심'이라는 악덕에 대해 말한다. 시기심은 선을 알아보지만 선을 비난하고 싶어 하고, 선과 싸우고 싶어 하고, 그 사람 안에서 선과 경쟁하여 없애고 싶어 한다. 경쟁하지 않고 칭찬하기로 선택하는 것 자체가 선의 표식이다. 줄리안도 적극 동의할 것이다.

줄리안은 하느님의 '끝없는 선'이라고 하는 것을 알아보는데, 그것은 매일 '하느님의 최고선'으로 나타난다. 하느님의 선은 우리를 보호하려 하는 '끝없는 선'이다. 하느님은 "나는 만물의 최고선이다"[50]라는 말로써 줄리안에게 자신을 드러낸다. 자비 자체가 "하느님의 선에서 비롯되는 행위"[51]이다.

기쁨을 깨우친다

줄리안은 황홀경 속에서 하느님의 '다섯 가지 큰 기쁨'이라는 것을 말한다. 신의 기쁨을 강조할 때 그녀는 "순전한 기쁨은 하느님의 기쁨이고, 그것에는 사귐이 필요하다"는 토마스 아퀴나스의 말을 생각나게 하는 것 같다. 따라서 인간을 비롯한 모든 피조물은 찬미이다. 피조물은 하느님을 기쁘게 하기 위해 존재하고, 하느님이 매우 기뻐서 신성이 그 기쁨을 함께 나눌 사귐을 요구했기 때문에 존재한다.

가장 최근에 발간된 아퀴나스에 대한 나의 책 관련 라디오 인터뷰에서 진행자가 이렇게 털어놓았다. "저는 가톨릭 신자로 자랐지만, 어디서나 제가 고통받고 십자가에 매달려 처형될 것이라는 메시지를 끊임없이 받았기 때문에 교회를 떠나게 되었습니다. 그런데 이 책에서 아퀴나스가 '순전한 기쁨은 하느님의 기쁨이다' 그리고 '기쁨은 인간의 가장 고귀한 행위이다'라고 가르치는 것을 읽었습니다. 그래서 질문을 드리지 않을 수 없는데요, 그것은 종교에 있어서 혁명이 아닌가요?" 물론 그것은 많은 사람들이 수백 년 동안 종교를 이해해온 것에 비추면 하나의 혁명이다. 실로 그것은 가부장적이고 비관적인 종교를 완전히 뒤집는 것이다. 죄에 기반한 종교의식에서는 우리를 징벌하는 아버지 하느님을 설교하고 원죄의 이데올로기 안에 죄, 수치심, 처벌을 담고 있지만, 아퀴나스와 에크하르트, 줄리안을 비롯한 창조영성 전통 전체는 그런 종교의식과 전혀 다르다. 원선과 원복으로 종교를 시작하면 그리고 그에 따라 우주에 기반해서 종교를 시작하면, 무수한 표현으로 나타나는 가부장적 비관주의를 벗어나게 된다. 그것은 전혀 다른 반응을 일으킨다. 우리는 하나의 생물종으로서 집단적 자기도취에서 벗어나게 된다.

줄리안은 신성의 지극한 기쁨 다섯 가지를 다음과 같이 말한다. "하느님은 우리의 아버지이심을 기뻐하십니다. 하느님은 우리의 어머니이심을 기뻐하십니다. 하느님은 우리의 연인이시며 우리가 주님의 진정한 연인임을 기뻐하십니다. 그리스도는 우리의 형제이심을 기뻐하십니다. 예수님은 우리의 구원자이심을 기뻐하십니다." 이 다섯 가지 지극한 기쁨 안에서 신성은 기뻐하기를 멈출 수 없다. "그리스도께서는 우리도 다섯 가지 지극한 기쁨 안에서 기뻐하고 주님을 찬양하고 감사하고 사랑하고 영원히 주님을 찬미하기를 원하십니다."[52] "참되고 영원한 기쁨인 예수"가 "사랑하는 얼굴"을 지니고 있으며, 그 얼굴은 우리에게서 기쁨이 빛나도록 우리의 외면의 얼굴과 내면의 얼굴을 다시 연결하라고 권한다고 그녀가 말하는 것[53]은 조금도 놀랍지 않다. 그녀는 예수의 세 얼굴을 알아본다. 하나는 '고통의 얼굴'이고 또 하나는 '만족하고 기뻐하는 얼굴', 나머지 하나는 '공감하고 연민하는 얼굴'이다. 그런데 "기쁨의 얼굴이 다른 두 얼굴보다 더 많이 보였고, 가장 오래 지속되었습니다"[54]라고 말한다.

하느님의 기쁨은 우리 자신의 기뻐하는 능력을 불러낸다. 줄리안은 우리를 긍정의 길로 나아가게 하고, 우리가 기뻐하고 찬양하고 감사하고 사랑하고 찬미하는 능력을 불러낸다. 그녀는 "충만한 기쁨은 우리의 생득권"이며, 기쁨은 "강한 열망 및 확고한 신뢰"와 함께한다고 말한다.[55] 줄리안은 우리가 '끝없는 기쁨의 생득권'을 가지고 태어난다고 여긴다. "우리는 하느님과 그분의 모든 행위와 판단에 온전히 만족하고, 우리 자신 및 동료 영적 탐구자들을 사랑하고 비폭력적으로 대하며, 하느님이 사랑하시는 모든 것을 사랑할 수 있어야 합니다. 그렇지 않으면 영원한 기쁨의 생득권을 소유하지 못합니다."[56] 그 생득권에 다가가는 이정표가 있다. 그것은 '좋은 것이든 슬픈 것이든' 삶에서 일어나는 모든 것에 만족하는 것, 자신을 사랑하고 자신과 남들을 비폭력적으로 대하는 법을 배우는 것, 하느님이 모든 피조물을 사랑하는 것처럼 모든 피조물을 사랑하는 것 등이다. 여기서 그녀는 "너 자신처럼 다른 사람들을 사랑하라"는 예수의 가르침을 새롭게 말하고 있다. 우리는 건강한 자기 사랑을 다른 사람들 및 그들과의 관계에 투사한다. 그리고 '다른 사람들'이란 모든 피조물 즉 '하느님이 사랑하시는 모든 것'임을 알아차린다. 이렇게 함으로써 기쁨을 알아볼 수 있고, 어떤 환경이 닥치든 상관없이 기쁨에 머무를 수 있다.

16세기 신학자 장 칼뱅John Calvin은 우리의 삶은 저주이고

'전적으로 타락'했으며, 인간은 '내면과 외면 모두 쓰레기일 뿐'이고 또 '끔찍한 절망'에 빠지기 쉽다고 선언했다. 한편 마르틴 루터 Martin Luther는 세상이 '악마의 왕국'이고 '모든 것이 나쁘고', 인간은 그리스도의 은혜를 받을 수 있으려면 자신을 완전히 체념해야[1] 한다고 말했다. 천재가 아니더라도 누구나 줄리안이 신학적으로 칼뱅이나 루터와 얼마나 다른지 알 수 있다. 비관주의는 가부장제와 밀접히 연관된다. 줄리안은 비관주의를 훨씬 앞지른다.

줄리안이 보기에는 우리가 창조의 선 안에 머무르면 그것이 우리의 세계관에 영향을 주고 우리를 기쁨으로 충만하게 한다. "만물 안에서 하느님을 보는 것은 곧 완벽한 기쁨 속에서 사는 것입니다."[57] 그녀가 말하는 '만물'에는 힘들고 괴로운 일들도 포함된다. 에크하르트는 "만물이 하느님을 찬양한다. 어둠, 궁핍, 결함, 악도 하느님을 찬양하고 하느님을 찬미한다"[2]고 말한다. 줄리안은 우리가 만물 안에서 하느님을 발견하면 기쁨이 '완벽'해질 수 있다고 말한다. 마이스터 에크하르트도 똑같이 말하며, 만물 안에서 하느님을 보는 것이 우리가 돌파(신성을 깨달은 경지를 가리키는 에크하르트의 용어—옮긴이)했다는 표시라고 한다.

자신과 남들에게 고통이 일어날 때 우리는 그저 가만히 있을 수 없고, 삶 속과 우리 내면에 숨겨져 있는 보물을 찾기 위해 더 깊이 탐구해야 한다. 줄리안은 우리에게 정원의 흙만이 아니라 영혼을 돌보는 정원사가 되라고 촉구하며 이렇게 말한다. "땅속에 보물이 묻혀 있습니다. 그것은 맛있고, 주님을 기쁘게 하는 음식입니다. 정원사가 되어 땅을 파고 고랑을 내며, 땀 흘려 수고하고, 땅을 뒤집어서 깊이를 살펴보고, 제때 식물에 물을 주세요. 계속 이렇게 일하고, 달콤한 물이 흐르게 하고, 고귀하고 풍성한 과일이 열리게 하세요." 이렇게 가슴 떨리게 하는 가르침에서 줄리안은 우리를 자연 안에서 일하고 자연과 함께 일하는 기쁨으로 돌아가게 하고, 그러면 외부에서 하는 일이 내면의 일이 되고 내면의 일이 외부의 일이 된다. 실로 정원을 가꾸는 일은 흙과 영혼을 다루는 신성한 내면의 일일 뿐만 아니라 예배도 된다. "음식과 마실 것을 얻어 그것을 참된 예배로 하느님께 가져가세요."[58]

줄리안이 보기에는 하느님은 시련이 있을 때도 우리에게 행복한 얼굴을 보여주신다. "우리를 바라보시는 주님의 복된 얼굴은 행복하고 기쁘고 다정합니다. 주님은 사랑을 갈망하면서 우리를 보시고, 우리의 기쁨이 그분의 보람이기 때문에 우리 영혼이 웃는 것을 보고 싶어 하십니다."[59] 연민은 우리가 하느님과 주고받는 것의 일부이다. 기쁨도 마찬가지다.

우리는 예수의 이야기에서 고통이 아니라 기쁨이 삶의 기본 동력임을 배운다. 예수는 줄리안에게 말한다. "이제 나의 모진 고통과 끔찍한 수고가 나와 너에게 끝없는 기쁨과 지복으로 변형되었다." 우리는 서로에 대한 기쁨으로 얽혀 있고, 그것은 "너의 즐거움이 나의 즐거움이다. 네가 내 안에서 끝없이 기뻐하면 나도 끝없이 기쁘"기 때문이다. 그것은 사랑에서 나온다. 기쁨은 사랑에서 비롯되기 때문이다. 예수는 "오, 내가 너를 얼마나 사랑했는지!"라고 외친다. 그런 계시는 "우리를 대단히 행복하게" 만든다.[60]

서로 함께 나누면 기쁨은 배가된다. 왜냐하면 "하느님은 우리

의 해방을 주님과 함께 기뻐하기를 원하시기" 때문이다. 또 주님은
"우리 영혼이 완벽히 기쁘게 충만하기를 원하십니다. 왜냐하면 우
리는 주님의 지복이고, 주님은 우리를 기뻐하시고, 주님의 은혜로
우리가 주님을 기뻐하기를 바라시기" 때문이다. "그리스도께서 끝
없이 기뻐하시"는 까닭은 "우리가 해방되었기" 때문이다.[61] 줄리
안의 관점에서 그리스도의 수난에도 기쁨이 충만하다. 수난을 받
는 목적이 우리의 해방이라는 목표였기 때문이다. 그녀는 감히 '수
난에 속한 기쁨과 지복'에 대해 말한다.[62] 이는 훨씬 넓은 맥락에
서 모든 사람이 더 큰 목적을 위해 일할 수 있음을 알아차림으로
써 팬데믹 시대를 이겨나가야 한다는 의미로 받아들일 수 있다.
집착하지 않고 내려놓기, 구조와 가치를 재평가하기, 온전히 살기
등을 배울 때 좋은 일이 일어날 수 있다.

영적 개념을 파악하는 한 가지 길은 그 반대를 고려하는 것이
다. 기쁨의 반대를 이루는 것은 무엇인가? 나는 기쁨의 반대가 '아
케디아'라고 감히 말하고자 한다. 아케디아란 둔함, 지루함, 무심
함이다. 아케디아를 '나태'로 번역할 때가 많지만, 그것은 너무 협
소한 이해이다. 토마스 아퀴나스는 아케디아란 '새로운 일을 시
작할 기력이 없는 것' 그리고 '신적인 것에 대한 슬픔'이라고 정의
했다. 그러므로 우울과 절망과 수동성과 지루함과 내가 나태함
(couchpotatoitis)이라고 하는 것 그리고 빙엔의 힐데가르트가 무
관심 즉 신경 쓰지 않음이라고 하는 것도 아케디아를 가리킨다.
그녀는 우리 영혼이 "무관심과 나태의 냉담함에 의해 허약해"질
수 있지만 또한 다시 불이 붙어 강해져 "성령의 불에 의해 온갖 선

에 이를"[3] 수 있다고 말한다. 힐데가르트가 보기에, 아케디아에는 지루함에서 비롯된 냉담함, 나태, 쓸모없음 그리고 선행을 미루는 무감각이 포함되며, 정의를 위해 싸우는 활력이 없다. 아케디아는 우리가 위대한 일을 성취하지 못하게 막는다. 우리가 온전히 살고 온전히 일하려 하지 않기 때문이다.

그렇다면 기쁨, 불을 일으키는 영적인 것에 대한 기쁨은 아케디아의 반대이다. 기쁨은 사랑의 열매이기 때문이다. 기쁨 없는 사람이나 문화는 그들이 사랑에 굶주리고 우주 및 우리를 둘러싼 대지의 사랑과 접하지 못했기 때문이다.

줄리안은 기쁨에 대해 자세히 말하면서 아케디아에서 벗어나 기쁨으로 오라고 우리를 부른다. 우리 안에 기쁨의 불을 밝힌다. 사실 줄리안은 영어에서 'enjoy(즐기다)'라는 말을 만들어냈다. 그 말은 'rejoicing'(기뻐하다, 고대 프랑스어에서는 enjoier)이라는 말에서 유래한다.[4] 아퀴나스는 아케디아가 '슬픔'에서 유래하고, '자비심을 뿌리 뽑는다'고 가르치고, 줄리안이 슬픔과 아케디아에 쓰는 약은 기쁨이다.[5]

경외를 기억한다

줄리안은 우리에게 삶에서 즐거움과 기쁨을 느끼고, '경건'과 '겸손'으로 반응하라고 가르친다. 경외는 위대한 것, 우리보다 큰 것, 거룩한 것을 만날 때 일어난다. 신성함과 경외는 함께 일어난다. 줄리안은 이렇게 말한다. "내가 말하는 경건은 신성한 경외이며 겸손과 결합되어 있습니다. 피조물들은 하느님을 매우 크신 분으로 여기고 자신을 매우 작게 여깁니다. 이것이 하느님의 사랑을 받는 존재들 안에 심어진 덕성입니다."[63] 랍비 헤셸은 "경외는 우주와 만나는 마음이다"라고 말한다. 이렇게 경외와 위대함을 알아차리는 일은 자주 일어날 수 있다. 에크하르트는 깨어 있는 사람에게 돌파는 일 년에 한 번, 혹은 한 달에 한 번, 혹은 하루에 한 번 일어나는 게 아니라 매일매일 여러 번 일어난다고 말한다.

줄리안은 말한다. "우리는 하느님의 현존을 느낄 때 이 선물을 경험합니다." 그것은 우리 내면 깊은 곳에 있는 열망이고, 그것은 신성하다. "이 신성한 경외는 우리가 가장 깊이 갈망하는 경험입니다. 왜냐하면 그것이 놀라운 안도감, 참 믿음, 확실한 희망을 일으키기 때문입니다. 사랑의 위대함은 이 경외를 달고 맛있게 만듭니다."[64] 신성한 경외를 맛보면 안도감, 믿음, 희망이 생긴다. 앞서 말한 기쁨의 경우처럼 신성한 경외의 근원은 사랑이다. 사랑의 목적은 선이고, 기쁨과 경외처럼 사랑은 선과 더불어 일어난다. 여기서 '긍정의 길'을 마음껏 갈 수 있다.

줄리안은 긍정의 길과 부정의 길의 실재를 언급하고 둘 사이의 긴장도 말한다. "우리 영혼에게는 두 가지 의무가 있습니다. 하나는 경건히 경탄하는 것이고, 다른 하나는 겸손히 참으며 항상 하느님 안에서 기뻐하는 것입니다."[65] '경건히 경탄하는' 것은 우리 삶이 경외할 만함을 인정하는 것이다. 경외는 경탄하는 것이다. 실로 '기적(miracle)'이라는 말의 본래 의미는 '경탄하다(marvel)'이다.

경탄하는 것은 신성한 행위이고, 우리는 자주 경탄에 빠져야 한다. 그래서 에크하르트는 "존재(isness)가 하느님이다"라고 한다. 그리고 줄리안은 "선이 하느님입니다"라고 한다. 세상에는 존재와 선, 아름다움과 경이가 많이 있다. 우리는 자주 그것들에 몰두할 필요가 있다. 특히 우리에게 고통과 혼란이 심할 때 더 그것들에 몰두해야 한다.

경외는 일종의 두려움 혹은 공포이다. 아퀴나스는 경외가 '순수한 두려움'이라 하고, 유일하게 우리 가슴속에 허용해야 하는 두려움이라고 한다. 바다에 접한 메사추세츠주 마시필드에서 겨울 몇 달 동안 살았던 일이 떠오른다. 처음 겨울 폭풍이 일어났을 때 나는 거대한 파도를 보고 무슨 일이 일어나는지 느끼려고 해변 가까이 갔다. 하지만 곧 그런 바다를 보려면 어떤 건물에 붙어서 무엇이든 꽉 붙잡고 서 있어야 한다는 것을 알게 되었다. 폭풍이 대단히 심하고 버티기 힘들어서 만일 내가 그냥 서 있었다면 파도에 빨려들어갔을 것이다. 그것은 경외였다. 그리고 나는 무서웠다. 하지만 그것은 경건하고 신성하고 순수한 경외였다. 거룩한 순간이 드러났고, 그것은 50년이 지났어도 나의 기억 속에 생생히 남아 있다.

줄리안은 이렇게 경외를 표현한다. "모든 피조물들이 큰 경이와 놀라움으로 가득 차서, 이전에 느낀 모든 것을 능가하는 경건한 경외가 일어나고, 천국의 기둥들이 떨리고 흔들릴 것입니다." 하지만 이어서 이렇게 말한다. "그런 두려움과 떨림에는 고통이 없을 것입니다. 그것은 피조물들이 주님을 뵈올 때 하느님의 절대적 장엄함을 접하며 보이는 합당한 반응입니다. 우리는 가득 차오르는 엄청난 기쁨으로 몸이 떨리고 흔들리며, 창조주 하느님의 위대함에 경탄하고, 주님이 창조하신 가장 사소한 것을 직면해도 경이에 빠집니다. 그런 광경에 모든 피조물들은 놀라운 겸손과 평정으로 충만해집니다." 피조물 중 가장 작은 것까지도 우리를 놀라게 하고, 우리에게 그것을 깊이 숙고하라고 권하는 것을 주목하라. 하느님의 위대함을 깨달으면 우리는 감동받아 "하느님의 지극한 아름다움에 대한 합당한 반응인 경건한 두려움"을 느낀다.[66] 하느님의 지극한 아름다움은 매일 우리를 찾아온다.

줄리안은 경외 속에 본래 있는 두려움 혹은 공포에 대해 말한다. "사랑과 공포는 형제자매입니다…… 그것들은 창조주의 선에 의해 우리 안에 뿌리내리고 결코 사라지지 않을 것입니다." 다시 줄리안이 피조물과 창조주를 이해할 때 '선'이 근원적인 것을 주목하라. 실로 마이스터 에크하르트는 "우리는 창조주 하느님에 대해 말할 때마다 선에 대해 말하는 것이다"라고 한다. 이것이 바로 줄리안이 이해하는 하느님이다. 이어서 그녀는 말한다. "사랑이 우리 본성 안에 있고, 우리는 하느님을 흠모하는 은혜를 받았습니다. 공포가 우리 본성 안에 있고, 우리는 경외심을 느끼는 은혜를 받았습니다. 하느님의 위대함과 장엄함이 경외심을 일으킵니다." 다시, 경외는 매우 위대하고 광대한 것이 있을 때 일어난다. 물론 우주는 우리에게 경외심을 느끼게 한다.

아퀴나스처럼 줄리안은 신성한 경외인 두려움이 아닌 두려움을 물리친다. "경건한 경외가 아닌 두려움은 참된 두려움이 아니고, 가장 위험한 두려움은 신성함으로 위장하고 오는 두려움입니다."

신성한 경외는 "은혜를 주시는 성령의 활동을 통해 …… 자연스러운 결실을" 낳는다. 신성한 경외는 "우리를 하느님 어머니의 품에 안기게 하고" 거기서 우리는 "하느님의 영원한 선"을 인식한다.[67]

줄리안은 사랑과 선처럼 사랑과 경외가 함께 일어나는 것을 인식한다. "하느님의 선은 사랑을 일으킵니다. 경외하며 하느님을 공경하는 것은 주님의 종인 우리의 본성입니다. 그리고 주님의 선을 흠모하는 것은 주님의 자녀인 우리의 본성입니다. 신성한 경외는 사랑에서 분리될 수 없지만, 경외와 사랑은 서로 다른 것입니다…… 둘 중 하나만 가질 수는 없습니다."

경외에 대한 줄리안의 생각은 20세기 랍비 헤셸의 깊은 통찰을 예견한다. 헤셸에게 경외는 '지혜의 시작'이고, 따라서 우리가 지식과 더불어 지혜를 추구할 때(이는 줄리안도 찬양하는 탐구다) 경외가 주된 역할을 한다. 게다가 헤셸은 경외에 대해 이렇게 말한다. "경이, 갑작스러운 놀라움, 말과 개념에 적응하지 못하는 상태는 존재하는 것을 진실하게 인식하기 위한 전제 조건이다."[6] 줄리안은 이런 경이로움을 엄청나게 제시하는 것 같다. 그녀의 선조들인 힐데가르트, 아퀴나스, 에크하르트처럼. 헤셸은 우리의 체계와 의식에는 경외가 너무 뜻밖의 것이어서 우리는 "경외를 거의 느끼지 못해서, 우리가 받는 충격이 너무 약하기 때문에 충격받게 된다"고 말한다. 헤셸은 우리가 경외감을 잃을 때 무슨 일이 일어나는지 경고한다. "경외의 감각을 잃어버릴 때, 자만심으로 공경하는 능력을 위축시킬 때, 우리에게 우주는 시장통이 되어버린다."[7] 이것이 헤셸과 줄리안이 '경외'와 '공경'의 내적 관계에 대해 말하는 것이다. 경외는 공경을 낳지만, 소비주의와 자본주의는 경외를 유산하게 된다.

몇 년 전 한 강연이 끝난 후 스탠포드 대학의 뇌과학자가 내게 와서 말했다. 20년 동안 뇌를 연구한 후 그는 우뇌가 하는 일은 경외하는 것이라는 결론에 도달했다는 것이다. 나는 우뇌가 직관적 뇌, 말하자면 신비적 뇌라고 생각한다. 아인슈타인Einstein은 신비주의란 '경외 속에 넋을 잃고 서 있는 것'이라고 여겼고, 우리는 합리적 뇌가 아니라 직관으로부터 가치를 이끌어낸다고 말한다. 또 경외를 감소시키는 사회 혹은 교육제도는 가치관도 위축시킨다고 한다.

미국의 생물학자이자 작가인 레이첼 카슨Rachel Carson (1907~1964)은 우리가 경외하는 힘이 어릴 때부터 시작되는 것을 알았고, 어른들이 경외감을 쉽게 잊어버리는 것을 안타까워했다. "아이의 세계는 늘 생생하고 새롭고 아름다우며 경이와 흥분으로 가득 차 있다…… 대다수 사람들은 아이들의 맑은 시각, 아름답고 경외를 일으키는 것에 대한 참된 본능이 점점 희미해지고, 어른이 되기도 전에 그것을 잃어버린다." 그녀가 어린이들에게 가장 바라는 것은 무엇일까? "절대 잊을 수 없는 경이에 대한 감각을 평생 간직하여, 나이 들어서 일어나는 지루함과 환멸, 인공적인 것에 대한 메마른 심취에 빠지거나 기력의 원천에서 멀어지는 일에 대한 확고한 해독제로 삼는 것"이다.[8] 아마도 예수가 어른들에게 어린아이와 같이 되지 않으면 하느님 나라를 받을 수 없다고 말했을 때도 그 점을 염두에 두었을 것이다.

줄리안은 경외라는 주제에 대해 말할 때 랍비 헤셸, 아인슈타인, 레이첼 카슨 그리고 힐데가르트, 아퀴나스, 에크하르트 등 매우 좋은 동료들을 만난다. 그녀는 우리에게 경외를 느끼고, 우리 의식과 갈망 속에 선함, 기쁨과 더불어 경외를 온전히 일으키라고 촉구한다. 그 갈망은 어디에서 비롯되는가? "이 신성한 갈망은 하느님의 사랑에서 일어나고, 역시 주님이 우리에게 주신 하느님의 덕인 겸손, 순종, 인내와 균형을 이룹니다."[68] 그것은 하느님의 사랑에서 비롯되는 신성한 갈망이다.

줄리안은 '긍정의 길'을 진심으로 실천한다. 실로 그녀는 팬데믹 시대의 어둠은 물론 영혼의 어둔 밤, 사회의 어둔 밤, 인간종의 어둔 밤을 견딜 수 있게 해주는 토대로 긍정의 길을 지지한다. 긍정의 길은 세상을 살아가는 힘을 주는 약이고, 우리를 신의 원천에 재결합시킨다.

감사의 결말

이 장에서는 선함, 기쁨, 경외의 깊은 행위(긍정의 길)가 팬데믹과 다른 힘겨운 시기에 일어나는 고통과 절망에 맞서는 약이라고 했다. 토마스 아퀴나스는 절망이 과녁을 벗어나는 최악의 길은 아닐지라도 '가장 위험한 길'이라고 경고한다. 절망에 빠지면 행동할 수 없고, 자신과 다른 사람들에게 아무런 관심도 가지지 못한다. 절망은 영혼을 죽이고 연민도 죽인다. 따라서 '긍정의 길'을 따르고 선함, 기쁨, 경외의 힘에 따라 일해야 한다. 긍정의 길을 따르면, 얼마나 많은 고통을 겪든 상관없이 공경과 존재에 대한 감사를 회복하게 된다. 투쟁과 알지 못함은 우리 영혼을 정화해서 우리는 아무것도 당연히 여기지 않는 법을 배우게 된다.

줄리안도 그보다 앞선 아퀴나스, 에크하르트처럼 감사하는 것이 영성의 핵심이라고 말한다. "하느님이 보시기에 그것은 가장 신성한 기도, 사랑하는 감사 기도입니다."[69] 감사하는 것을 대신할 수 있는 것은 없다. 긍정의 길이 힘겨운 시기를 견딜 수 있는 약을 주지만, 때로는 기억을 더듬어 스트레스를 받느라 잊어버렸던 선물을 다시 떠올려야 한다. 그 선물이란 존재 자체, 삶 자체, 호흡, 보는 것, 듣는 것, 이 경이와 놀라움과 가능성의 세계에 함께 있을 수 있는 온갖 방법 등이다.

줄리안은 영적 삶에서 감사의 역할에 대해 상세히 말한다. "감사하는 것도 기도의 일부입니다. 감사는 참된 내적 인식입니다. 공경과 사랑하는 경외의 태도로 모든 힘을 다해 선한 주님이 인도하시는 행위를 하게 되고, 내면에서 기뻐하고 주님께 감사드립니다. 때때로 영혼은 감사로 충만하여 감사가 넘쳐흐르고 노래가 터져 나옵니다. 선하신 주님, 감사드립니다! 복되신 하느님, 언제나 찬미 받으소서."[70] 그리고 우리의 사랑의 행위가 이어진다. 우리는 선함, 기쁨, 경외를 경험하는 데서 일어나 다른 사람들에게 감사를 베풀고, 다른 사람들로부터 감사를 이끌어낸다. 긍정의 길에서 모두가 공유할 수 있는 세상을 만드는 것은 실로 선한 일이다. 그것은 우리에게 노래가 터져 나오게 만들기 충분하다.

3장

자연과 하느님은 하나다

하느님은 자연과 같으십니다.

줄리안

14세기에 흑사병이 무차별적으로 여러 번 대유행하여 깊은 정신적 외상을 입은 많은 유럽인들은 자연을 저주하기 시작했다. 자연에 책임이 있다고 여겼다. 유명한 신학자 토마스 아 켐피스 Thomas à Kempis(1380~1471)는 "나는 자연 속으로 들어갈 때마다 하느님으로부터 물러난다"고 했다.

반면에 줄리안은 일곱 살 때부터 80대에 숨질 때까지 계속 팬데믹을 겪으며 살았지만, 자연을 헐뜯지 않았다. 그녀에게 자연은 은혜의 장소였고, 인간 본성은 신성한 자연의 품 안에 깃들어 있었다.

줄리안이 자연을 저주하지 않고 공경한 이유는 다음과 같다. "하느님은 피조물을 기뻐하시고 피조물은 하느님을 기뻐합니다. 하느님과 피조물은 끊임없이 서로에게 경탄합니다. 우리는 경탄의 행위 안에서 우리의 주님, 우리의 창조주, 지극히 높으신 하느님을 바라봅니다."[71] 줄리안은 그녀처럼 우리도 자연에 경탄하라고 권한다. 이것은 분명히 앞 장에서 살펴본 경외와 경이가 중요하다는 그녀의 가르침을 생각나게 한다. 우리는 피조물을 기뻐하고 그것에 경탄한다. 그런데 그녀는 놀라운 한 가지를 또 말한다. 하느님도 피조물에 경탄하신다는 것이다. "피조물과 하느님은 끊임없이 서로에게 경탄합니다." 창조주와 피조물은 서로에게 경이이다. 실로 우리는 "신성한 경외에 의해 가만해지고" 그 가만함이 우리를 사로잡는다.[72]

자연의 선과 은혜

줄리안은 "이성, 자비, 은혜가 조화롭게 작용하여 우리에게 모든 선한 것을 가져다줍니다. 그중 첫째는 자연의 선입니다"라고 믿는다.[73] 자연의 선은 '외부'에 있는 것이 아니라 '우리 안'에 있고, 자연은 그것의 모든 선으로 우리에게 스며든다. 우리는 자연 안에 있고 자연은 우리 안에 있다. 그러므로 선은 자연 안에 있고 우리 안에 있고, 우리는 자연 안에 있다. 그리고 자연은 모든 다른 은총에 앞서고, 모든 다른 선의 경험에 앞선다. 자연이 첫째다.

현대 과학에 따르면 물질은 '얼어 있는 빛' 혹은 '매우 천천히 움직이는 빛'이다. 물론 줄리안은 현대 과학을 몰랐지만, 빛을 현대 과학과 유사하게 인식했고, 그것을 그녀가 살았던 팬데믹의 어두운 시대에 적용했다. "깊은 밤에 우리에게 필요할 때 이 빛을 신중하게 나누고 이용할 수 있습니다. 이 빛은 우리 생명의 근원이고, 밤은 고통과 비통의 원인입니다." 고통이 닥치면 우리는 기꺼이 "우리의 빛을 인정하고 믿어야 하고, 빛 속에서 현명하고 힘차게 걸어간"다.[74] 부정의 길과 어둔 밤은 빛을 불러 돌아오게 한다. 빛은 어둠에 스며들고 어둠을 구원한다. 왜냐하면 "믿음이 밤의 어둠을 비추는 우리의 빛이며, 그 빛이 하느님이며, 영원한 낮이라는 것을 보았"기[75] 때문이다. 그녀는 (빛을 매우 의인화하며) 두 소견에서 '우리의 빛'에 대해 말하고 있다. 빛은 외부에 있지 않고 우리 내면에 있으며, 우리에게 친밀하고, 우리는 빛을 지니고 다닌다. 빛은 우리 몸 안에 있지만 우리 가슴 안에도 있고 태도 안에도 있다.

혹은 적어도 그럴 수 있다. 줄리안은 빛이 삼위일체와 같다고 여긴다. "이 빛은 하느님이시고, 우리의 아버지-어머니이시며, 창조주이시고, 우리를 해방시키는 그리스도 예수 안에 있는 성령이십니다."[76]

하느님의 본성에는 생명, 사랑, 빛이 있다. "하느님의 생명에는 집과 놀랍도록 유사한 면이 있습니다. 사랑에는 관계에 적합한 공손함이 있습니다. 그리고 빛에는 끝없는 본성(Nature-hood)이 있습니다." 줄리안보다 우리에게 더 익숙한 말을 사용한다면, '끝없는 본성'이란 자연의 풍요함과 실로 진화의 풍요함에 대해 말하는 풍요한 방식이다. 진화는 일종의 끝없는 본성이고, 신성은 본성 안에 거한다.[77] 물질이 얼어붙은 빛이고, 빛이 물질과 서로 바뀔 수 있다면, 줄리안은 빛을 끝없는 본성이라고 부르면서 21세기 과학에 호소하고 있는 것이다.

그녀는 본성에 대해 이해한 것을 이렇게 상세히 말한다. "하느님은 토대이시고 실체이시며 본성과 같으십니다. 하느님은 자연의 진정한 아버지와 어머니이시며, 하느님으로부터 흘러나와 하느님의 뜻대로 일하도록 만들어진 모든 자연들은 은혜의 작용을 통한 사람들의 해방에 의해 회복되어 다시 하느님에게로 돌아옵니다."[78] 끝없는 본성에는 '끝없는 우정'이 포함된다. 왜냐하면 "하느님 안에는 끝없는 우정, 공간, 생명과 존재가 있기" 때문이다.[79]

줄리안은 아우구스티누스나 토마스 아 켐피스 같은 사상가들이 말하는, 자연과 은혜를 구별하는 이원론을 거부하고 자연과 은혜의 위대한 어우러짐을 지지한다. "자연과 은혜는 서로 조화를 이룹니다. 왜냐하면 자연이 하느님인 것처럼 은혜가 하느님이기 때문입니다. 하느님은 일하는 방식에서 둘이시고, 사랑으로는 한 분이십니다. 자연도 은혜도 서로가 없으면 작용하지 못합니다. 결코 서로 떨어지지 못합니다."[80] 따라서 하느님은 우리 모두와 모든 피조물에 스며들고, 그것이 은혜이다. 왜냐하면 "자연은 그 자체로 선하고 아름답"기 때문이다.[81] 인간이 타락한 본성을 가지고 있는 곳에서 육화는 그것을 다시 은혜롭게 만든다. "자연을 해방하고, 죄를 파괴하고, 아름다운 자연을 다시 그것이 나온 복된 자리 즉 하느님에게로 되돌려놓기 위해서 은혜를 베푸십니다." 그 과정에서 자연 자체가 정화된다. "자연은 시련을 경험하는 불길 속에서 시험받았지만 어떤 결점도 부족함도 찾을 수 없었습니다."[82] 이런 식으로 "자연에 의해 하느님에게서 나오는 복된 자녀들은 은혜로 말미암아 다시 하느님 안으로 돌아가게 될 것"이다.[83] 실로 "우리의 존재는 자연"이고, 우리는 자연 위에서 연민으로 나아가고, 그다음 은총으로 나아간다.[84]

그녀는 이 구절에서 다시 우리에게 자연을 공경하라고 요청한다! 우리가 이어받은 산업혁명처럼 매우 효과적으로 자연을 무시하고 해치기를 중단하기만 하면 된다. 줄리안에 따르면, 만일 신성이 자연을 떠맡고 자연 안에 거할 수 있다면, 하느님과 연결되기를 열망하는 인간들도 분명히 소매를 걷어붙이고 자연의 선과 아름다움을 보존하는 데 필요한 일을 할 수 있다.

사랑, 기쁨 그리고 자연

줄리안이 "만물 안에서 하느님을 바라보는 것은 충만한 기쁨입니다!"[85]라고 외칠 수 있는 것은 아마도 그녀가 하느님의 무소부재하심과 자연 안의 은혜를 깊이 경험했기 때문일 것이다. 왜냐하면 하느님은 자연과 같기 때문이다.

줄리안은 "사랑의 지식에 관한 한 우리는 가장 무지하고…… 모든 어려움을 일으키는 것은 우리가 사랑에 대해 무지하기 때문입니다"라고 믿는다. 사랑이 자연 안에 깃들어 있고 하느님은 '온통 사랑'이지만, 우리는 좀처럼 그것을 믿지 못한다. "하느님이 온통 사랑이시고 모든 것을 행하기 원하신다는 것을 우리는 알지 못합니다." 그에 따라 두려움과 실패가 일어난다. "내 생각에는…… 이런 무지가 하느님을 사랑하는 사람들에게 가장 큰 걸림돌입니다. 어떤 두려움이 계속되어 끊임없이 우리를 방해합니다."[86] 사랑과 두려움은 공존할 수 없는데, 우리는 사랑보다 두려움을 택할 때가 많다. 그것은 우리가 선택하는 것이지만, 줄리안이 보기에는 무지한 선택이다.

인간과 모든 피조물은 사랑하도록 지음받았고, 사랑은 우리가 존재하고 우리를 낳은 우주가 존재할 때부터 있었다. "하느님은 결코 언젠가부터 우리를 사랑하기 시작한 것이 아님을 보았습니다. 왜냐하면 우리가 앞으로 영원한 기쁨 안에 있을 것처럼(그것이 모든 하느님의 피조물의 운명입니다), 우리는 태초부터 항상 하느님의 예지 안에 있었고 알려지고 사랑받았기 때문입니다."[87] 기쁨과 사랑은 함께 있고, 모든 피조물에게 확장되며, 인간은 "사랑받기 때문에 기뻐하도록 창조"되었다.[88] 그러므로 당연히 우리는 다시 피조물을 사랑해야 하고, 피조물이 계속 건강하고 행복하도록 일해야 한다.

범재신론

'범재신론'이란 하느님과 자연의 관계에 대해 다르게 말하는 법이다. 그 문자적 의미는 '만물이 하느님 안에 있고 하느님이 만물 안에 있다'는 것이다. 줄리안보다 60년 전 막데부르크의 메히틸드는 "만물이 하느님 안에 있고 하느님이 만물 안에 계신 것을 본 날, 나는 영적으로 깨어났다"[1]고 외쳤다. 즉 그녀는 범재신론을 인식하게 됨으로써 영적으로 도약하고 성숙했다. 줄리안도 이와 유사한 깨우침을 말하고, 그것이 그녀 안에서 환희와 기쁨을 일으키는 원인이라고 한다. "우리를 창조하신 주님이 우리 안에 사시고 우리가 주님 안에 산다는 것은 기쁜 일입니다. 그것은 우리를 지켜주시려는 주님의 큰 선과 충실함 때문입니다."[89] 이런 상호 내주內住에는 앞 장에서 논의한 하느님의 선을 공유하는 것도 포함된다. 우리의 기쁨과 환희는 창조주가 우리 안에 사는 것과 우리가 창조주 안에 사는 것에서 비롯된다. 여기서 우리는 범재신론의 경험에 도달한다.

실로 줄리안에게 믿는다는 것의 의미는 바로 범재신론의 경험이었다. "믿음이란 다름 아니라 우리의 존재를 바르게 이해하는 것입니다. 사물이 존재하는 것을 신뢰하고 있는 그대로 놓아두는 것입니다. 우리가 하느님 안에 있고 보이지 않는 하느님이 우리 안에 있음을 바르게 이해하는 것입니다."[90] 하느님이 우리 안에 있지만 우리는 하느님을 보지 못한다. 공기도 우리 안에 있지만 우리가 공기를 보지 못하는 것과 마찬가지다. 하지만 그 영향은 알고 있다. "나의 이해 안에서, 나는 한 점 안에서 하느님을 보았습니다. 그것을 보고 하느님이 만물 안에 계시다는 것을 알았습니다. 하느님은 만물 가운데에 계시고 이루어지는 모든 일을 하시므로, 하느님은 피조물 안에서 일하십니다."[91] 우리도 하느님이 중심이고 한가운데임을 경험하는가?

범재신론을 경험하고 기억하면 기쁨과 기뻐함이 일어난다. 그것은 어둔 밤을 치유하는 탁월한 약이다. "우리는 하느님이 우리 영혼 안에 거하신다는 사실을 기뻐해야 하고, 우리 영혼이 하느님 안에 거한다는 사실을 더 기뻐해야 합니다. 우리 영혼은 하느님이 거하시는 곳으로 창조되었고, 우리가 거하는 곳은 자존하시는 하느님입니다. 우리를 창조하신 하느님께서 우리 안에 거하시는 것을 내면의 눈으로 보는 것은 숭고한 깨달음이며, 피조된 우리 영혼의 본질이 하느님 안에 거한다는 것을 내적으로 이해하는 것은 훨씬 더 고귀한 일입니다."[92] 우리와 하느님이 서로의 안에 거한다는 것은 줄리안이 우리에게 가르치는 범재신론의 심오한 교훈이다.

그녀는 범재신론의 경험을 이해하여 다음과 같은 놀라운 인식에 도달한다. "나는 하느님의 실체와 인간의 실체 사이에 아무런 다른 점을 보지 못했습니다. 인간의 실체는 하느님이었습니다. 우리의 본질이 하느님 안에 있다는 것, 우리의 본질이 하느님의 피조물이라는 것, 그리고 하느님은 단지 하느님이시라는 것을 받아들일 수 있었습니다."[93] 이어서 "우리의 영혼은 변할 수 없는 선이신 하느님과 하나가 되어 있습니다. 그러므로 하느님과 우리 영혼 사이에는 분노도 없고 용서도 없습니다. 왜냐하면 '사이'가 없기 때문입니다"[94]라고 말한다. 이보다 더 비이원적이기는 어려울 것이다.

자신을 아는 것은 하느님을 아는 것이고, 하느님을 아는 것은 자신을 아는 것이다. 우리는 "우리 영혼이 있는 곳 즉 하느님 안에서 우리 영혼을 찾을 수밖에 없게 하는" 갈망을 겪는다. 우리는 자기와 하느님에 대해 함께 배운다. 왜냐하면 "우리가 하느님을 찾고자 하든 자신의 영혼을 찾고자 하든, 성령은 은혜로 우리를 인도하시어 하느님과 영혼을 하나로서 알게 하십니다. 두 가지 충동은 모두 선하고 참되"[95]기 때문이다. 자기를 발견하는 것이 곧 하느님을 발견하는 것이고, 하느님을 발견하는 것이 곧 자기를 발견하는 것이다. 이는 "우리가 하느님께 드리는 모든 이름은 우리 자신에 대한 이해에서 비롯된다"는 마이스터 에크하르트의 가르침과 유사하다. 그러므로 자기 발견과 하느님 발견을 추구하라고 권고하게 된다. "본성과 은혜에 의해서 온 힘을 다해 자신을 알고자 하는 열망을 가져야 합니다. 이런 지식을 얻으면, 끝없는 기쁨으로 충만한 가운데 명백하고 참되게 하느님을 알게 될 것입니다."[96] 자신을 더 잘 알기 위해, 은총과 내면의 빛뿐만 아니라 자신의 그림자와 상처를 살펴보려고 노력하고, 또 '온 힘을 다해' 자신을 알고자 노력한 사람에게는 끝없는 기쁨이 동시에 일어난다. 그렇게 알기 위해서는 노력이 필요하다.

'내면(inness)'으로의 깊은 여정은 하느님과 함께 일어난다. 왜냐하면 "우리가 주님 안에 둘러싸이고, 주님이 우리 안에 둘러싸여 있기" 때문이다. 하느님은 우리를 내면으로 부른다. "주님은 무한한 지복 안에서 우리 안에 거하시고, 우리를 안으로 더 깊이 끌어당기십니다…… 우리의 참 본질은 하느님과 하나입니다."[97] 하느님과 피조물 사이에는 사이가 없다. 이것이 범재신론이 말하고자 하는 것이다. 또한 우주적 그리스도, 불성, 유대교에서 설교하는 하느님의 '형상(tselem)'이 전하고자 하는 것이다. 그렇게 이해하면 모든 존재가 타고난 거룩함을 지니고 있음을 재확인하게 된다.

우주적 그리스도

줄리안은 온통으로서 우주와 우주의 의미를 깊이 맛보았고, 널리 알려진 개암의 환시에서 그것을 알려준다.

> 하느님은 내 손바닥에 개암 열매만 한 작고 구슬처럼 둥근 것을 보여주셨습니다. 나는 이해의 눈으로 그것을 바라보고 "이게 뭐지?"라고 생각했습니다. 그리고 "그것은 창조된 모든 것이다"라는 대답을 들었습니다. 그것이 너무 작아

서 금방 무로 해체될 것 같아서, 과연 그것이 남아 있을 수 있을지 의심스러웠습니다. 다시 대답이 왔습니다. "하느님이 그것을 사랑하시기 때문에 그것은 남아 있고, 계속 남아 있을 것이다." 즉 하느님이 사랑하시기 때문에 만물은 존재를 가집니다.[98]

이는 만물의 단일성에 대한 놀라운 환시이다! 또한 우리 존재의 허약함에 대한 환시이다. 인공위성 보이저 1호가 우리 은하 밖의 우주를 향해 나아가다가 카메라를 뒤로 돌려 지나온 길을 사진 찍어 보내온 것이 생각났다. 거기에는 밝게 빛나는 수많은 점들이 보였다. 과학자들이 그중의 한 점을 가리키며 말했다. "이것이 지구입니다." 우리 지구는 깊은 우주 안에 있는 아주 작은 빛으로, 허약하고 특별하며 매우 외로워 보였다. 줄리안이 손바닥 위의 개암 열매를 보고 느낀 것도 그런 느낌이었을 것이라고 짐작할 수 있다.

줄리안이 태어나기 얼마 전 마이스터 에크하르트도 개암 열매에 비유해 우리는 하느님의 '씨앗'이고, "배 씨는 자라서 배나무가 되고, 개암은 자라서 개암나무가 되고, 하느님의 씨앗은 하느님이 됩니다"라며 깊은 영적 교훈을 가르쳤다.[2]

줄리안은 다른 창조 신비가들처럼 자주 그리스도를 '우주적 그리스도'로 간주한다. 즉 만물 안에 있는 신적 현존으로 여기는 것이다. 요한복음에서는 그리스도가 '세상의 빛'이고, '만물 안의 빛' 혹은 만물 안에 거하는 신의 '로고스'라고 말한다. 우주적 그리스도는 줄리안의 인식에 자주 일어나고, 그때 그녀는 "하느님께서 보시기에 모든 인간들은 한 사람이고, 모든 사람들은 한 인간입니다"[99]라고 말한다. '모든 인간을 구체적으로 나타내는' 그리스도에게는 보편성이 있다. 왜냐하면 그리스도는 "우리 모두에게 있는 영적 열망을 나타냅니다. 그리스도는 모든 영적 탐구자들이고, 모든 영적 탐구자들은 그리스도"이기 때문이다.[100] "하느님은 복된 그리스도와 지극히 하찮은 우리 영혼을 구별하지 않으십니다."[101] 여기서 줄리안은 분명히 예수가 "너희가 가장 보잘것없는 사람에게 하는 것이 곧 내게 하는 것이다"라고 말한 마태복음 25장의 이야기를 참조하고 있다.

요한복음에 나오는 '나는 ~이다'라는 말들은 역사적 예수를 따라 살았던 복음서 저자들이 만들어낸 우주적 그리스도의 말이다. 예수는 그런 '나는 ~이다'라는 말들을 그리스도만큼 많이 하지 않았고, 이는 예수를 따라 살았던 공동체가 흥미롭게도 어떤 말도 예수의 입 안에 넣기를 주저하지 않았음을 가리킨다. 그런 '나는 ~이다' 말들 중에는 "나는 세상의 빛이다", "나는 선한 목자다", "나는 부활이요 생명이다", "나는 살아 있는 빵이다" 등이 있다. 마크 앤드루스Marc Andrus 주교와 나는 함께 쓴 책 『우주적 그리스도의 정거장(The Stations of the Cosmic Christ)』에서 두 예술가와 협력하여 우주적 그리스도의 원형에 담긴 깊은 의미와 그것을 적용하는 길을 제시했다. 두 예술가 M. C. 리처즈Richards와 울리히 자비어 레무스Ullrrich Javier Lemus는 '나는 ~이다'라는 말들과 복음서들에 나오는 예수의 탄생, 예수가 세례 받음, 변모 사건, 마태복음 25장, 십자가 처형, 부활, 승천, 오순절 같은 우주적 그리

스도의 풍부한 이미지와 이야기들을 표현했다.[3]

　나의 책『우주적 그리스도의 도래(The Coming of the Cosmic Christ)』에서는 우주적 그리스도에 대한 경험을 가리키는 의미 깊은 성경 구절들을 많이 보여준다. 신약성서학자 브루스 칠턴Bruce Chilton은 그리스도교 성경의 첫 저자인 바울로Paul가 실제로 우주를 넘어선 그리스도에 대해 썼다는 것을 상기시킨다! 또 우주적 그리스도는 바울로의 서신들과 비슷한 시기에 쓰인 도마복음 같은 초기 그리스도교 문헌에도 나온다. 그러므로 우주적 그리스도의 원형은 그리스도교 운동이 시작될 때부터 있었음이 분명하다.[4] 그런 우주적 그리스도가 흑사병 시대로부터 20세기까지 완전히 감추어지고 거의 상실된 것은 정말 이상한 일이다. 하지만 줄리안은 우주적 그리스도를 버리지 않았다.

　켈트 전통에는 '나는 ~이다'를 노래하는 시들이 수없이 많고, 영국에 사는 줄리안은 그 전통을 알았을 가능성이 매우 높다. 켈트족 음유시인 존 오도노휴John O'Donohue는 매우 오래된 다음 시가 '아일랜드에서 쓰인 최초의 시'라고 했다.

　나는 바다 위에 부는 바람,
　나는 대양의 파도,
　나는 큰 파도의 속삭임,
　나는 일곱 전투의 황소,
　나는 바위 위에 앉은 독수리,
　나는 태양의 빛,

나는 용맹한 멧돼지,

나는 강의 연어,

나는 평야의 호수,

나는 지식의 세계,

나는 싸움의 창끝,

나는 머릿속 불을 창조한 신이다.[5]

'나는 ~이다'로 시를 만들어내는 것은 우리 안의 그리스도와 자연 안의 그리스도를 일상 경험과 통합하는 데 효과적인 수행이다.

줄리안도 '나는 ~이다'로 말하는 시를 짓는다. 아래는 그런 시들 중 하나이다.

주 예수님은 자주 말씀하셨습니다.

이것이 나다,

이것이 나다.

나는 네가 사랑하는 것이다.

나는 네가 기뻐하는 것이다.

나는 네가 섬기는 것이다.

나는 네가 갈망하는 것이다.

나는 네가 바라는 것이다.

나는 네가 의도하는 것이다.

나는 존재하는 모든 것이다.[102]

이것은 삼라만상 안에 있는 신의 현존에 대한 심오한 진술이다. 이 시는 인간 의식의 모든 층에 있는 신의 현존을 말한다. 우리 마음을 사랑, 기쁨, 섬김, 갈망, 바람, 의도 등 다양한 이름으로 부르고, 그 모두 안에 그리스도가 있다. 그리고 마지막으로 우주적 그리스도에 대한 궁극적 진술을 한다. '나는 존재하는 모든 것이다.' 우주적 그리스도는 만물 안에 있는 그리스도이며, 삼라만상 안에 있는 신의 빛이다.

줄리안은 또 하나의 '나는 ~이다' 시에서 하느님의 이름을 부른다.

하느님이 말씀하셨습니다.
나는 부성의 능력과 선이다.
나는 모성의 지혜다.
나는 온통 사랑인 빛과 은총이다.
나는 삼위일체다.
나는 일치다.
나는 만물의 최고선이다.
나는 너로 하여금 사랑하게 만드는 것이다.
나는 너로 하여금 갈망하고 바라게 만드는 것이다.
나는 모든 바람을 끝없이 실현하는 것이다.[103]

줄리안은 '나는 ~이다'를 '내가 ~한다'로 바꾸기도 한다. 왜냐하면 결국 우리는 존재로부터 행동하기 때문이다. 줄리안에게 존재와 행위는 함께 이루어진다. 이는 에크하르트가 우리에게 무엇을 해야 하는지 염려하기보다 자기가 어떤 사람인지를 염려하라고 조언하는 것과 같다. 왜냐하면 우리의 존재가 선하면 우리가 하는 일도 선할 것이고, 우리의 존재가 올바르면 우리가 하는 일도 올바를 것이기 때문이다.[6] 줄리안은 이렇게 말한다. "보아라! 나는 하느님이다. 보아라! 나는 만물 안에 있다. 보아라! 나는 나의 일에서 결코 손을 떼지 않으며 앞으로도 영원히 손을 떼지 않을 것이다. 보아라! 나는 태초부터 만물을 창조했을 때와 똑같은 힘과 지혜와 사랑으로 만물을 내가 정한 목적으로 이끈다. 어떻게 무엇이라도 잘못될 수 있겠느냐?"[104]

줄리안은 만물에 목적이 있다고 말하고 있고, 그 목적은 활동 안에서 결실을 맺는다. 그리고 분명히 그것은 인간성 자체와 모든 인간의 활동을 포함한다. 마음과 행위가 합해지며, 줄리안은 우리가 하는 일을 경외하라고 촉구한다. "신성한 경외와 온유한 사랑을 마음과 행위에 지녀야 합니다."[105] 신성한 경외는 우리의 행위를 통해 세상으로 나아간다.

줄리안은 십자가 처형을 우주적 맥락으로 묘사하여 우주적 그리스도를 매우 참되게 파악한다. "하느님이 창조하신 고통을 느낄 수 있는 모든 피조물이 주님과 함께 고통받았습니다." 우주도 영향을 받는다. "그리스도께서 운명하실 때 하늘과 땅도 망가졌습니다. 그분도 자연의 일부이기 때문"이다.[106] 그리스도가 운명할 때 자연이 고통당했던 까닭은 그리스도가 자연과 맺은 관계 때문임을 주목하라. 줄리안은 감상적이거나 개인화된 그리스도의 죽음이라는 개념에 굴복하지 않고, 그리스도의 죽음을 모든 피조물이 참여하는 비극으로 인식한다. 그런 면에서 줄리안은 복음서들과 잘어울린다. 복음서에는 전 자연이 그리스도의 죽음에 반응한 이야기가 많이 나오기 때문이다. 그 이야기에는 일식과 지진, 죽은 자들이 무덤에서 나온 것, 성전의 휘장이 둘로 찢어진 것(우리는 이제그 휘장 하나가 우주를 묘사했다는 것을 안다)이 나오고, 이런 묵시록적 형상들은 모든 피조물에 영향을 주는 대재난을 가리킨다. 그것은 우주적 사건, 우주적 그리스도 사건이다.[7] 유대 전통은 온 우주가 정의와 의로움이라는 두 기둥 위에 서 있고, 불의가 일어나면그 기둥들이 무너지고 온 땅이 곤경에 빠진다고 말한다. 그것은 십자가형이 의미하는 묵시록적 형상이다.

줄리안은 그 형상을 이해하고 십자가형을 과도히 개인적으로 해석하는 것을 피한다. 가령 우리가 우리의 죄 때문에 그리스도를죽게 했다는 개념 같은 것이다(하지만 우리는 2,000년 전 로마제국의일원이 아니었다). 그렇지만 우리는 오늘날의 제국들이 열대우림과바다를 파괴하고, 수많은 생물종들을 멸종시키고, 그럼으로써 다시 거듭해서 그리스도를 십자가에 매다는 데 일조하고 있다. 우리가 '다른 그리스도들'인 타자들을 죽이는 데 가담할 때, 우리는 그리스도를 죽이는 데 가담하는 것이다. 그 타자들은 다른 사람들이나 다음 세대들일 수 있고, 혹은 여러 종의 동물들, 새, 벌, 물고기들일 수 있다. 지구온난화가 일어나고 있는데 팔짱만 끼고 있는 것은 곧 그리스도를 죽이는 일이다. 생태계 파괴는 일종의 그리스도

죽이기이다. 이것이 바로 줄리안이 인식하는 것처럼 '그리스도도 자연의 일부'임을 인식한다는 의미이다.

우리 인간들에게 여러 세기 동안, 특히 산업혁명부터 오늘날까지, 동기를 주었던 자연 파괴가 절정에 이른 시대에, 우리가 맑은 마음과 생각으로 땅과 자연이 거룩하다고 여기는 줄리안의 생각을 듣는 것은 우리의 생존이 걸린 문제이다. 아울러 셀 수 없이 많은 다른 생물들의 생존이 걸린 문제이다. 토머스 베리는 이렇게 경고했다. "우리는 사랑하지 않는 것을 구하지 않을 것이지만, 우리가 거룩함을 경험하지 않는 것을 사랑하지도 않고 구하지도 않을 것이라는 것도 사실이다."[8]

4장

여성적 신과 하느님의 모성

하느님은 우리의 어머니이심을
매우 기뻐하십니다.

줄리안

노리치의 줄리안은 20세기 말까지의 다른 어떤 신학자보다 더 명백히 여성적 신을 되살리는 데 전념했다. 그녀는 하느님의 모성과 그리스도의 모성에 대한 이해를 발달시키고 자주 말함으로써 여성적 신을 부각시켰다. 또 삼위일체의 모성에 대해 말하고, 예수의 어머니 마리아를 하느님의 모성의 본보기로 들었다.

여성적 신을 언급함으로써, 줄리안은 팬데믹 시대와 그 이후에 우리가 생존하고 번성하기 위해서는 균형 잡힌 젠더 인식이 필요하다는 것을 알려준다.

시인이자 에세이스트인 에이드리언 리치Adrienne Rich는 그녀의 획기적 연구를 담은 책 『더 이상 어머니는 없다』에서 모성과 그 빛과 그림자에 대해 많은 것을 말한다. 나는 노리치의 줄리안이 하느님의 모성을 어떻게 이해했는지 글로 쓰면서 리치의 관점을 다시 살펴보는 것이 매우 유익함을 알게 되었다. 리치는 그 책을 이렇게 시작한다.

지구상에서 모든 인간 생명은 여성에게서 태어났다. 모든 여성과 남성이 공유하는 통일되고 논쟁의 여지없는 한 가지 경험은 우리가 여성의 몸 안에서 구부린 채 보내는 몇 달간 일어나는 것이다…… 우리들 대부분은 여성을 통해 처음으로 사랑과 실망, 권력과 다정함을 알게 된다.

남성의 마음은 항상 생명 자체를 유지하고자 여성에게 의존한다는 생각의 압박에 시달렸다는 것을 암시하는 것들이 많다. 아들은 '여성에게서 태어났다'는 사실을 받아들

이거나 보상하거나 부정하려 끊임없이 노력한다. …… 모성
은 획득된다. 여성들은 우선 임신과 출산이라는 강렬한 육
체적, 정신적 통과의례를 거치며 모성을 얻고, 그다음에는
본능적으로 일어나지 않는 양육하기를 배움으로써 모성을
얻는다.

　대부분의 여성은 어린애를 돌보고 보살피는 사람이라는
의미에서 어머니가 되었다…… 우리가 최초의 감각, 최초
의 사회 경험을 연관시키는 것은 여성의 손, 눈, 몸, 목소리
이다.[1]

또한 리치는 모성을 '힘센 여신'과 동일시한다.[2]

여성적 신의 초기 옹호자

　줄리안은 중세 신비가들 중 여성적 신과 하느님의 모성에 대해
말한 유일한 사람이 아니다. 줄리안보다 65년 앞서 막데부르크
의 메히틸드는 "하느님은 아버지 이상이다"라고 선언했고, 하느님
의 모성에 몰두해서 이렇게 말했다. "하느님은 비단 아버지이시기
만 한 것이 아니다. 하느님은 사랑하는 아이를 바닥에서 들어 무
릎에 앉히는 어머니이시기도 하다."[3] 메히틸드는 줄리안처럼 명백
한 범재신론자이다. 메히틸드는 하느님이 받아들이고 감싸는 어머
니의 형상과 범재신론을 연관 지어 이렇게 말한다. "삼위일체는 그

안에서 아기가 편안히 어머니의 가슴 위에 머리를 기대는 망토와
같다."

또한 메히틸드보다 100년 전에 빙엔의 힐데가르트(1098~1181)
는 "신성은 …… 이해할 수 없고, 나누어질 수 없고, 시작도 없고
끝도 없는 바퀴, 원, 전체와 같다"[4]고 말한다. 그녀는 우리가 신과
맺는 관계가 둥글고 연민 어린 어떤 것이며, 우리는 "원 같은 신의
연민에 둘러싸여"[5] 있다고 말한다.

나는 충분한 근거를 가지고 그녀에 대한 최근의 책『빙엔의 힐
데가르트: 우리 시대의 성인(Hildegard of Bingen: A Saint for Our
Times)』에서 힐데가르트를 '여성적 신의 전령'이라 하고, 반 페미니
스트 교황 계보인 베네딕트 16세Benedict XVI가 그녀를 성인이자
교회 박사로 선언한 역설을 지적한다. 왜냐하면 힐데가르트의 평
생의 업적은 여성적 신에 대한 놀라운 인식이 일어났음을 알리기
때문이다. 실로 나는 힐데가르트가 어떤 면에서 가부장적 바티칸
교황청에 들어간 트로이의 목마이고, 그 목마 안에는 여성적 신의
온갖 암호가 숨어 있다고 생각한다.[6]

힐데가르트는 '하느님의 신비'가 우리를 '껴안고 둘러싸고 있다'
고 말한다. 그것은 원형의 형상에서 더 나아간 것이다. "하느님은
바퀴처럼 둥글다." 그녀는 "원이 그 안에 있는 모든 것을 포용하
는 것처럼, 신성도 모든 것을 포용한다"고 말하며 범재신론적 형상
을 제공한다. 창조의 원은 모든 것을 망라한다. "지금 여기에 하느
님의 힘의 형상이 있다. 그 창공은 모든 것을 망라하는 원이다. 이
바퀴가 어디에서 시작하고 어디에서 끝나는지 아무도 알 수 없다."

그녀는 어머니가 자궁에 태아를 품고 있는 것처럼 창조주가 피조물을 '지니고 다닌다'고 말한다. "하느님은 신의 섭리 안에 우리를 영원히 지니고 다니고, 우리를 잊지 않으신다."[7] 하느님의 사랑은 어머니의 사랑처럼 절대 잊지 않는 사랑이다.

힐데가르트는 성모 마리아를 우주적 인물로 인식하고, 실로 여성적 신의 본보기로 여기며, 마리아가 '모든 존재의 근거'라고 한다. 그리고 다시 말한다. "당신은 생명을 확립하셨습니다! 우리에게 생명을 요청하소서. 우리에게 빛나는 기쁨을 요청하소서. 우리에게 영원히 당신의 것인 달콤하고 맛있는 황홀경을 요청하소서." 힐데가르트에게 성모 마리아는 "모든 기쁨의 어머니, 모든 존재의 근거, 열정적이고 매우 활기 있고 푸릇푸릇한 새싹"이다.[8]

힐데가르트는 '지혜'의 중요한 형상을 발달시킨다. 지혜란 성서에 나오는 여성과 실로 온 세상에 있는 여성이다. 힐데가르트에게 성모 마리아는 존재하는 모든 것의 표식이다. 그녀는 강렬한 환시에서 젊은 여성을 만났다고 말한다.

한 목소리가 내게 말하는 것을 들었다. "네게 보이는 젊은 여성은 '사랑'이다. 그녀는 영원 속에 자기 텐트를 가지고 있다…… 그것은 하느님이 '있어라!'라고 말씀하신 태초에 이 피조물의 원천이었던 사랑이다. 그리고 그것은…… 그 젊은 여성은 맑고 번개처럼 밝은 안색으로 환히 빛나서 네가 똑바로 바라볼 수 없다…… 그녀는 오른손으로 해와 달을 붙잡고 다정하게 얼싸안는다…… 모든 피조물들은 그 동정녀를 '레이디'라고 부른다. 사랑이 첫째였으므로, 그녀로부터 모든 피조물들이 나아간다. '러브 레이디'가 모든 것을 만들었다…… 사랑은 영원하고, 모든 거룩함의 시작에서 어떤 악도 섞이지 않은 채 모든 피조물을 낳았다. 아담과 이브도 사랑에 의해 '땅'의 순수한 본성으로부터 만들어졌다."[9]

이 놀라운 환시는 창조주를 여성으로, '사랑'을 모든 피조물과 땅과 인간의 근원으로 강조한다.

힐데가르트 연구자인 바버라 뉴먼Barbara Newman에 따르면 힐데가르트는 모성을 '신의 현현顯現'으로 인식한다. "사물에 대한 신의 계획에서 여성의 일차적 중요성은 하느님을 낳음으로써 숨겨진 하느님을 드러내는 것이다. 그동안에 여성은 자기가 낳는 모든 아기 안에 하느님의 형상을 낳는다."[10] 마이스터 에크하르트도 출산이 반드시 필요하다는 생각을 전개한다. "하느님의 본질은 출산이다"[11]라며 우리 모두는 하느님의 어머니가 되어야 한다고 선언하고 주장한다. 그는 하느님은 여성인데 "하느님이 하루 종일 무엇을 하시는가?"라고 묻는다. "하느님은 분만대에 누워 출산하고 계시다." 게다가 인간이 출산할 때 우리는 다름 아닌 그리스도를 출산한다. "1,400년 전에 마리아가 하느님의 아들을 낳았다고 한들 내가 나의 인격과 시간과 문화 안에 하느님의 아들을 낳지 않는다면, 그것이 내게 무슨 유익함이 있겠는가?"[12] 힐데가르트가 인간이 일함으로써 '꽃피우는 과수원'이 되는 것을 말하는 것처럼, 마이스터 에크하르트도 우리의 창조성과 일을 하느님처럼 세상을 낳고 역사 속에 그리스도를 낳은 것으로 여기며 공경한다.

줄리안 시대의 모성에 대해

브렌던 돌리는 그의 책 『노리치의 줄리안과 함께 하는 명상』의 훌륭한 머리말에서, 줄리안의 시대에 창궐한 흑사병이 모성과 어머니됨에 깊은 영향을 주었을 가능성이 있다고 말한다. 바버라 터크먼Barbara Tuchman은 14세기에 대한 대표적 연구서 『멀리 있는 거울(A Distant Mirror)』에서 줄리안의 시대에 창조된 예술 작품들에서 '여성은 어머니의 모습으로 거의 등장하지 않는다'는 사실을 밝힌다. 동정녀 마리아조차 항상 아기 예수와 좀 떨어져 있는 모습으로 그려진다. 어머니와 아이의 가까운 관계를 나타내려고 하지 않았다.

터크먼은 그런 현상을 팬데믹 시대에 아이들의 생존율이 매우 낮았던 사실과 연관 지어 설명한다. 그때는 아이들 셋 중 하나만 살아남았다. 그래서 어머니들은 거의 분명히 아이들과 이별하게 되는 고통을 덜기 위해 아이와 너무 가까워지는 것을 두려워했다. 브렌던 돌리는 "줄리안도 '어머니'라는 말을 회복하려 하는가?"라는 의문을 제기한다. 줄리안은 매우 특별한 어머니가 보살펴주는 훌륭한 어린 시절을 보냈을 가능성이 많다. 돌리는, 그 시대의 문화와 대조적으로 줄리안이 끊임없이 기쁨을 인식하고 자연을 신뢰하는 것과 더불어, 어머니들이 아이를 멀리하는 시대에 줄리안이 진정한 어머니됨을 강조하는 것은 "줄리안의 시대의 문화에 대한 또 하나의 예언자적 대조를 이룬다"고 여긴다.[107]

줄리안은 어머니됨의 본질에 대해 자세히 쓰는 가운데, 어머니의 역할을 최소화하는 당시의 '시대정신'에 맞서고 있음이 분명하다. 그녀는 어머니됨의 원초적 관계를 보존하고 누구나 알 수 있도록 깊이 성찰했다.

여성적 신과 하느님의 모성에 대한 줄리안의 견해

앞에서 하느님의 모성에 대한 줄리안의 가르침을 일부 보았지만, 그녀에게는 훨씬 더 많은 것이 있다. 그녀의 말들을 살펴보자. "하느님은 진실로 우리의 아버지이신 것처럼 또 진실로 우리의 어머니이십니다."[108] 기쁨과 부모 역할은 신성 안에서 함께 일어난다. "하느님은 우리의 아버지이심을 매우 기뻐하시고, 하느님은 우리의 어머니이심을 매우 기뻐하십니다."[109]

줄리안에게 어머니는 어떤 특성을 가지고 있는가? 그중 하나는 '연민'이다. "연민은 다정한 은혜 안의 모성에 속하는 친절하고 온화한 특성입니다." 무엇에 대한 온화한 연민인가? "연민은 보호하고, 우리를 더 민감하게 하고, 생명을 주고, 치유합니다."[110] 연민의 뿌리에는 행동하는 사랑이 있다. "연민의 근원은 사랑이고, 연민의 행동은 우리를 사랑 안에 붙들어줍니다." 이때 연민은 구체적으로 행동하는 사랑이다. 연민은 곧 행동이다. "연민은 깊은 친절함이 깃든 사랑으로 상냥하고 관대하게 작용합니다. 연민은 우리를 보살피고 모든 것을 잘되게 하려고 작용하기 때문입니다."[111] 연민은 친절과 보살핌을 실행하는 것이다. 그것이 우리가 할 일이다.

상황이 좋지 않고 어둠이 내리고 곤란한 일이 생길 때 연민이 시험받는 경우가 많다. 영혼의 어둔 밤은 연민을 부르고 우리가 연민을 실행할 능력을 더 커지게 한다. 그래서 영혼의 어둔 밤은 연민을 배우는 기회가 된다. 실패가 일어나기 때문이다. 줄리안은 이렇게 말한다. "연민은 우리가 어느 정도 실패하도록 허용하고, 우리는 실패하는 만큼 타락하며, 타락하는 만큼 죽습니다. 우리는 우리의 생명이신 하느님을 보고 느끼지 못하면 반드시 죽습니다." 1장에서 본 것처럼 줄리안은 특히 팬데믹 동안 우리가 삶에서 겪는 많은 죽음에 대해 말한다. 우리는 이런 죽음들이 일어난 후에만 우리가 '첫째 부활'이라고 아는 깨우침을 겪는다.

"실패는 두렵고 타락은 창피하고 죽음은 슬픕니다. 하지만 그 모든 것 안에서 친절과 사랑의 상냥한 눈은 결코 우리를 외면하지 않고, 연민의 작용도 멈추지 않습니다."[112] 그러므로 연민은 실패와 타락, 두려움과 죽음이 일어나는 동안에도 우리에게서 눈을 떼지 않는다. 연민은 강하고, 연민으로 인해 우리는 강해진다.

히브리어와 아라비아어에서 '연민'은 '자궁'을 의미하는 말에서 유래한다. 자궁 안에서 어머니와 태아는 특별한 유대 관계를 이루며, 그것은 심오한 상호의존 관계이다. 그러므로 모성과 연민은 연관되어 있을 때가 많다. 실로 연민의 기반은 '상호의존성'이다. 이것이 우리가 포스트모던 세계에서 연민이 폭발적으로 증가할 것이라고 기대하는 이유이다. 현재 우리는 세계가 작동하는 방식이 냉혹한 독립성보다는 상호의존성이라고 이해하고 있기 때문이다(그리고 그것이 줄리안을 비롯한 고대의 신비가들이 이해한 방식이다). 연민이 비이원론을 행하고 그것을 수행하기를 의미하는 말이 될 수 있지 않을까?

연민 중에서 힘의 차원을 '정의'라고 할 수 있다. 에크하르트의 말처럼 연민이 정의를 의미한다는 것을 깨달을 때, 그것은 연민에 대한 성서적 의미이다. 토마스 아퀴나스는 정의와 연민의 연관성에 주목해서 이렇게 말했다. "하느님은 정의이시다. 하느님은 연민이시다…… 우리는 하느님이 하시는 모든 일 속에서 연민과 정의를 본다…… 정의 없는 연민은 허약함을 낳는다. 그러므로 잠언 3장 3절 '연민과 진리가 네게서 떠나지 말게 하라'는 말씀에 따라 연민과 정의가 함께 있어야 한다."[13] 정의란, 연민이 감상주의에 흡수되거나 필요한 균형감 없이 감정이 마구 퍼지지 않게 막아주고, 깊은 치유에 필수적인 연민의 한 측면이다. 역사학자 앤 더글러스Ann Douglas는 훌륭한 저서 『미국 문화의 여성화(The Feminization of American Culture)』에서 감상주의를 '역겨운' 정치의식이며 자기 자신과 개인감정에만 파묻힌 채 정의 실현에 대한 의식은 전혀 없는 세계관으로 정의한다. 더글러스는 19세기부터 시작해서 분명히 오늘날까지 계속해서 감상주의가 근대 매체에 깊이 숨어 있음을 보여준다.[14]

줄리안은 에크하르트와 아퀴나스가 보았듯이 정의와 연민이 연관된다는 것을 아는가? 그렇다. "하느님은 지금과 영원히 하느님의 정의와 연민을 통해 알려지고 사랑받기를 원하십니다." "정의는 매우 선해서 그것보다 더 선할 수 없습니다." 이전의 에크하르트와 아퀴나스처럼 줄리안은 "하느님은 정의이십니다"라고 직설적으로 말한다. "하느님은 선을 통해 해방될 모든 사람들 안에 정의를 창조하십니다."[113]

줄리안에게 어머니됨의 또 다른 특성은 '보살핌'이다. "어머니의 보살핌은 가장 가깝고 가장 자발적이고 가장 확실합니다." 그리고 그렇게 자발적이고 확실한 보살핌은 고유의 방식으로 신성에 속한다. "그 일은 하느님 말고는 아무도 할 능력이 없고, 온전히 하는 법을 알지도 못하고 할 수도 없습니다."[114] 하느님은 궁극적 어머니이다. 어머니는 보살피고, 자녀가 아프거나 무서워하거나 돌봄이 필요할 때는 종종 하루 종일 보살피고 밤에도 보살핀다. 하느님 어머니도 그렇게 한다.

하느님이 우리를 보살필 때 우리의 역할은 자녀의 신뢰로 보살핌을 받고 응답하는 것이다. "자녀가 어머니의 사랑을 포기하지 않는 것은 당연합니다. 자녀가 무례하지 않는 것은 당연합니다. 아이가 어머니를 사랑하고 형제자매를 사랑하는 것은 당연합니다."[115] 줄리안은 우리의 어린애 같은 면이 고귀한 상태라고 본다. "자애로운 어머니 하느님께서 아버지 하느님이 기쁘시도록 우리를 인도하실 때까지는 이 삶에서 능력과 재주도 없는 어린 시절보다 더 고귀한 상태는 없다고 나는 이해합니다."[116] 줄리안은 어린 아이와 같이 되지 않으면 하느님의 나라를 받을 수 없다는 예수의 가르침을 글자 그대로 받아들이는 것 같다. 그녀는 우리에게 내면의 아이를 대접하고, 돌봄과 존중과 어린아이 같은 자발성으로 내면의 아이를 대하라고 권한다.

줄리안이 보기에는 우리를 '근원'으로 데려가는 확장하고 가득 채우는 어머니 하느님의 행위가 있다. "자비와 은혜의 모성은 우리를 근원으로 다시 데려다주고, 거기서 우리는 사랑의 모성에 의해 창조됩니다. 이 어머니 사랑은 결코 우리를 떠나지 않습니다."[117] 사랑의 모성이 우리를 창조했다. 여기서 앞서 보았던, '러브 레이디'가 만물을 만들었다는 힐데가르트의 환시를 떠올리게 된다.

예수와 그리스도의 신적 모성

줄리안은 여성적 신과 신적 모성이 창조주 하느님 안에 있을 뿐만 아니라 예수와 그리스도 안에도 있음을 칭송한다. 그녀는 예수의 모성과 예수의 어머니다운 품성에 대해 자주 말한다. 그렇게 함으로써 그리스도에 대한 이해를 비롯한 우리의 모든 사고방식에 여성적 신을 통합시키는 것이 중요하다고 강조한다. 가령 예수는 "우리의 어머니, 형제, 구원자입니다"[118]라고 힘주어 말한다. 그녀는 믿음의 빛 안에서 "우리의 어머니이신 그리스도와 선하신 주님과 성령은 이 덧없는 삶에서 우리를 인도하십니다"라고 가르친다.[119]

"예수님은 그분 안에 영원히 우리를 지니시고 우리가 그분 밖으로 결코 나오지 않을 우리의 참된 어머니이십니다."[120] 여기서 내가 '그리스도론적 범재신론'이라고 부르게 된 것에 이른다. 모든 범재신론처럼 그것은 둥글고 포용하는 것이며, 우리가 깊은 평온 속에서 상호 연결되어 있는 장소인 '신의 자궁' 안에 머문다고 말한다. 이렇게 그리스도론적 범재신론을 우리가 그리스도 안에 있는 것으로 다르게 언급하는 것을 숙고해보라. 여기서 '그리스도 안에'는 성서학자 존 도미닉 크로산John Dominic Crossan이 셀 수 없을 만큼 많다고 할 정도로 성 바울로가 사도행전에서 매우 자주 사용한 용어이고, 따라서 분명히 초기 그리스도교 자료에서 발견되는 매우 오래된 용어이다.[15] "삼위일체의 고귀한 선은 그리스도이시며, 우리는 그분 안에 있고, 그분은 우리 안에 계십니다."[121]

여기에는 심리학자 오토 랭크Otto Rank가 이름 붙인 '원상처(original wound)'를 깊이 언급하는 메시지가 있다. 그는 모든 사람들이 어머니로부터 분리될 때 입은 원상처를 지니고 있으며, 그것으로 인해 평생 괴로워한다고 주장한다. 우리가 삶을 살아가면서 많은 분리들을 겪을 때 그 정신적 외상이 자극받는다. 줄리안의 가르침에서 그 깊은 상처를 치유할 수 있는 명백한 진술을 볼 수 있다. 이는 랭크가 '신비적 일치(unio mystica)'만이 우리 모두에게 필요한 깊은 치유를 제공한다고 말했을 때 예견한 것과 같다. 그는 그런 하나됨은 사랑과 예술을 통해 이루어진다고 믿는다.

줄리안은 자신의 말을 반복해서 이렇게 말한다. "우리의 구주는 진정한 어머니이십니다. 우리는 그분 안에서 영원히 태어나고, 그분에게서 결코 분리되지 않습니다…… 우리는 그분 안에 둘러싸이고, 그분은 우리 안에 둘러싸여 계십니다." 실로 범재신론이다!

줄리안은 그리스도가 우리 안에 거할 때 무슨 일이 일어나는지 말한다. "주님은 무한한 지복 안에서 우리 안에 거하시며, 우리를 더 깊이 끌어당기십니다. 주님은 우리가 이 내면의 일에서 그분의 조력자가 되기를 원하십니다." 그리고 우리는 그에게 '모든 주의를' 기울인다.[122] 그러므로 우리는 그리스도의 협력자이고, 성령이 그 일을 함께 한다. 줄리안은 환시에서 이렇게 보았다. "삼위 중 둘째 위격은 정말 우리의 어머니이십니다. 그 복된 분은 여기 이 세상의 부모로서 우리와 함께 일합니다…… 둘째 위격은 인간의 살을 취하시고 자비로운 어머니가 되셨습니다." 그리스도는 자비로운 어머니이다. 하지만 그렇게 어머니됨의 결과는 무엇인가? "우리의 어머니는 우리의 모든 부분을 유지해주고, 다양한 방식으로 우리를 위해 애쓰십니다. 우리는 어머니이신 그리스도 안에서 유익을 얻고 성장합니다. 어머니 그리스도는 자비를 통해 우리를 회복시키고 구원하십니다. 또 그분은 자신의 수난과 죽음과 부활을 통해 우리를 그분의 본질과 하나가 되게 하십니다."[123]

줄리안은 여성적 신을 삼위일체의 전통과 그리스도 안에 가져오려 노력한다. 그리고 오늘날 많은 그리스도교 페미니스트들처럼 주저 없이 그리스도를 '그녀'라고 부른다. 예수와 그리스도와 하느님을 '어머니'라고 말하는 그런 이야기에서 줄리안의 여성성과 잠재적 모성이 적극적 역할을 하는 것이 보인다. 줄리안은 "자비로운 어머니"인 그리스도가 "우리를 화해시키고 변형시켜 완전한 인간이 되게 하십니다"라고 말한다.[124]

줄리안은 모든 모성의 원천이 예수 그리스도라고 한다. "예수 그리스도는 우리의 참된 어머니이십니다. 그분은 모든 모성의 원천이시고, 우리는 그분으로부터 존재를 소유하고, 끝없이 모성을 따라 일어나는 상냥한 사랑의 보호를 받습니다."[125] 줄리안은 '직해주의(literalism)'의 함정에 빠지지 않고, 끊임없이 예수와 그리스도를 숙고하는 다양한 방식을 상상한다. "우리의 어머니요, 형제요, 우리의 구원자입니다…… 예수님은 본성에서 우리의 참된 어머니이십니다. 그리고 그분은 창조된 인간의 본성을 취하심으로써 은혜 안에서 우리 어머니이십니다. 모성의 사랑하는 행위와 상냥한 본성으로 하는 일은 삼위일체 중 둘째 위격에 속합니다."[126]

줄리안은 '하느님의 모성을 바라보는 세 길'을 인식한다. "첫째는 하느님 어머니께서 우리의 인간 본성을 창조하신 것입니다. 둘째는 그분이 스스로 인간 본성을 취하신 것입니다. 여기에서 은혜의 모성이 시작됩니다. 그리고 셋째는 행동하시는 모성입니다." 분명히 줄리안은 이 가르침에서 여성적 신을 삼위일체의 중심에 놓는다. 줄리안에게 여성적 신은 신성을 보완하는 것이 아니라 완전한 신성 안으로부터 깊이 거하고 행동한다. 본성, 은혜, 행동은 "모두 하나의 사랑"이므로 함께 일어난다고 말한다.[127]

줄리안은 하느님이 인간의 형상과 역사 속으로 '도약'한 것이라고 말하는 '성육신(incarnation)'이 깊은 모성적 행위이고, 어머니의 자비를 나타내는 행위라고 여긴다. "하느님은 모든 면에서 우리의 어머니가 되기로 선택하셨고, 동정녀의 자궁 안에서 비천하고 온건하게 그분의 일을 시작하셨습니다. 우주의 영광스러운 지혜인 초월적 하느님께서 자신을 비워 비천한 세상에 오셨고, 인간의 하찮은 몸을 입으시고 자신을 완전히 열어놓으셨습니다. 그렇게 인간의 모습으로 무조건적 섬김과 모성의 본분을 다하셨습니다."

그러면 '모성의 본분'이란 무엇인가? 줄리안은 진정한 어머니됨의 세 측면에 대해 말한다. "우리의 본성에 가장 가까우므로 어머니의 보살핌은 가장 직접적입니다. 무조건적으로 사랑하므로 어머니의 보살핌은 가장 자발적입니다. 그리고 존재하는 가장 참된 것이므로 어머니의 보살핌은 가장 확실합니다. 하느님만이 그런 본분을 다할 수 있습니다."[128] 어머니가 하는 일은 신이 하는 일이고, 어머니와 자녀 사이에는 협력이 일어난다. 그것은 즉각적이고, 무조건적으로 사랑하고, 가장 자발적인 협력이다. 줄리안에게 그 관계는 감상적인 것이 아니라 보살핌, 일, 본분을 다하는 것이다. "인간 어머니가 온갖 아름답고 선한 것으로 자녀를 양육할 때, 그 어머니를 통해 행위하는 것은 하느님 어머니입니다."[129] 여기서 공동창조가 일어난다.

참된 어머니는 깊은 온화함으로 자녀를 보호한다. "그것이 모성의 본성입니다." 어머니는 자녀가 자라남에 따라 양육법과 관계를 조정한다. "하지만 어머니의 사랑은 결코 변하지 않습니다." 그리고 자녀가 더 성숙하면 어머니는 "자녀의 덕성과 은혜를 발달시키고" 자녀의 잘못을 꾸짖는다.[130] "우리의 생명의 바탕은 참된 어머니이신 그리스도 안에 있으며, 끝없이 선견지명과 지혜의 인도를 받고 있습니다."[131]

여성적 신과 지구의 생존

우리는 그리스도가 하느님의 지혜라고 이해하므로 이렇게 물을 수 있다. 그리스도가 어머니라고 이해하는 것은 그리스도가 지혜라는 개념과 연관되는가? 어머니와 지혜 모두 여성성이다. 어머니 신, 지혜의 어머니라고 할 수 있다.

줄리안의 여성적 신에 대한 이해는 그녀가 신의 본성을 파악하는 데 두루 영향을 준다. 그녀는 우리에게 여성적 신이라는 사고방식을 기르라고 권한다. 앞에서 말한 다른 신비가들처럼 그녀는 어머니 원형이 우리를 포용하는 것을 찬양한다. "삼위일체의 깊은 지혜는 우리 어머니이십니다. 우리는 그 안에 둘러싸여 있습니다."[132] 여기서 줄리안은 지혜, 삼위일체, 어머니, 둘러싸임을 언급한다. 두 개의 짧은 문장에서 여성적 신의 네 차원의 이름을 말한다. 이러한 삼위일체에 대한 이해를 기반으로 줄리안은 이렇게 가르친다. "우리가 존재하게 될 때, 전능하신 하느님은 우리의 본성의 아버지이시고, 모든 전지하신 하느님은 우리의 본성의 어머니이시고, 성령께서 한없는 사랑과 선으로 지지해주십니다. 그것은 모두 한 분 하느님이십니다." 사랑과 선은 성령에 속하고, 어머니를 지지한다.[133]

줄리안은 '하느님의 모성을 바라보는 세 길'을 보았고 "첫째는 어머니 하느님이 인간의 본성을 창조하신 것입니다"라고 말할 때, 분명히 삼위일체가 여성적이라고 한다. 여기서 줄리안은 '모성'과 '여성적 신'이라는 말을 창조주 즉 삼위일체의 첫째 위격에 적용한다. "둘째는 어머니 하느님이 우리 인간의 본성을 취하신 것입니다. 여기에서 은혜로운 모성이 시작됩니다." 그러므로 줄리안은 하느님의 모성적 차원을 그리스도에게 적용하고 있다. "그리고 셋째는 행동하시는 모성입니다. 여기에서 어머니 하느님은 존재하는 모든 것을 통해 자신을 펴뜨립니다. 만물에 은혜가 충만하게 하고, 길이와 넓이와 높이와 깊이에 있어서 끝없이 확장됩니다. 그것은 모두 하나의 사랑입니다."[134] 이것은 분명히 성령과 활동하는 신의 사랑을 가리키는 우주적 환시이다. 여성적 신은 모든 역사와 모든 일에 충만하다.

줄리안은 여러 경우에 여성적 신과 모성과 모성적 행위가 삼위일체의 세 위격에 모두 해당한다고 말함으로써, 다양한 방식으로 그리스도교 신학을 다시 쓴다. 줄리안은 칼 융Carl Jung이 삼위일체의 '넷째 측면'이라고 말한 것을 포함해서, 그동안 상실되었던 여성적인 것을 역설한다. 따라서 그녀는 신성을 바라보는 방식으로 '사위일체(Quarternity)'를 소개한다. 빙엔의 힐데가르트도 인간과의 관계에서 신의 사위일체의 환시를 보았고, 그것을 그림으로 그렸다.[16]

또한 줄리안은 예수와 그리스도를 어머니로서, 어머니됨의 원형 안에 있다고 이해할 수 있다고 자주 주장하고 반복함으로써 여러 면에서 그리스도론을 다시 쓴다. 예수는 '놀라운 사랑'으로 죽음에 이르기까지 희생하고 고통받음으로써 어머니의 사랑의 확고함과 관대함을 나타내는 심오한 모범을 보여준다. "예수님은 숨질 때조차 우리를 위해 일하기를 멈추지 않으셨습니다. 그러므로 지금 예수님은 틀림없이 우리를 양육하시며, 바로 그것이 어머니가 하는 일입니다." 예수는 어머니처럼 계속 우리를 기른다.[135] 줄리안의 성찬식에 대한 신학은 어머니 그리스도의 모성에 바탕을 두고 있다.

줄리안은 어머니가 아기에게 젖을 주는 것을 예수가 성체성사 즉 최후의 만찬을 기념하여 그리스도인들과 함께 나누는 복된 성찬식에 비유한다. 그것은 '진정한 생명의 귀중한 음식'인 빵과 포도주를 나누어 먹는 것이다. 그럼으로써 "어머니 그리스도는 전체 생명과 깊이 연관되고, 거기에는 모든 성찬식, 육신이 된 말씀의 모든 덕, 성령께서 우리를 위해 정해 놓으시는 모든 선이 포함됩니다"[136]라고 말한다.

줄리안에게 '어머니'라는 말은 하느님을 가리키는 특별한 이름이 된다. "이 아름다운 말씀인 '어머니'는 본질적으로 상냥하고 친절해서 하느님 아닌 다른 누구에게도 해당하지 않습니다. 우리의 참 어머니이시고, 모든 생명의 근원이신 하느님만을 '어머니'라는 이름으로 부를 수 있습니다. 본성, 사랑, 지혜, 지식은 모두 어머니의 속성이며, 그 어머니는 곧 하느님이십니다."[137] 어머니인 것은 생명의 근원인 것이고, 신성은 모든 생명의 근원이므로 신성은 탁월하게 어머니이다.

역사학자 프레드릭 터너Frederick Turner는 아메리카 원주민의 세계관을 '원주민 어머니의 사랑'이라고 했다. 분명히 나의 경험도 그러한데, 그것은 아메리카 원주민의 종교가 품고 있는 '어머니 지구'와 '할아버지, 할머니 하늘'에 대한 깊은 감사를 지니고 있다. 그렇다면 줄리안은 '파차마마Pachamama'(안데스 원주민이 섬기는 영적 존재로 '어머니 대지'라는 의미이며 여성적 성질을 가지고 있어 성모 마리아와 동일시되기도 한다-옮긴이)로 인격화된 토착민의 지혜와 잘 어울린다. 다시 한 번, 토착민들이나 중세 신비가들이 지니고 있던 전근대적 지혜는 같은 의견을 나타내고 똑같이 경고한다. 여성적 신이 무시당하고 추방당하면 인류가 곤란에 빠진다. 그리고 어머니 지구도 고통받는다. 지혜가 쫓겨나고 그 반대인 '어리석음'이 그 자리를 차지한다. 우리는 지금 역사에서 그런 위치에 있는 것 같다. 여성적 신과 거룩한 남성성 간의 균형이 무너졌다. 기후변화와 코로나 바이러스 위기가 뒤따른다. 그럼에도 불구하고 고위직에 있는 많은 사람들이 팬데믹 상황에서 마스크를 쓰는 것과 기후변화에 단호하게 행동하는 것이 중요하다는 점을 부정한다.

유엔에서 성인들에게 깨어나서 지구를 집어삼키듯이 휩쓸고 있는 생물 멸종에 대해 실질적인 조치를 취해야 한다고 요청한 것이 그레타 툰베리Greta Thunberg라는 십대 소녀인 것이 단순한 우연일까? 줄리안은 그 사실을 알아도 놀라지 않았을 것이다.

그러므로 줄리안의 지혜와 우리 모두의 내면에 있는 어머니의 지혜를 경청해야 한다. 일방적인 가부장제는 제국 건설과 지구 파괴를 완성하며 너무 오래 지배해왔다. 여성적 신은 우리를 온전함으로 부르고 있다. 줄리안은 우리에게 교육, 정치, 경제 구조와 함께 종교에서도 건강한 균형을 회복하라고 한다. 지금은 모든 것이 균형을 잃었고, 그래서 부당하고 지속 가능하지 못하다. 여성적 신을 회복하는 것은 선택 사항이 아니다. 어머니 지구, 영성, 남성, 어린이들이 걷잡을 수 없이 휘둘리고 있는 엉망진창인 세계의 균형을 회복하는 것이 반드시 필요하다.

줄리안은 여성적 신을 다시 불러들이는 것이 우리가 지금까지 이해한 신성을 의미하는 게 아님을 분명히 한다. 징벌하는 아버지와 재판관으로 군림하는 수많은 가부장적 하느님의 이미지와는 반대로 줄리안은 이렇게 보았다. "잠깐이든 오래든 하느님 안에는 원한 같은 것이 없습니다…… 하느님 안에는 끝없는 우정, 공간, 생명과 존재가 있습니다."[138] 원한은 우리 안에 있다. 우리의 원한을 신성에 투사하는 것을 멈추어야만 한다. "우리에게서만 분노와 원한을 보았습니다. 하느님은 우리 안의 분노와 원한을 용서해주십니다."[139] 원한은 어디에서 오는가? "우리 인간들이 힘을 잃고, 지혜를 잃고, 선을 잃는 것"[140]에서 비롯된다. 우리가 선, 힘, 지혜에서 멀어질 때 자신 및 타인에게 일으키는 문제를 생각해보라. 우리는 영향력을 빼앗기는 행동을 저지르고 왜곡된 신성을 찬양한다. 그리고 그것과 더불어 왜곡된 남성성과 인간성과 자신의 개성을 찬양한다. 그래서 지혜가 어리석음으로 뒤바뀐다. 지구가 고통받는다. 모두가 고통받는다.

5장

비이원론을 맛본다

하느님과 우리 영혼 사이에는……
'사이'가 없습니다.

줄리안

'쉐마Shema' 기도는 유대교의 바탕이다. 신명기 6장 4절에 나오는 쉐마 기도는 '하느님은 한 분이시다' 혹은 '일치는 하느님이다' 혹은 만물은 유일자이고, 하느님은 유일자이고, 만물은 그 일치에 함께 참여한다고 가르친다. 이스라엘의 자손인 아인슈타인은 이렇게 말한다. "나의 인식에서 이런 피조물의 일치는 하느님이다. 이런 하느님 개념은 모든 국가들을 통합할 것이다."[1] 유대교에서는 이러한 일치에 대한 인식이 기본적인 기도이고, 우리를 우리가 들어갈 수 있는 깊은 일치로 이끈다. 그리고 우리는 거기서 하느님을 맛보게 된다.

하나됨의 경험

줄리안은 영어에서 'oneing(하나됨)'이라는 말을 만들었다. 그녀가 살았던 때로부터 700년이 지난 오늘날에도 많은 영어 사용자들에게 그 말은 보기 드물다. 바로 지금이 그 말을 다시 사용하고 생생하게 되살릴 시간일 것이다! 다른 신비가들은 그들 나름대로 '하나됨'의 경험에 해당하는 말을 내놓았다. 황홀경, 취함(토마스 아퀴나스), 돌파(마이스터 에크하르트), 실재와의 합일(언더힐), 진리의 심연 속으로의 통찰 상태, 조명, 의미와 중요성이 충만한 계시(윌리엄 제임스William James), 신비적 일치(랭크), 절정 경험(매슬로Maslow), 몰입 경험(칙센트미하이Csikszentmihaly), 사토리(불교) 등이 하나됨의 경험을 가리킨다. 나도 감각적, 예언적 영성으로 안내하는 초기의 책 『우와! 집으로 가는 모든 길(Whee! We, Wee All the Way Home)』에서 황홀경, 소위 '우와!'라는 말로 하나됨의 경험을 표현했다.

그런 말들이 아무리 다양해도 어떤 말이 정확한지는 중요하지 않다. 결국 하나됨의 경험은 말을 넘어서기 때문이다. 신비가들은 우리에게 내면으로 깊이 내려가 그 속에서 실재 및 신과의 충만한 합일을 맛봄으로써 하나됨의 경험을 따르라고 권한다. 그것이 모든 신비가들이 겪는 여정이다. 그리고 우리는 모두 신비가들이다.

줄리안은 그런 신비적 경험을 가리켜 '하나됨'이라 한다. "우리는 창조될 때 하느님과 결합되고, 하느님과 하나가 되었습니다. 그럼으로써 우리는 창조되었을 때처럼 빛나고 고귀하게 유지됩니다. 이러한 귀중한 하나됨의 능력에 의해 우리는 창조주 하느님을 사랑하고, 찾고, 찬미하고, 감사하고, 끝없이 즐깁니다."[141] 분명히 줄리안은 여기서 하나됨의 경험을 긍정의 길의 많은 경험들과 같은 것으로 여긴다.

그녀는 우리가 창조될 때 하나됨의 경험에 대해 자세히 말한다. 그것은 언제 시작되었는가? 우리의 영혼은 "태초부터 알려지고 사랑받았으며, 창조될 때 창조주와 하나되었습니다."[142] 이 가르침은 마이스터 에크하르트의 가르침과 매우 유사하다. 그는 우리가 본래 신성 안에서 하나이며, 신성에서 만물은 하나이고 분리가 없다고 한다. 하지만 우리가 어머니의 자궁에서 나와 세상으로 들어가면 더 이상 신성과 화합하지 못한다. 신성과 일치된 세계로부터 피조물, 역사, 신이 있는 곤란한 세계로 옮겨간다. 하지만 우리는 죽으면 신성으로 돌아가고, 완전한 합일로 돌아가서 "아무도 우리를 그리워하지 않았을 것"이고, 아무도 우리에게 "어디에 갔었어?"라고 묻지 않을 것이다.[2]

우리는 하나됨을 어떻게 경험하는가? 한 가지 길은 돌파, 황홀경, 정기적으로 일어날 수 있는 하나됨이다. 사실 에크하르트는 하나됨이 매일 여러 번 일어난다고 주장한다. 깨어 있는 사람에게 돌파는 일 년에 한 번이나 한 달에 한 번, 심지어 하루에 한 번도 아니고 '언제나' 일어난다.[3] 게다가 에크하르트는 "돌파할 때 나는 하느님과 내가 하나임을 배운다"고 가르친다.[4] 분명히 에크하르트와 줄리안은 뜻이 통하고, 하느님과 우리의 '하나됨'을 찬미한다.

줄리안은 "기도는 우리 영혼을 하느님과 하나되게 합니다"[143]라고 말한다. 그녀가 말하는 기도에는 묵상과 관상, 침묵 기도, 시편을 찬송하거나 읽는 기도, 만트라를 만들고 읊는 기도가 포함된다. 또 '거룩한 독서(lectio divina)'도 포함된다. 거룩한 독서란 성경을 읽어 단순한 생각이나 말이나 통찰을 가지고 자신의 중심을 향하고, 모든 생각을 내려놓아 제자리에 두거나 지혜가 가슴에게 말할 수 있는 자리에 있게 하는 것이다. 또 기도는 우리가 하느님에게 말하는 것을 의미하고, 그보다는 신에게 귀 기울이는 것을 의미한다. 신에게 귀 기울이려면 에크하르트가 '내적 침묵의 내적 부유함'이라고 말한 것이 필요하다. "자기를 하느님과 하나되게 하는" 길 중 하나는 관상이며, 관상할 때 우리는 관상하는 대상을 닮게 된다.[144] 또 우리는 사랑과 정의와 연민을 위해 일할 때도 기도한다.

줄리안은 "기도의 열매와 목적은 만물 안에서 하느님과 하나되고, 하느님을 닮으려는 것입니다"[145]라고 말한다. 다시 말해서 그녀는 만물이 이미 하느님과 하나임을 다시 알려준다. 결국 그것이 범재신론의 의미 아닐까? 하지만 우리는 하느님과 거리감을 느끼고 동떨어져 있다고 여기기 쉽다. 다양한 형태의 기도를 하면 그런 거리감을 극복하고 하나됨을 회복할 수 있다. 하나됨의 '인식'은 언제나 일어나고 있다. 호흡을 생각해보자. 호흡은 우리와 하나되어 있다. 호흡은 어떤 때는 여기에 있고 다른 때는 없는 게 아니지만, (아주 추울 때를 제외하면) 눈에 보이지 않으며 우리는 호흡을 당연하다고 여기기 쉽다.

그런 면에서 하느님은 호흡과 같다. 사실 성서 언어뿐만 아니라 세계 대부분의 언어에서 '호흡(breath)'과 '영(spirit)'이 같은 말인 것은 우연이 아니다. 그리고 창세기에 있는 창조 이야기에서는 하느님이 진흙 속에 신의 숨을 불어넣었을 때 인간이 태어났다고 말한다. 하느님은 우리에게 너무 가까이 있어서 우리는 하느님을 보거나 하느님의 소리를 들을 수 없다. 그러므로 우리는 이따금 의식의 방향을 돌려 가까운 곳에 집중해야 한다. 아퀴나스는 하느님이 우리 자신보다 우리에게 더 가까이 있다고 말한다. 그리고 예수는 "하느님 나라는 당신들의 내면에 있다" 그리고 "당신들 사이에 있다"고 선언했다. 하느님 나라를 맛보고 그 메시지를 받으려면 우리의 '내면'과 우리들 '사이'로 들어가야 한다.

팬데믹 시대의 투쟁 즉 1장에서 논의한 어둠과 무지는 종종 하나됨과 더불어 정점에 이른다. 내려놓음과 놓아둠은 종종 돌파할 때 정점에 이른다. 에크하르트는 하느님이 '무(nothingness)'로부터 태어난다고 가르친다. 베데 그리피스Bede Griffiths 신부가 가르친 것처럼, 절망과 고통은 '바닥까지 떨어져' 정점에 이를 때가 많고, 그것이 돌파를 일으킨다. 알코올중독자 갱생회 혹은 어둠 속을 함께 헤쳐나가는 모임의 사람들에게 물어보라. 알코올중독자 갱생회의 많은 회원들은 바닥까지 떨어지기 전에는 결코 영을 만나지 못했다고 말했다. 모든 슬픔이 그런 식이다. 우리가 길 위에 있으면 그 길은 우리를 더 좋은 곳으로 데려간다. 그렇기 때문에 베데 신부는 "절망은 하나의 요가인 경우가 많습니다"라고 말한다. 즉 절망은 우리를 하느님에게 데려가는 '합일'이라는 의미이다.

줄리안도 그 점을 가르친다. 그녀는 예수의 십자가형에 대해 이렇게 말한다. "그리스도와 우리 사이에 위대한 하나됨을 보았습니다. 주님이 고통받았을 때 우리도 고통받았기 때문입니다."[146] 고통은 보편적이다. 고통은 우리 모두에게 공통되고, 우리가 고통을 직면하고 도망가지 않으면 고통은 위대한 하나됨을 가져오고, 우리가 인간으로서 공통의 조건을 가지고 있음에 대한 큰 이해를 가져온다. 줄리안은 "예수님의 친구인 사람들은 주님을 사랑하기 때문에 고통을 겪었습니다"라고 말한다. 다른 사람들의 고통을 함께 하면, 사랑하는 이의 고통을 함께하면, 우리도 아프다. 하지만 그 고통은 영혼을 성장시킨다.

하느님과 우리의 하나됨

줄리안은 "신과 인간의 참된 하나됨이 낙원에서 이루어졌"고, 그래서 "신과 인간은 분리될 수 없"게 되었다고 말한다. 인간의 본성은 처음 창조될 때, "당연히 창조주와 하나되었습니다. 그분은 본질적 본성이시고 자존하는 하느님이십니다. 그런 까닭에 인간의 영혼과 하느님의 영혼을 분리할 수 있는 것은 절대 없습니다"라고 본다. 그렇게 하는 것은 사랑이고, 실로 "우리는 영원한 사랑 안에 보존되고 온전해집니다. 영원한 사랑 안에서 우리는 인도하심과 보호를 받기 때문에 결코 길을 잃지 않을 것"이다.[147]

"인간의 조건에 따르는 모든 상처와 연약함을 지닌 아담의 인간성"은 어디서나 볼 수 있다. 신성도 고통받는다. 왜냐하면 "하느님은 그분의 아들과 아담이 하나이고 같다는 것을 보여주십니다. 우리는 그리스도에게서 오는 힘과 선을 공유하고, 아담에게서 오는 연약함과 무지도 공유하"기 때문이다.[148] 인간이 느끼는 모든 죄도 사라진다. 왜냐하면 "예수님이 스스로 모든 죄를 짊어지셨습니다. 그러므로 하느님은 우리를 나무라지 않으시"기 때문이다. 그리스도는 "모든 인간을 구원하기 위해" 그리고 "인간성을 은혜의 상태로 되돌리기 위해" 인간이 되셨다. "신성으로부터 인성을 분리하는 것은 없습니다."[149] 그리고 우리 중 누구라도 그리스도로부터 분리시킬 수 있는 것은 없다. 왜냐하면 인성은 "그리스도의 본성과 완전히 결합되어 있어서 우리의 참 본성은 그리스도의 본성으로부터 결코 분리될 수 없고 분리되어서도 안 되기 때문"이다.[150]

하느님은 우리를 다른 그리스도라고 여긴다. 왜냐하면 "하느님은 인간을 무한히 사랑하셔서 우리 중의 가장 비천한 영혼조차 복된 그리스도와 구별하지 않"기 때문이다.[151]

하나됨은 우리 모두가 공유하는 열망이고, 실제로 일어날 것이다. "우리는 갈망에 의해서 해방됩니다. 우리는 하나됨을 향한 열망을 통해 하나가 될 것입니다."[152]

'긍정의 길'과 '부정의 길'을 섞는다

줄리안은 은폐, 망각, 부정이 많이 일어나고 있는 시대에 우리 인간종의 어둔 밤을 직면하기 위한 또 하나의 치료제를 제공한다. 그 약 덕분에 그녀는 당시 흑사병 팬데믹을 견딜 수 있었고, 죽어가는 예수를 얼굴과 얼굴을 대하듯이 만날 수 있었다. 그리고 그것은 그녀의 여정이 된 『하느님 사랑의 계시』를 쓰는 동기가 되었다.

첫째, 그녀는 팬데믹이 한창일 때도 삶에는 비애만 있는 것이 아님을 인식하고, 우리도 그것을 인식하라고 촉구한다. "우리는 세상에서 사는 동안 행복과 비애가 놀랍게 뒤섞인 것을 경험합니다. 우리는 부활하신 그리스도의 영광과 타락한 아담의 비참함을 내면에 모두 지니고 있습니다. 아담의 타락은 우리를 망가뜨렸습니다. 우리는 산산이 부서지고, 너무 여러 가지 감정으로 고통받아 어디서 위로받을 수 있는지도 모릅니다. 이 삶의 온갖 고통과 죄가 우리 가슴을 슬픔으로 가득 채우고 영혼의 눈을 흐리게 합니다."[153]

우리 영혼의 눈이 흐려졌기 때문에 눈을 다시 맑게 해서 지각을 명료하게 해야만 삶을 있는 그대로 볼 수 있다. 물론 괴로움과 부정의 길이 대단히 많을 수 있지만, 또한 기쁨과 아름다움, 경이와 놀라움도 많고 감사해야 할 것도 많다. 줄리안에게는 이것이 지금과 같은 깊은 어둠의 시대에 겪는 고난에 대한 기본적인 치료제이다. 그녀는 모든 현실 아래에, 모든 부서진 것들 아래에, 어디나 선이 있음을 인식하며 안도감을 가지고 그리스도가 "우리가 죽을 때 보호해주고, 은혜로운 손길로 모든 것이 잘될 것이라고 희망을 주고 안심시키"는 존재라고 여긴다.[154]

또 그녀는 고통의 보편성도 인식한다. 즉 모든 사람은 행복과 비애, 긍정의 길과 부정의 길이라는 삶의 경험을 한다. 우리는 이런 변증법, 이런 긴장과 더불어 심지어 그것과 함께 춤추며 사는 법을 배워야 한다. 그리고 오직 하나의 요소(기쁨) 혹은 그 반대 요소(고통 혹은 고통에 대한 두려움)에만 머물러서는 안 된다. 랍비 잘만 셰쳐-샬로미Zalman Schachter-Shalomi는 이렇게 말하곤 했다. "세상에는 악보다 선이 더 많다. 하지만 대단히 많지는 않다." 이 말은 줄리안이 "아담의 타락이 우리 모두를 부서뜨렸"지만, 그렇다고 삶에 기쁨, 환희, 의미가 없는 것은 아니라고 인식한 것을 떠올리게 한다. 우리는 삶의 그런 다른 심오한 차원을 탐구하는 가운데 삶의 비애를 견디고 마침내 극복하는 길을 찾게 된다.

실로 줄리안에게 그것은 성 금요일(가톨릭에서 부활절 전의 금요일로 예수의 수난일-옮긴이)과 부활절 이야기에서 배우는 교훈이다. 그녀는 그 교훈에서 우리 모두가 걸어가는 삶과 죽음과 부활의 여정이 일깨우는 원형을 인식한다. 그리고 그것은 오늘날 우주론 학자들이 발견하는 바, 실제로 세상이 움직이게 만들고 우주가 발생하게 하는 것이다. 줄리안은 그 이야기를 이렇게 회상한다.

> "주님의 몸은 부활의 아침까지 무덤 속에 누워 있었습니다…… 그때 몸부림치고 뒹구는 것, 신음하고 끙끙거리는 것이 끝났습니다. 망가진 썩을 몸이 다시 온전해졌습니다. 구주께서는 꼭 끼고 닳아빠지고 짧은 아담의 낡은 외피를 깨끗하고 아름답고 희고 밝고 빛나는 옷으로 변화시켰습니다. 주님은 영원한 순결로 새 옷을 입으셨고, 그것은 넉넉하고 호화로우며 심지어 내가 보았던 하느님 아버지께서 입으신 옷보다 더 화사하고 훌륭했습니다! 하느님 아버지의 예복은 푸른색이었습니다. 그리스도의 옷은 밝은 빛이었고, 말로 형용할 수 없이 매우 멋진 색으로 혼합되어 있었습니다. 순수한 영광으로 이루어져 있기 때문입니다."[155]

"기쁨과 슬픔은 함께 춤춥니다"

이런 기쁨과 슬픔의 변증법에 대해 줄리안은 "기쁨의 원인과 슬픔의 원인"[156]이 있지만, 열쇠는 집중하는 것이고, 어느 한 순간이나 느낌이 반드시 다른 것보다 더 우월하다고 단정하지 않는 것임을 상기시킨다. 그녀는 이렇게 말한다. "우리는 의도를 함양하고 하느님을 기다립니다. 우리는 하느님의 자비와 은혜를 믿고, 하느님이 우리 안에서 일하신다는 것을 믿습니다…… 하느님께서 주시는 수용 능력에 따라 우리는 어떤 때는 더 많이 보고, 어떤 때는 더 못 봅니다. 하느님이 우리를 어떤 때는 올려주시고, 어떤 때는 넘어지게 하십니다."[157] 기다림은 여정의 일부이다.

줄리안은 깊은 기쁨 혹은 깊은 어둠을 다루는 것이 쉽다고 보지 않는다. 그것은 특히 어려운 시기에 우리가 배울 수 있는 수양이다. "슬픔과 기쁨이 뒤섞인 것은 매우 강력해서 우리는 그것을 어떻게 다루어야 하는지 알 수 없습니다. 동료 영적 탐구자들이 어떻게 하고 있는지 평가하는 건 엄두도 못 냅니다. 감정의 다양함은 압도적일 수 있습니다." 이 구절에서 지혜가 풍부한 줄리안은 자기 말대로 실행한다. 왜냐하면 우리는 그녀가 긍정의 길과 부정의 길을 오가는 과정에서 헤매는 것을 느끼기 때문이다. "하느님의 현존을 인식하는 순간에 우리는 마음을 다하고 영혼을 다하고 힘을 다하여 하느님께 순복하고, 진심으로 기꺼이 주님과 함께 있습니다. 이 신성한 동의가 가장 중요합니다. 그것은 우리 안에서 우리가 과녁을 빗나가게 하는 육체적·영적 악한 성향을 무색하게 합니다."[158]

하지만 줄리안은 어둠과 의심의 실재로 돌아간다. "그런데 이따금 그 거룩한 사랑스러움은 깊이 묻히고, 우리는 다시 무지에 빠지며, 그 결과 온갖 슬픔과 고난이 일어납니다." 우리는 무엇을 해야 하는가? "부정적 충동에 굴하지 말고 모든 해악에서 지켜주시는 그리스도에게서 힘을 얻습니다…… 그리고 하느님이 다시 자신을 드러내시고 감미로운 주님의 현존으로 우리 가슴을 채워주실 때가 오기를 기도해야 합니다. 그러므로 우리는 평생 날마다 그런 혼란 속에 있습니다. 하지만 복된 주님은 그분이 항상 우리와 함께 계시다는 것을 우리가 신뢰하기를 원하십니다."[159]

줄리안은 우리가 행복과 슬픔 사이의 혼란 속에 있음을 알게 된다고 경고한다. 그러므로 혼란에 익숙해져야 한다! 삶을 깊이 사는 것은 빛과 어둠, 기쁨과 슬픔을 모두 다루는 것이다. 이 가르침은 막데부르크의 메히틸드의 가르침을 떠오르게 한다. 그녀는 삶에서 우리에게 두 가지 포도주, 기쁨의 백포도주와 고통의 적포도주가 주어진다고 한다. 두 포도주를 모두 마실 때에야 비로소 우리는 온전히 살게 된다.

줄리안은 행복과 슬픔이 결합한다고 주장할 때 메히틸드와 유사한 가르침을 준다. 행복과 슬픔 그 어느 것에서도 도망가지 말고, 행복과 슬픔 속으로 깊이 들어가라. 부정에 빠지거나 열정 없는 삶의 유혹에 빠지지 마라. 빙엔의 힐데가르트는 이렇게 경고한다. "아, 인간이여! 어째서 열정 없이 사는가? 왜 피 흘리지 않고 사는가?" 아케디아, 줄리안이 '나태'라고 하는 것은 열정적으로 삶을 살지 않으려는 태도이고, 그녀는 그런 삶은 과녁을 벗어나는 최악의 길이라고 여긴다. 우울, 절망, 권태감, 지루함, 나태함은 오늘날 아케디아를 가리키는 말이고, 여기저기에 많다. 실로 기후변화와 코로나 바이러스에 대한 묵시종말적 경고가 그것을 악화시켰다.

줄리안은 그리스도가 "세상의 비참함에서 우리를 구원하십니다"라고 한 번 말한다. 단 한 번만 말한다.[160] 지구가 비참함에 빠지고 특히 팬데믹 동안에는 비참함이 심하다. 줄리안이 어릴 때 처음 목격하고, 평생 흑사병이 연달아 일어날 때 목격한 비참함을 우리는 그저 짐작할 수 있을 뿐이다. 하지만 줄리안은 그 비참함에 대해 거의 말하지 않는다. 그 점이 놀랍다. 그녀는 비애에 대해 말할 때도 비애에만 머물러 있지 않는다. 그렇게 비참함을 말하지 않음으로써, 그녀는 비참함과 비애에 머물러 있지 말고 악의 뒤에 있는 존재와 선을 보라고 권한다.

줄리안은 선한 하느님이 어떻게 선한 우주를 창조한 다음 악이 들끓게 할 수 있는가라는 곤란한 질문을 한다. 그녀의 대답은 토마스 아퀴나스의 대답과 유사한 것 같다. 아퀴나스는 인간이 본성을 모르고 우주에서 자신의 자리를 모르면, 실제로 자신보다 약한 힘의 지배를 받는다고 생각할 수도 있다고 한다.[5] "때때로 악이 다른 사람들의 선 혹은 온 우주의 선에 가해진다. 그러므로 하느님은 순교자의 선에 폭군의 죄를 가한다."[6] 이따금 악은 상대적이다. 고양이는 생쥐를 먹고 살지만 생쥐는 죽는다. "생쥐는 고양이에게 죽임을 당함으로써 우주의 보존에 기여한다. 한 동물이 다른 동물을 먹고 사는 것이 우주의 질서이기 때문이다."[7] 더 큰 맥락에서 보면 어떤 악을 이해하는 데 좀 도움이 된다. 따라서 "만일 모든 악을 방지한다면 우주에 많은 선이 없을 것이다. 동물들을 죽이는 일이 없다면 사자는 살 수 없을 것이다."[8] 그렇다. 삶은 폭력적이고 혼란스럽다.

줄리안이 비참함을 대하는 것은 장 칼뱅이나 마르틴 루터 같은 신학자와 많이 다르다. 그들은 줄리안보다 2세기 후에 나왔고 페미니즘적 관점의 영향을 훨씬 덜 받았다. 2장에서 보았듯 그들은 줄리안처럼 팬데믹 시대를 겪지 않았지만 그들에게 비참함은 어디에나 있었다!

이원론을 넘어서

줄리안은 이원론에 저항한다. 결국 그녀는 우리를 우리 자신의 신비주의와 우리 자신의 하나됨으로 부르는 신비가이다. 그녀는 비이원론자이지만 차이가 존재한다는 것을 잊지 말고, 그렇다고 차이를 부정하거나 아첨이나 달콤한 말이나 사탕발림으로 차이를 덮으려 하지 말고, 반대되는 것들을 혼합하라고 권한다. 삶은 우리에게 반드시 "행복과 슬픔의 놀라운 뒤섞임"[161], 빛과 어둠의 뒤섞임, 긍정의 길과 부정의 길의 뒤섞임을 겪어야 한다고 요구한다. 그녀는 하느님이 이런 뒤섞임이 필요하다는 것을 안다고 힘주어 말한다. "이렇게 엮고 결합할 때 하느님은 우리의 참된 연인이십니다."[162] 그것은 창조의 과정이고, 공동창조의 과정이며, 우리가 성령과 함께 엮는 춤이자 우리가 낳는 '창조의 길(via creativa)'이다.

줄리안은 우리에게 어느 한 방식만이 아니라 두 가지 방식으로 세계를 보는 변증법적 능력을 개발하라고 자주 권한다. "우리가 일어서든 넘어지든 항상 은혜를 입어 하나의 사랑에 감싸입니다. 하느님이 보시기에 우리는 넘어진 것이 아니고, 우리가 볼 때는 서 있는 것이 아닙니다. 내가 볼 때 두 관점이 모두 옳지만, 하느님이 보시는 관점이 가장 고귀한 진리입니다." 줄리안은 세계를 볼 때 컵에 물이 반이나 비어 있다는 관점보다 물이 반이나 차 있다는 관점을 선호한다. 그녀는 이어서 이렇게 말한다. "우리가 더 고귀한 진리를 알기를 바라시는 하느님의 뜻은 우리를 하느님께 더 가까이 붙잡아둡니다. 우리에게 가장 도움이 되는 것은 삶에서 두 진리를 모두 받아들이는 것임을 나는 깨달았습니다. 고귀한 관점은 영적 위안과 참된 기쁨을 주고, 다른 관점은 우리를 겸손하게 해줍니다."[163] 우리에 대한 하느님의 진실은 우리가 실패하지 않았다는 것이고, 우리에 대한 우리의 의견은 우리가 꼿꼿이 서서 고난을 겪고 있다는 것과 우리의 고귀함과 책임을 인정하는 것이다. 줄리안은 두 견해가 모두 진실하지만 하느님의 견해가 더 낫다고 말한다. 그리고 거기로부터 기쁨이 일어난다. 하지만 자기 회의로부터 어느 정도 겸손이 존재하고, 그것도 제 역할이 있다.

비이원적 인식에서는 항상 역설과 유머가 중요한 역할을 한다. 역설과 유머는 삶이 1차원적이지 않다는 것을 상기시킨다. 웃음은 '둘 중 하나만'의 세계가 아니라 '둘 다'의 세계에 그 자리가 있다. 현재 상태와 환경에 대해 웃는 것은 그 자체로 겸손의 표현일 수 있다. '두 관점 모두' 동시에 진실일 수 있다고 그녀는 확실히 말한다.

줄리안은 우리 영혼이 해야 하는 두 가지 의무가 있음을 알려준다. 첫째, "우리는 경건하게 경탄하고 놀라야만 합니다." 이것은 공

경, 경탄, 경외, 놀람 등 긍정의 길을 명확히 가리킨다. 이어서 이렇
게 말한다. "또 하나의 의무는 가만히 내려놓고, 놓아두고, 항상 하
느님 안에서 기뻐해야 한다는 것입니다."[164] 내려놓는 것과 놓아
두는 것은 침묵과 묵상을 수행하면서 배우는 것이다. 하지만 또한
고통과 슬픔을 겪으면서 배우는 것이다. 내려놓기와 놓아두기는
부정의 길과 연관된다. 줄리안이 우리의 기쁨과 하느님의 기쁨을
염두에 두고 '가만히 내려놓기와 놓아두기'를 배우라고 권하는 것
을 주목하라. 마이스터 에크하르트가 "우리 영혼은 더하기가 아니
라 빼기에 의해 성장한다"고 말할 때의 '빼기'를 우리가 직접 겪는
것은 즐거운 경험일 수 있다. 창조영성의 모든 계보처럼 줄리안은
금욕주의를 설교하지 않고, 가만히 내려놓고 놓아두라고 한다. 이
는 거칠게 분리하는 것이 아니라 가만히 편해지는 것이다. 의지로
명령하는 것이라기보다 (메히틸드의 말처럼) '가라앉는' 것이고 내
려놓는 것이다.

그런 면에서 줄리안은 마이스터 에크하르트의 다음과 같은 가
르침과 매우 잘 어울린다.

금욕주의는 그리 중요하지 않다. 금욕 수행은 자의식을
줄이기보다 큰 에고를 드러내고 더 많은 에고를 만드는 경
우가 많다. 열정을 다루기 위해 그런 금욕 수행을 많이 하
는 것보다 더 좋은 길이 있다. 육신을 수련하고 훨씬 더 다
스리기 쉽게 하기를 원하면, 육신에 사랑의 굴레를 씌워라.
누구든 사랑의 굴레라는 달콤한 짐을 받아들이면, 세상 모

든 사람들이 모여서 할 수 있는 참회 수행과 고행보다 더 많이 성취하고 더 많이 발전할 것이다. 이 길을 발견한 사람에게는 다른 길이 필요 없다.[9]

굴레는 말이나 소를 제멋대로 움직이지 못하게 하고, 원하는 대로 부리기 위해 머리에 씌우는 도구이다. 기사와 말에 관련된 집안 출신인 에크하르트는 그런 굴레도 '사랑의 굴레'여야 한다고 주장한다. 다시 말해, 이원론이 아니다! 사랑은 기수를 말과 결합시키듯이 우리를 열정과 결합시킨다.

줄리안은 우리가 하나됨과 돌파와 합일과 황홀경을 겪는 신비적 경험이 줄지 않으면서 계속되지는 않는다고 알려준다. 그래서 이렇게 말한다. "현세에서 하느님을 뵙는 것은 계속 일어나는 경험일 수 없습니다."[165] 이를테면 '황홀경 뒤에는 빨랫감이 남는다'는 말도 있다. 그렇기 때문에 우리가 일하는 것이 균형을 잡아주고 돌파의 순간에 토대를 마련해준다. 만일 하루 종일 흥분되고 황홀한 상태로 있으면 우리는 미쳐버릴 것이다. 그러므로 경탄, 침묵, 고통, 내려놓기, 놓아두기, 전념, 일하기 사이에 리듬을 찾아야 한다. 줄리안은 우리가 성령의 도움으로 그 리듬을 찾을 수 있다고 한다. "우리 안에 거하는 영원한 생명"인 성령은 "평화를 가져다주고 우리를 편안하고 조화롭고 유순하게 해"[166]주기 때문이다. 그런 리듬을 찾음으로써 빛 속에서나 어둠 속에서나, 좋을 때나 나쁠 때나, 기쁨 속에서든 슬픔 속에든 평온할 수 있다. 성령은 그런 조화로움을 우리와 함께 공동창조하고, 우리가 할 일은 유순함을 유지하는 것이다.

우리는 긍정의 길과 부정의 길 사이를 오갈 때가 있다. 그래서 줄리안은 "우리 안에 행복과 고통이 놀랍게 섞여 있어 우리나 이웃들이 어떤 상태에 있는지 분간하기 어렵습니다. 정말 놀라운 일입니다!"라고 한다.[167] 하지만 그녀보다 먼저 메히틸드가 우리가 삶에서 적포도주와 백포도주를 마시는 것에 대해 말한 것처럼, 줄리안은 "우리는 평생 이렇게 섞인 것 안에 서 있"으며, 부정의 길의 경험과 긍정의 길의 경험이 함께 삶 전체를 이룬다고 알려준다. 우리가 투쟁에 직면할 때 "사실은, 하느님께서 원하실 때 우리가 하느님을 인식하며 마음과 영혼과 능력을 다해 하느님과 공존하는 것과 더불어, 우리의 악한 성향을 미워하고 싫어하는 것이 모두 온전함의 일부라는 것입니다"[168]라고 한다. 줄리안은 우리에게 마음과 영혼과 능력을 다해 어둠을 떠맡고, 나태와 무기력과 목적의식의 결핍에 빠지지 말라고 한다. 힘을 다하고, 상상력을 발휘해 잘 싸우고, 정화가 일어나게 하여 본래 목적으로 돌아가라고 한다. 기쁨과 슬픔의 변증법과 함께 춤추고 사는 법을 배우고 꾸준히 노력하라고 한다.

줄리안은 기쁨과 슬픔의 뒤섞임과 씨름하는 자신의 경험에 이름을 붙인다. "나는 하느님을 보았고, 하느님을 찾으려 했습니다. 나는 하느님을 가졌고, 하느님을 가지지 못했습니다." 그녀는 무엇을 배웠는가? "내 생각으로는 바로 그것이 삶이고, 삶은 그래야 합니다."[169] 삶 자체가 춤이자 변증법이다. 그녀는 우리에게 그런 삶에 익숙해지라고 한다!

줄리안이 긍정의 길과 부정의 길을 표현하는 다른 길은 우리 영혼의 일부가 "하느님과 하나이고, 충만한 기쁨과 평온 속에 머무릅니다"라고 말하는 것이다. 하지만 우리 영혼의 다른 일부는 "형상을 취하고 모든 존재들의 해방을 위해 고통받"는다.[170] 고통받는 것은 구원한다는 의미이다. 즉 고통은 다른 사람을 보살필 수 있다. 깊이 주의를 기울이면 고통에 의미가 있다.

성 바울로는 "끊임없이 기도하라"고 권한다. 줄리안은 기도의 실재에 대해 자신의 의견을 더해 이렇게 말한다. "하느님은 우리가 끊임없이 하느님을 바라보기를 원하십니다." 물론 우리가 항상 그럴 수는 없지만, 그럼에도 불구하고 "하느님은 우리가 당신을 보기를 원하시며, 우리가 당신을 찾기를 원하십니다. 하느님은 우리가 하느님을 기다리고 신뢰하기를 원하신"다.[171] 실로 줄리안에게 '신뢰'는 매우 중요하다.

6장

우리의 감각성을 신뢰한다

하느님은
우리의 감각성 안에 계십니다.

줄리안

팬데믹과 사실 언제나 일어나는 삶의 고난을 어떻게 헤쳐나가야 하는지 말할 때 줄리안은 실제적이다. 그녀는 "하느님께서는 '너는 유혹받지 않을 것이다. 어려움이 없을 것이다. 괴롭지 않을 것이다'라고 말씀하시지 않습니다"라고 알려준다. 어려움, 유혹, 고통 등 부정의 길은 삶의 여정의 일부이고, 우리가 어떤 사람이든 어디에 있든, 팬데믹이든 팬데믹이 물러간 시기든 상관없이 부정의 길은 늘 있다. 그녀는 이어서 말한다. "하느님께서 '너는 굴복하지 않을 것이다'라고 말씀하셨습니다." (이는 같은 구절이 미국 민권운동의 행진가로 울려 퍼진 것보다 600년 앞선다.)

신뢰의 중요성

줄리안은 계속 말한다. "하느님께서는 우리가 굴복하지 않을 것이라는 말씀에 주목하기를 원하시며, 행복할 때나 불행할 때나 항상 강하고 절대적으로 신뢰하기를 원하십니다." '절대적 신뢰'란 무엇인가? 그것은 얼마나 강하고 완벽한가? 줄리안은 우리가 적당한 신뢰 혹은 '어쩌면' 정도로 신뢰하면 안 되고 '절대적으로' 신뢰해야 한다고 주장한다. 우리가 긍정의 길의 기쁨을 경험하든 부정의 길의 고통을 경험하든 상관없이, 신뢰는 근본적 태도이다. 줄리안에게 신뢰는 핵심적 덕목이다. 그녀는 이렇게 덧붙인다. "하느님이 우리를 사랑하시고 기뻐하시는 것처럼, 우리가 하느님을 사랑하고 기뻐하며 완전히 신뢰하는 것이 하느님의 뜻입니다. 그러면 모든 것이 잘될 것입니다."[172] 신뢰로부터 희망이 비롯되고 그러면 '모든 것이 잘될 것입니다'라고 그녀는 약속한다.

신뢰는 나에게 두 가지 실질적인 의미를 준다. 첫째, 신뢰는 '믿음'이라는 말의 기본적 의미이다. 가령 예수는 복음서에 나오는 사람들을 치유하는 이야기에서 "가라, 너의 '신뢰'가 너를 구원했다"고 말한다. 이 구절에서 희랍어 'pisteuein'을 '믿음'으로 번역할 때가 많지만 더 깊은 의미는 '신뢰'이다. 믿음이란 말은 일련의 신조 혹은 교리 같은 것을 믿는다와 같이 다른 것을 의미하게 되었다. 그것은 아우구스티누스가 '지적인 동의'라고 부른 것이다. 특히 그리스도교가 로마의 국교가 되어 그리스도교 제국에서 더 위세당당해지고, 법률과 질서에 대해 더 책임을 지게 되고, 더 열성적으로 정통적인 '내부자'와 이단적인 '외부자'를 구분하게 되면서 그런 경향이 강해졌다. 신뢰를 대신할 수 있는 것은 없고, 분명히 교리에 대한 믿음도 신뢰를 대신하지 못한다.

신뢰는 창조영성 전통의 근본적 심리학을 가리키고, 반면에 두려움은 타락/구원 전통에서 현저한 심리학을 가리킨다. 가령 심리학자 윌리엄 에크하르트William Eckhardt는 연민의 심리학에 대한 실질적 연구에서, 연민이 인간 본성에 있는 믿음(이라고 쓰고 '신뢰'라고 읽는다)의 기능인 반면 강박은 인간 본성에서 믿음의 결핍이 나타내는 기능[1]임을 보여주었다. 철저한 창조영성 신학자이고 깊은 연민을 지닌 줄리안에게 신뢰 또한 그녀의 심리학의 근본 속성이다. 그런데 신뢰는 인간 본성에 대한 태도만이 아니라 전 우주까지 확장된다. 아인슈타인은 이런 질문을 했다. "인생에서 물어야 할 가장 중요한 질문은 무엇인가?" 그리고 이렇게 답했다. "우주는 우리에게 우호적인 곳인가 아닌가?" 다시 말해, 우주를 신뢰할 수 있는가? 빅뱅이 일어나고 138억 년이 지난 지금, 우리는 우주가 지구와 인간을 비롯한 지구의 모든 피조물들에게 매우 우호적이었다고 짐작할 수 있다.

또 신뢰는 이스라엘의 지혜 전통의 중심에 있다. 현재 학자들이 동의하는 바, 지혜 전통은 역사적 예수의 전통이다. 이런 창조 중심 학설은 인간의 죄 혹은 신성한 경전에 의해 시작되는 것이 아니라 우주 및 자연의 선함에 의해 시작된다. 지혜 전통의 학자들은 신뢰가 지혜 전통의 중심임을 알려준다. 루터주의 성서학자 게르하르트 폰 라트Gerhard von Rad는 창조주가 만든 세상은 "철저히 신뢰할 만한 세상이다"라고 말한다.[2] 그리고 가톨릭 성서학자 롤랜드 머피Roland Murphy는 지혜를 배우기 위해 가장 중요한 요인 두 가지는 "경험과 자연에 대한 개방성과 근본적 신뢰"임을 성서가 분명히 한다고 말한다. 실로 "이런 개방성의 이유는 신뢰"다.[3] 그렇다면 줄리안이 신뢰에 대해 자주 통찰력을 가지고 말하는 것은 타당한 이유가 있다.

현대 성서학자 월터 브루거만Walter Brueggemann은 '신뢰받는 피조물'에 대한 에세이에서 다윗왕은 신뢰가 성장함에 따라 믿음의 삶이 성장했다고 여긴다. 다윗은 조상들의 경건함을 다소 무시했고, 그의 왕국에서 "이미 존재하는 구조 아래 포함되지 않을 급진적 혁신"을 일으켰다. 따라서 "거룩함에 대한 관습적 개념을 전복"하는 "인간의 역사, 인간의 책임, 인간의 보살핌, 인간의 결정에 대한 새로운 관점"[4]을 가져온다. 예수는 그의 시대에 그의 가르침으로 이와 유사한 일을 했다.

하지만 다윗에게는 역사의 책임을 맡았다는 인식이 신뢰보다 훨씬 컸다. "하느님이 첫째로 최선을 다해 가장 많이 하는 것은 역사의 순간을 그의 백성들에게 맡기는 것이다. 하느님은 그의 백성들이 공동체 전체를 위해 해야 할 일을 한다고 신뢰한다." 지혜 문헌의 중심에 그런 신뢰가 있다.

야훼는 다윗을 불렀다. "그를 신뢰했고, 그를 풀어주어 그에게 주어진 큰 신뢰에 대해 그가 주저 없이 할 수 있게 했다…… 여기서 떠오르는 장면은 자신이 온전히 책임지고, 온전히 몰두하지만 온전히 자기 자신인, 완전히 자유로운 사람임을 알았던 사람이다…… 따라서 다윗은 최선의 지혜 신학을 구현한다."[5]

용기, 믿음, 신뢰

민권운동 지도자 프레드 셔틀스워스Fred Shuttlesworth는 역사의 순간이 자신에게 맡겨졌다고 여겼던 사람이다. 그는 완전히 자유롭고 완전히 책임지는 지도자였고, 나는 그에게서 신뢰와 용기에 대한 깊은 가르침을 배웠다. 프레드는 민권운동에서 격렬한 싸움이 벌어지는 동안 앨라배마주 버밍엄에 사는 거리의 목사였다. 그는 눈에 잘 띄는 지도자였기 때문에 세 번이나 케이케이케이단(KKK, 극우적 성향의 백인 비밀 결사–옮긴이)에게 체인으로 맞았고,

두 어린 아들은 체포되어 투옥되었고, 그가 안에 있을 때 집이 폭파당했다. 지붕이 내려앉을 만큼 큰 폭발이었지만 그는 멀쩡하게 걸어 나왔다.

나는 버밍엄 민권연구소의 초청으로 생태와 인종차별에 대해 그와 공개 대담을 했다. 그곳은 어느 일요일 아침 예배 때 케이케이케이단이 폭파해서 어린 소녀 네 명이 목숨을 잃은 침례교회의 길 건너편에 있었다. 대담을 나누기 전에 우리는 안쪽 방에서 샌드위치를 먹었는데, 나는 그에게 "프레드, 질문할 게 하나 있어요. 대체 어디서 그런 용기를 얻나요?"라고 물었다. 그의 대답을 결코 잊지 못할 것이다. "그걸 용기라고 할 수도 있겠지요. 하지만 나는 그것을 '신뢰'라고 부릅니다. 그 사람들이 집을 폭파해서 지붕이 전부 내려앉았는데, 나는 다치지 않고 밖으로 걸어 나왔을 때 혼잣말을 했어요. '그들은 나를 죽일 수 없다. 언젠가 내 몸을 죽일지는 몰라도 내 영혼은 죽일 수 없다. 그리고 민권운동은 죽일 수 없다'라고 말입니다."

두말할 것 없이 나는 그날 어떤 것을 배웠다. 용기와 신뢰에 대한 실제적이고 심오한 어떤 것을 배웠다. 용기는 신뢰에서 비롯된다. 용기는 신뢰 위에 세워진다. 이 가르침은 책이나 사전에서 나온 것이 아니라 실천가, 성인, 위험 속에서도 자신의 말대로 실천한 사람에게서 나왔다. 또 프레드는 자기 생명보다 자신이 참여하는 민권운동을 더 염려했다. 그에게는 공동체가 자기 생명보다 우선이었다.

토마스 아퀴나스는 신뢰, 용기와 관대함, 큰 영혼으로 성장하여 위대한 일을 할 수 있는 능력 사이의 중요한 연관성을 인식했다. 그래서 이렇게 말한다. "제대로 말하자면 용기는 한 사람에게 선한 일을 떠맡을 수 있도록 힘을 준다. 그러므로 신뢰는 용기보다 관대함에 관련된다."[6] 프레드 셔틀스워스의 증언은 용기에 대한 것이었지만 동시에 관대함에 대한 것이었음을 주목하라. 왜냐하면 그는 불의와 인종차별에 직면해서 선과 위대한 임무를 떠맡았기 때문이다. 줄리안은 신뢰를 과소평가하면 안 된다고 말한다. 프레드 셔틀스워스도 그렇게 말한다.

줄리안은 삶과 하느님을 신뢰하기를 배우는 것에 대한 가르침을 펼치며 이렇게 말한다. "우리는 두려움보다 경탄하는 공경으로 주님을 보기를 원해야 하고, 온화하게 하느님을 사랑하고 우리가 할 수 있는 모든 것으로 하느님을 신뢰해야 합니다." 신뢰와 사랑은 두려움의 반대이고, 그녀가 '하느님에 대한 두려움'과 '경탄하는 공경'을 미묘하게 구별하는 것을 주목하라. 경탄하는 공경은 일종의 '순수한 두려움' 혹은 경외이다. 신뢰와 온화함은 공존한다.

더욱이 "우리가 경외로 하느님을 바라보고 온화하게 하느님을 사랑할 때, 우리의 신뢰는 결코 헛되지 않습니다. 우리가 더 신뢰할수록 신뢰는 더 깊어지고, 우리가 신뢰하는 주님을 더 기쁘시게 하고 더 찬미합니다."[173] 줄리안은 우리가 신뢰를 신뢰할 수 있고 그러면 신뢰가 더 깊어진다고 말한다. 그것은 근육이 발달하기 위해서 운동을 해야 하는 것과 같다.

줄리안에게는 신뢰가 필수적이어서 그녀는 신뢰에 대해 자주 말한다. 예를 들어 믿음의 참 의미는 신뢰라고 인식하고 이렇게 말한다. "믿음이란 다름 아니라 우리의 존재를 바르게 이해하는 것입니다. 있는 그대로를 신뢰하고 놓아두는 것입니다. 우리가 하느님 안에 있고, 보이지 않는 하느님이 우리 안에 계심을 바르게 아는 것입니다."[174] 줄리안에게 믿음(그리고 신뢰)의 결론은 '범재신론'이다. 그것은 하느님이 우리 안에 있고, 우리가 하느님 안에 있는, 그런 하느님의 친밀함이다.

줄리안은 관대한 신뢰를 고무하여 이렇게 말한다. "주님은 우리의 기도와 신뢰가 크기를 원하십니다."[175] 우리가 창조주이며 우주 자체의 영을 만든 존재를 대할 때 신뢰에 한계가 있는가? 하지만 줄리안이 보기에 우리는 자주 한계를 짓고 자주 신뢰가 부족하다. 그녀는 스스로 신뢰가 부족함을 고백한다. "우리는 신뢰가 완전하지 못할 때가 많습니다. 자기가 가치 없고 아무것도 아니라고 여기기 때문에 하느님께서 우리의 말을 들어주실 것이라고 확신하지 못합니다. 이것은 우스운 일이고 우리가 연약한 이유입니다. 나는 이런 식으로 생각했습니다."[176] 그러므로 신뢰에 대한 의심이 자주 일어난다. 심리학에 따르면 아이들이 매우 어릴 때 신뢰를 배우기가 가장 좋다. 그리고 학대나 정신적 외상이 있으면 신뢰가 깨질 때가 많다. 줄리안은 자아 존중감이 없기 때문에 신뢰가 생기지 않는다고 한다. 부모가 잘 양육하고 건전한 문화에서 자라면 신뢰가 생긴다. 반면에 부모가 제대로 양육하지 못하고 건전하지 못한 문화에서 자라면 신뢰가 무너진다. 혹은 적어도 신뢰를 미룬다. 사랑이 신뢰를 가르쳐준다. 그래서 줄리안은 이렇게 말한다. "하느님이 보시기에 우리는 모두 하나입니다. 우리는 모든 것을 신뢰하고 기뻐해야 합니다."[177] 그러므로 신뢰는 감사와도 연관된다.

줄리안은 "하느님이 우리 내면에서 일하신다는 것을 신뢰할 때, …… 하느님은 우리에게 이해의 눈을 뜨게 해주시고 통찰을 주십니다"라고 확신한다.[178] 다시 그녀는 신이 우리 내면과 주위 어디에나 있다고 여기며 신의 친밀함을 믿는 것과 신뢰가 연관된다고 한다. 줄리안에게 범재신론은 쓸모 있는 신학적 개념이라기보다 하나의 수행이다. 지니고 사는 법을 배워야 하는 것이고, 침묵할 때나 행동할 때나 존재하는 것이다. 삶은 밝고 또 어두우며, 앞 장에서 줄리안은 그것을 삶의 춤과 변증법이라고 했다. 그녀는 이렇게 말한다. "복된 주님은 주님이 항상 우리와 함께 계시다는 것을 우리가 신뢰하기를 원하십니다…… 주님은 우리 영혼 안에서 영원히 우리와 함께 거하시며, 우리를 인도하시고 우리를 보호하십니다."[179] 삶이 '뒤죽박죽'일 때도 우리는 보호를 받고, 우리에게 매우 친밀한 신을 신뢰할 수 있다.

줄리안은 신뢰를 강조하면서 매우 좋은 동료들과 있음을 안다. 신뢰는 지혜 문학의 심리학을 이루고, 다윗이 전형적으로 나타낸 왕족의 심리학을 이루고, 야훼 숭배자인 히브리 성서 기록자의 심리학을 이루고, 예수의 심리학을 이루고, "신뢰가 길을 보여준다"고 말한 빙엔의 힐데가르트의 심리학을 이루고, 마이스터 에크하르트의 심리학을 이룬다. 에크하르트는 "우리는 결코 하느님을 지나치게 신뢰할 수 없다"고 말하고 나서 이렇게 질문한다. "어째서 어떤 사람들은 결실을 맺지 못하는가?" 무엇이 사람들의 창조성을 가로막는가? 그리고 이렇게 답한다. "그들이 하느님도 그들 자신도 신뢰하지 못하기 때문이다."[7] 우리는 지금 우리가 기여하기로 되어 있는 것을 이루기 위해 자신을 신뢰하지 않으면 안 된다. 두려움이 아니라 신뢰가 여성적 신의 특징이다. 줄리안은 "완벽히 우리의 참 어머니이신 그리스도"[180]를 신뢰하라고 촉구하고, 그럼으로써 우리가 어머니로부터 신뢰를 배울 때가 많다는 것을 상기시킨다.

우리 몸을 신뢰한다

(자연과 우주를 신뢰하는 것과 더불어) 우리 몸을 신뢰하기를 배우는 것은 신뢰를 배우는 데 필수적이다. 우리 몸은 결국 자연의 산물이고, 우주와의 연결 자체이다. 우리 몸에 있는 수조 개 곱하기 수조 개의 원자들 중 60퍼센트는 138억 년 전 태초의 불덩이 안에서 생겼다. 즉 우리 몸은 '우주적 몸'이다. 우리 몸의 나머지 요소들은 약 50억 년 전 초신성의 폭발에서 생겼다. 따라서 우리 몸은 우리를 과거와 연결한다. 디엔에이DNA를 통해 인간 조상들과 연결하고, 또 불덩이, 은하계, 초신성이라는 조상과 연결한다. 거기에는 수소, 헬륨, 탄소, 마그네슘, 산소, 황, 그 밖의 다른 많은 원소들이 포함된다.

하지만 우리는 몸과 몸이 지닌 놀라운 역사를 찬미하기보다 몸을 두려워해야 하는 것이라고 배우거나, 대개 광고업계의 거물들이 협소한 모조의 미美를 염두에 두고 만들어낸 기준에 따라 판단해야 하는 것으로 여기도록 배우는 경우가 많다. 그래서 몸에 대한 혐오와 몸을 부끄럽게 여기는 태도가 만연하고, 과식과 식욕부진증 같은 몸의 질병도 많이 일어난다. 도저히 견딜 수 없는 몸의 고통으로 시작되는 오피오이드 중독이 얼마나 많은가? 미국 중산층을 황폐화시키는 약물중독의 이면에 자기혐오, 슬픔, 절망이 얼마나 많이 있는가? 오늘날 많은 젊은이들이 자해하거나 자살을 시도한다.

산업화된 농업이 우리와 자녀들의 몸에 얼마나 많은 해를 끼치는가? 우리는 몸을 존중하고 적절히 운동하고 좋은 음식을 섭취해서 몸을 보살피지 못하고, 몸이 처리할 수 없는 설탕과 화학물질로 가득한 음식을 소비하라고 끊임없이 유혹하는 광고에 빠뜨리는 강력한 경제 권력이 가하는 폭력에 휘둘리고 있다. 비만과 당뇨병도 단지 미국의 위기일 뿐 아니라 미국이 전 세계에 수출하는 위기이지만, 식품회사들은 그 사업 모델에 따라 수십억 달러를 벌어들이고 있다.

노리치의 줄리안은 이렇게 몸을 모욕하는 것을 결코 받아들이지 않을 것이다. 그녀는 물질과 정신, 영혼, 본질, 영성 간의 비이원론을 주장했다. 그녀의 비이원적 의식은 이 문제에 대해 힘차게 표현된다. 그녀는 이렇게 주장한다. "하느님은 우리의 감각성 안에 계시고, 나는 우리의 감각성의 토대가 본성 안에 있으며 연민과 은혜 안에 있음을 이해합니다."[181] 우리는 몸과 감각적 지식을 통해 선과 은혜에 대해 배운다. "그것은 우리로 하여금 영생에 이르는 은총을 받을 수 있게 해줍니다. 왜냐하면 나는 우리의 감각성 안에 하느님이 계시는 것을 보았기 때문입니다."[182] "하느님께서 이루신 우리 몸과 영혼의 아름다운 하나됨"[183]이 존재한다. 3장과 5장에서 보았듯이 줄리안이 대단히 풍부하게 찬미하는 '하나됨'은 이제 몸과 영혼의 하나됨, 영적인 것과 감각적인 것의 하나됨에 적용된다.

줄리안에게, 에크하르트가 '영혼의 불꽃'이라고 한 신의 현존은 우리 안의 특별한 곳이며, 하느님이 거하고 행동하는 곳이다. "우리 영혼이 감각적이 되는 지점에 태초부터 세워진 하느님의 도성이 있습니다. 하느님은 그곳에 들어오시며 결코 그곳을 떠나시지 않습니다."[184]

줄리안에게 하느님은 우리의 영혼과 몸을 하나로 결합하고 영과 물질을 하나로 엮는 일종의 '접착제'다. 그녀는 이렇게 말한다. "하느님은 우리 영혼이 서는 토대이시고, 우리의 본질과 감각성을 결합하여 절대 분리되지 않게 하는 수단이십니다."[185] 줄리안은 모든 이원론에 저항하는데, 수많은 이원론이 과거 수 세기 동안 계속 등장하는 플라톤주의 신학자들 사이를 돌아다녔다. 가령 아우구스티누스는 "영은 물질이 아닌 모든 것이다"라고 말했고, 플라톤은 물질은 환영일 뿐이라고 주장했다. 반면에 아퀴나스의 관점과 마찬가지로 줄리안의 관점에서 영은 '만물 안의 생기(élan)'이고, 온갖 다양한 모습으로 나타나는 물질을 포함한다. 줄리안의 비이원론과 물질과 감각성에 대한 존중은 그녀를 분명히 페미니스트 계보에 자리 잡게 한다. 내가 '최초의 페미니스트'라고 부르는 토마스 아퀴나스를 비롯한 그들은 수 세기 동안 이원론에 맞서 싸우고 있다.

몇 년 전 나의 책 『우와! 집으로 가는 모든 길』이 출간된 후 전화가 왔다. 전화한 사람은 도미니크회 사제이자 내가 3년 동안 철학 공부를 할 때 함께 연구했던 중세 연구가인 전직 교수였다. 그는 명성이 높았고, 토론토에 있는 명문 교황청립 중세연구소(Pontifical Institute of Mediaeval Studies)의 교수로 추대되었다. 그와의 통화 내용이 생생히 기억나는데, 왜냐하면 그는 많은 수업에서 나를 가르친 엄격한 선생님이었고, 나의 학사 논문을 감독했고, 학문적 원칙, 주석 등에 대한 세세한 내용을 내게 주입했었기 때문이다(그는 전형적인 독일인이었다!). 그는 내게 전화해서 이렇게 말했다. "매튜, 자네는 항상 가장 뛰어난 학생들 중 한 사람이었네. 나는 지난 몇 년간 자네의 연구를 계속 살펴보았지. 그런데 이번에 새로 낸 책에는 한 문장에 '감각적'이라는 말과 '영적'이라는 말을 함께 썼더군. 이렇게 말해주고 싶네. 앞으로 다시는 자네와 말을 나눌 일이 없을 걸세." 그러고는 일방적으로 전화를 끊었다. 그리고 다시는 내게 말을 걸지 않았다.

여기에는 적어도 두 가지 역설이 있다. 첫째, 그의 전공은 14세기 과학이었다. 하지만 줄리안은 14세기 사람이었다! 분명히 과학은 그녀의 영역이 아니었지만, 그가 영성과 감각성을 옹호한 노리치의 줄리안에 대해 전혀 읽어보지 않은 것이 분명했다. 여성적 신비가에 대한 자료를 수년 동안 읽는 수고를 한 (남성) 학자들이 거의 없을 것 같다는 생각이 들었다. 그 당시에 나는 여자 대학인 배럿 대학에서 가르치고 있었고, 여성의 몸을 깎아내리고 판단하고 학대하는 환경에서 여성들이 수 세기 동안 겪어야 했던 고난에 대해 매일 배우고 있었다. 그런 일은 영과 물질을 대립시키고 감각성과 영성을 대립시키는 가부장적 이데올로기 아래에서 일어났다.

둘째, 그 학자는 도미니크회원이었고, 아마도 토마스 아퀴나스를 존경했을 것이다. 그는 실제로 아퀴나스에 대한 훌륭한 책을 썼지만, 아퀴나스가 찬양한 몸과 영혼의 합일이라는 '놀라운 통교(communio mirabilis)'를 전혀 내면화하지 않은 것 같다. 아퀴나스는 이렇게 말한다. "감각성은 민감한 욕구에 주어진 이름이다. 그것은 인간 본성에 포함된 완전한 동물의 본성 중 하나다…… 나는 민감한 욕구와 열정이 덕성의 주체이며 자리라고 이해한다."[8]

나는 멘토였던 분과의 서글픈 전화 통화에서 몇 가지 교훈을 얻었다. 그중 가장 핵심적인 것은 아퀴나스처럼 줄리안이 영과 물질, 몸과 영혼, 본질과 감각성의 비이원론을 주장한 선구자였다는 것이다. 그리고 그것은 그녀가 많은 사람들에게 위협적이었다는 (그리고 지금도 위협적이라는) 의미이다. 그녀는 하느님이 "영혼과 몸의 영광스러운 통합"을 이루었다고 쓴다.[186] 가부장적 사고방식을 가진 사람에게는 그런 말이 악마에게 성수를 뿌리는 것처럼 여겨진다. 많은 사람들이 야유하고 머리에서 김을 내고 이를 갈 것이다.

이런 이야기를 통해 줄리안의 책이 출간되기까지 300년이나 걸렸고, 그다음에도 수 세기 동안 그녀의 책이 무시당한 이유를 짐작할 수 있을 것이다. 여기서도 그녀는 가부장제에 맹렬히 맞섰다.

몸에 대한 가부장적 관계의 예를 하나 더 말하겠다. 교황 베네딕트 16세가 된 라칭거Ratzinger 추기경에 대한 이야기이다. 교황

청 신앙교리성(과거의 '종교재판소')을 운영할 때 라칭거가 출간한 문서에서, 요가를 배우면 지나치게 몸과 접촉하게 되기 때문에 그리스도인들은 요가를 배우면 안 된다고 선언했다! 줄리안은 그것에 대해 할 말이 좀 있을 것이다. 나는 감각성과 영성을 하나의 과정으로 이해하지 못하는 사람들이 안쓰럽다.

줄리안은 "우리 영혼이 온 힘을 발휘할 때까지 우리는 온전해질 수 없습니다"라고 가르친다. 우리 영혼이 온 힘을 발휘하게 된다는 것은 무슨 의미인가? 그녀가 말한다. 그것은 이원론, 바로 가부장제적 이원론을 극복하는 것을 가리킨다. "이것은 감각성이 우리의 본질과 연결될 때 우리가 온전해진다는 의미입니다." 그리고 그녀는 영혼과 몸의 재결합이 그리스도의 고통과 우리의 고통이 이루는 성과의 일부임을 인식한다. 고통과 괴로움 속으로 들어가는 여정은 몸과 물질에 대한 의심을 없애고, 다시 온전함을 회복하게 해준다.[187]

줄리안은 상세히 설명한다. "우리의 본질과 감각성을 합하여 영혼이라고 부르는 것이 옳습니다. 왜냐하면 본질과 감각성 모두 하느님 안에서 하나가 되기 때문입니다." 그녀가 몸에 대한 두려움이나 불명예나 수치심을 일으키지 않고, 우리의 본질, 감각성, 영혼이 하느님과 하나가 되는 것이 우리가 하느님과 하나가 되는 데 필수적이라고 주장하는 것을 주목하라. 비이원론은 어디에나 있다. 우리 마음이나 의식에 있는 것만큼 우리 몸에도 있다. 그것은 모두 하나이다. 줄리안의 가르침은 아퀴나스의 가르침을 떠올리게 한다. 아퀴나스는 그녀보다 한 세기 전에 인간은 "몸 밖에서보다 몸을 가진 채로" 더 온전한 인간이며, "우리 영혼은 몸에서 분리되었을 때보다 몸과 결합되어 있을 때 더 하느님을 닮았다"고 가르쳤다.[9]

게다가 하느님의 의도는 다음과 같다. "우리가 감각적 본성과 영적 본성, 두 가지 본성을 가지는 것이 하느님의 뜻입니다."[188] 덧붙여 줄리안은 이렇게 말한다. "우리의 감각성은 주 예수께서 앉아 계시고 둘러싸여 계신 아름다운 도성입니다." 그런 면에서 우리는 예수의 본성을 공유한다. "예수님의 본성과 같은 우리의 본질도 신성 안에 편안히 앉아 계신 그리스도의 복된 영혼을 지닌 주님 안에 둘러싸여 있습니다." 여기서 그녀는 그리스도론적 범재신론 개념을 다시 도입하고 있다. 성육신의 진정한 의미는 이렇다. "하느님께서 동정녀의 자궁 안에서 인간의 몸과 결합하셨을 때, 하느님은 인간의 감각성을 취하셨고, 그것을 우리의 본질과 하나가 되게 하셨습니다."[189] 줄리안은 우리 영혼이 몸과 '결합(knit)'되고 우리가 "창조될 때 하느님과 결합"된다고 말하기를 좋아한다.[190] 줄리안이 결합의 예를 자주 언급해서 나는 그녀가 자신의 독방에서 능숙한 솜씨로 뜨개질(줄리안이 쓴 'knit'는 '뜨개질하다'라는 의미와 더불어 '결합하다'라는 의미다-옮긴이)을 했을 것이라고 추측한다.

줄리안은 우리의 인간적 본성과 감각적 본성을 추상적으로 이해하지 않는다. 실제로 그녀는 우리가 화장실에 가는 것이 하느님과 함께 공동창조하는 일이라고 찬미한다. "음식은 매우 아름다운 지갑 같은 우리 몸 안에 갇힙니다. 그러다가 필요해지면 가장 적절한 방식으로 지갑이 열리고 다시 닫힙니다. 그리고 그 일을 하는 것은 하느님입니다." 하느님이 만든 우리 몸의 자연적 기능을 우리가 겪는 것은 그 자체로 하느님의 기능이다. 실로 우리는 공동창조한다. 그녀는 왜 그렇게 확신하는지 말한다. "왜냐하면 우리의 가장 초라한 욕구에서도 하느님의 선이 우리에게 충만한 것을 보여주셨기 때문입니다." 그녀가 자신의 모든 신학과 선의 형이상학을 삶의 자연스러운 과정에 적용하는 것을 주목하라. 건강한 장운동을 하는 것(혹은 실제로 오줌을 누는 것)은 좋은 일이고, 줄리안은 그것을 통해 건강을 찬미하고 자연의(그러므로 하느님의) 선을 찬미할 때 점잔을 빼거나 남을 의식하지 않는다. 실제로 장이 막히고 자연스런 배설 기능을 할 수 없으면 그것은 분명히 건강이 손상되었다는 표시이다. 변소에서 일어나는 일의 맥락에서 우리의 '가장 초라한 욕구'에 대해 말할 때, 줄리안은 '겸손'의 근본적 의미인 '땅'으로 돌아간다('humility'의 어원은 'earth'를 의미하는 라틴어 'humus'이다).

또 벽으로 둘러싸인 독방에 사는 것은 단지 좁은 데서 사는 것 이상으로 불편한 점이 많다. 화장실에 가는 것을 생각해보자. 즉 줄리안은 다른 사람이 변기를 비워주기를 기다려야만 했다. 한동안 악취가 났을 것이고, 독방의 냄새는 늘 쾌적하지는 못했을 것이다. 간략히 말해, 그녀가 선택한 은수자의 생활 방식에서는 몸의 욕구를 수월하고 만족스럽게 처리하기 어려웠지만, 그녀는 그것을 불평하기보다 아름다운 시로 표현했다. 그녀는 자연의 선에 대해 설교하는 것을 분명히 실천한다.

줄리안은 화장실에 가는 일의 신성함을 묵상하는 가운데 이렇게 말한다. "하느님은 피조물을 경멸하지 않으시고, 우리 몸의 본성에 속하는 가장 단순한 기능에서 우리를 보살피시는 일을 경멸하지 않으십니다." 반면에 우리는 이따금 피조물을 경멸하지 않는가? 몸을 무시할 때가 그런 경우이다. 우리의 문화는 이따금 피조물을 경멸하지 않는가? 기후변화를 부정하는 것은 피조물을 경멸하는 것이 아닌가? 여기서 줄리안은 앞서 3장에서 하느님이 자연을 사랑하고 자연 속에 현존하는 것에 대해 논의했던 원리를 적용한다. 그 원리는 그녀가 감각성과 영성을 찬미하고, (배설 기능처럼) 우리가 매일 하는 자연적 기능 또한 거룩하고 영적인 기능임을 찬미하는 근거가 된다.

줄리안은 하느님께서 우리 안에 만든 "영과 몸의 은혜로운 통합"을 몸과 영혼, 물질과 영에 적용하려고 애쓴다. 그리고 그것은 아퀴나스가 말한 '놀라운 통교'라는 구절을 떠올리게 한다.[191] 그리고 이어서 이렇게 말한다. "몸에 옷을 입고, 근육이 피부에 싸이고, 뼈가 근육에 싸이고, 심장이 가슴 속에 있는 것처럼 몸과 영혼은 하느님의 선으로 입혀지고 둘러싸입니다."[192] 줄리안이 우리와 하느님의 관계를 말할 때 자주 등장하는, 둘러싸는 범재신론적 형상이 여기서는 우리 몸에 적용되고 있다. 몸, 근육, 뼈, 심장을 각각 그것을 둘러싸는 옷, 피부, 근육, 가슴과 더불어 찬미한다. 이것이 몸을 알아차리는 것이다. 그리고 창조영성이다. 물론 자연은 은혜이고, 은혜는 자연이다.

줄리안은 감각성과 영성의 결합, 영혼과 몸의 결합을 공경하는 면에서 혼자가 아니다. 그녀보다 앞선 자매인 힐데가르트와 메히틸드도 세속적인 것의 신성함을 찬미했다. 힐데가르트는 이렇게 말한다. "신성한 사람들은 모든 세속적인 것을 자신에게 끌어당긴다…… 땅은 동시에 어머니이고, 자연에 있는 모든 것의 어머니이고, 인간적인 모든 것의 어머니이다. 만물의 씨가 그 안에 담겨 있으므로 땅은 만물의 어머니이다."[10] 힐데가르트가 줄리안처럼 땅에 속한 것과 겸손으로부터 곧바로 모성과 거룩한 땅을 어머니로 인식하는 것으로 옮겨가는 것이 흥미롭다.

몸을 알아차리고 몸의 신성함을 공경하는 것은 건강한 페미니즘의 세계관에 반드시 필요하다. 다음과 같이 말하는 막데부르크의 메히틸드에게서도 그런 가르침을 볼 수 있다.

몸을 경멸하지 마라.
영혼은 몸 안에 있는 금고 같으니
하늘왕국에 있을 때처럼
그토록 확실하지는 못해도.
그것은 그토록 강하지 못해도
못지않게 대담하다.
그토록 지속적이지 못해도
못지않게 강하다.
그토록 기쁘지 않아도
못지않게 상냥하다,
그토록 부유하지 않아도
못지않게 친절하다,
그토록 결백하지 않아도

못지않게 신성하고,
그토록 완벽하지 않아도
못지않게 만족한다.[11]

우리 문화는 많은 여성과 남성들에게 몸을 경멸해야 한다는 메시지를 전한다. 이런 경멸은 감각성과 세속적인 것을 비난하는 데서 비롯된다. 그리고 그것은 우리가 땅에 대해 공격적 관계를 맺고 많은 자원을 뽑아내면서도 땅을 전혀 돌보지 않는 태도에도 나타난다. 또 우리가 어머니 지구에 가한 고통과 그에 따른 (우리가 위험을 무릅쓰고 무시하는) 기후변화를 부정하는 태도에서도 그런 경멸을 볼 수 있다. 우리가 몸과 땅을 증오하기 때문에 우리 눈앞에서 멸종이 일어난다. 그러므로 우리는 줄리안의 가르침에 귀 기울여야 한다.

메히틸드는 줄리안처럼 땅의 모든 피조물들의 신성함을 찬미하며 이렇게 말한다. "땅에 속한 모든 것들을 위하여 나는 끊임없이 마음속으로 하느님을 축복한다."[12] 피조물들은 우리를 신에게서 빼앗지 않고, 우리 에고를 찬양하지도 않는다. 오히려 그 반대다. "세속적인 것들에서 얻는 법을 배운 많은 기쁨들은 나의 사랑을 빼앗을 수 없다. 왜냐하면 나는 피조물의 고귀함 안에서, 피조물의 아름다움과 유용함 안에서, 나 자신이 아니라 하느님을 사랑할 것이기 때문이다."[13] 그런 겸손함이 에고를 길들인다. "참으로 지혜로운 사람은 모든 피조물 앞에 무릎 꿇는다."[14] 그러므로 메히틸드가 보기에는 다른 피조물들을 존중하는 것은 지혜가 있음을 나타낸다.

또 그녀의 형제 아시시의 프란체스코도 줄리안을 지지한다. 그는 유명한 시 「피조물 찬가(Canticle of Creatures)」에서 "자매 지구, 우리 어머니 지구는 그녀의 주권 안에서 우리를 먹여주고, 다양한 열매들, 색색의 꽃들과 허브들을 만들어낸다"고 찬미했다.[15] 또 그녀의 형제 마이스터 에크하르트는 "영혼은 몸을 사랑한다"고 말하며, 그것은 줄리안과 아퀴나스가 주장하는 몸과 영혼의 비이원론, 영과 물질의 비이원론과 매우 잘 어울린다.

이원론은 여성에 대한 억압과 많은 관련이 있다. 줄리안은 비이원론에 저항할 때 근본적 실재를 말한다. 에이드리언 리치는 모성 연구의 후기에서 자신이 살펴본 것과 비전을 이렇게 말한다.

> 나는 어떤 여성도 처녀든, 어머니든, 레즈비언이든, 결혼했든, 독신이든 그리고 생계를 꾸리는 길이 가정주부든, 웨이트리스든, 뇌파 검사자든, 몸이 근본적인 문제가 아닌 경우를 한 사람도 보지 못했다.
>
> 몸에 대한 두려움과 증오 때문에 우리의 뇌는 불구가 되고 있다…… 우리는 맹목적으로, 노예처럼, 우리 여성에 대한 남성의 이론들에 복종하면서 우리의 몸이 '되거나', 이 육체에도 불구하고 존재하고자 애쓰는 경향이 있었다.
>
> 여성들이 자신의 몸을 다시 소유하게 되면 인간 사회에서 노동자들이 생산수단을 얻는 것보다 더 근본적인 변화를 일으킬 것이다…… 우리는 모든 여성이 자기 몸을 지배

하는 세상을 상상할 필요가 있다. 그런 세상에서 여성들은 진정으로 새로운 인생을 창조할 수 있고, (원한다면 선택에 의해) 아이를 낳을 뿐만 아니라 미래의 영감, 인간 존재를 지탱하고 위로하고 변화시키는 데 필요한 사고를 낳을 것이고, 그럼으로써 우주에 대한 새로운 관계를 낳을 것이다.[16]

나는 줄리안이 14세기에 감각성과 영성에 대한 가르침에서 그런 논의를 시작했다고 본다. 실로 줄리안은 에이드리언 리치에게 큰 힘을 주는 자매이다.

우리가 몸을 다루는 방식과 지구 어머니의 몸을 다루는 방식은 직접 연관되어 있다. 그래서 시인이자 예언가이자 농부인 웬델 베리Wendell Berry는 이렇게 말한다. "몸을 경시하면서 영혼을 귀중히 여길 수는 없다. 다른 어떤 것도 귀중히 여길 수 없다. 몸을 소외시키면 몸을 창조 질서 안의 다른 모든 것들과 직접적으로 대립하게 만든다. 몸을 경멸하면서 몸의 부활을 열망하는 것보다 더 터무니없는 일은 없다."[17] 여기서도 감각성과 본질을 함께 아우르는 줄리안의 사랑에 대한 깊은 긍정을 볼 수 있다. 웬델 베리는 자신이 "정신과 몸, 몸과 땅의 연관성을 모색했다"고 말한다. "우리가 서로에게 하는 행위와 우리가 땅에게 하는 행위 사이에는 불가사의한 유사성이 있다. 가령 자신의 섹슈얼리티에 대한 우리의 관계와 땅의 재생산성에 대한 우리의 관계에 불가사의한 유사성이 있다."[18] 줄리안도 그런 연관성을 모색하고 있었다. 그리고 무려 700년 전에 그런 연관성을 발견하고 제시했다.

자기 이해와 건강한 자기 사랑이 중요하다

줄리안은 이렇게 말한다. "먼저 우리 자신의 영혼을 명확히 알기 전에는 하느님을 결코 알 수 없습니다."[193] 우리 자신을 알아야한다는 것은 신비가들이 되풀이해서 말하는 익숙한 말이다. 우리가 자신의 '영혼' 즉 사건과 관계에 대한 우리의 반응을 이해하고비판할 수 있게 된 것도 현대 심리학의 유용한 공헌이다. 그것은우리의 반응을 개선하고 우리 자신을 더 잘 알게 되는 것이다. 우리의 그림자에서 도망가거나 그림자를 타자에게 투사하지 않고 살펴보는 것이다. 또 우리가 누구이고 우리의 동기가 무엇인지 탐구하는 것이고, 우리가 가족과 사회로부터 물려받은 상처를 탐구하여 그 상처가 우리를 규정하지 못하게 하는 것이다. 우리의 참 자아가 누구인지 그리고 우리가 성장하고 성숙하고 확장하지 못하게 방해하는 것이 무엇인지 배운다. 거짓 자아와 참 자아를 구별하는 것이다. 마이스터 에크하르트가 그것을 말할 때 성 바울로가연상된다. "외면의 사람은 낡은 사람이며, 땅에 속한 사람, 이 세상의 사람, 날마다 늙어가는 사람이다. 그의 끝은 죽음이다······ 반면에 내면의 사람은 새로운 사람이고, 하늘의 사람이며, 내면에서하느님이 빛나는 사람이다."19

줄리안은 (지나치지 않게) 자신을 비판할 때 거짓 자아와 대비되는 참 자아, 더 나은 자아의 실재에 대해 말하며 이렇게 조언한다. "나 자신의 약함과 비참함과 맹목에 대해 말하는 것이 중요하다고 생각합니다."[194] 그녀의 글에는 자기비판이 없지 않다. 그녀는 오만한 자존심을 일으키는 성향을 억제한다. 처음에는 정신착란 때문에 환시를 본 줄 알았지만, 나중에는 생각을 바꾸었고, 환시를 부정했던 자신이 '비열했다'고 책망했다. 그리고 다시 환시가 일어나자 그것은 망상이 아니라고 스스로에게 말했다. 그녀는 환시에서 "그것을 받아들이고, 믿고, 신뢰하고, 그것을 굳게 붙들고, 그것으로 너를 위로하라. 그러면 압도당하지 않을 것이다"라는 말씀을 듣는다. 그리고 "그 진리를 마음속에 굳게 간직하라"는 하느님 뜻을 알게 되었다. 이 이야기는 철저한 신뢰의 토대에 대한 가르침을 확고히 뒷받침한다.[195]

줄리안은 자주 자신을 용서하는 법을 배웠고, 우리에게 자신을 용서하는 법을 가르친다. 그녀는 하느님이 "우리가 자신을 용서하고 무분별한 낙심과 두려움에 빠진 의심을 내려놓기를 원하십니다"[196]라고 한다. 그리고 경고한다. "우리는 종종 하느님을 보지 못하며, 자신에게 빠져들고, 우리에게 뭔가 잘못이 있다고 여깁니다. 우리가 비뚤어졌고, 죄가 세상에 들어온 것과 그 뒤에 이어지는 죄들에 책임이 있다고 생각하는 것입니다. 우리는 정신적으로, 육체적으로 이런 생각들에 시달립니다." 성령은 우리가 그렇게 자신을 질책하는 것에서 벗어나게 해주거나 혹은 벗어나게 해주어야 한다고 줄리안은 우리에게 알려준다.[197]

그런데 그녀는 자기 인식과 자기비판을 우리의 고귀함과 선이라는 더 큰 맥락 안에 두어야 한다고 주장한다. "우리의 영혼은 놀랍고 당당하며, 주님이 거하시는 곳입니다. 그러므로 하느님은 우리가 응답하기를 원하십니다. …… 우리가 빈번한 실패를 슬퍼하기보다는 하느님의 완벽한 사랑을 기뻐하기를 원하십니다."[198] 그녀는 하느님이 이렇게 말하는 것을 듣는다. "너의 시련과 비통이 모두 너의 잘못 때문이라고 여기며 지나치게 자책하지 마라. 나는 네가 무분별하게 가슴 쓰리고 비통해하는 것을 원하지 않는다."[199] 거짓 겸손 즉 거짓 온유함이 있으며, 그것은 우리가 자신을 용서하지 못하게 하므로 그것을 경계해야 한다. "하느님은 우리가 두려움 때문에 생긴 정말 역겨운 무지이자 허약함인 거짓 온유함에 빠지지 않고, 우리가 자신의 죄를 용서하기를 원하십니다."[200]

다시 자기를 비판하면서, 줄리안은 이따금 자기 비하를 하고 자기를 아무런 가치 없는 사람으로 여긴다고 털어놓는다. 하지만 그럴 때 그녀는 어리석다. 그녀는 이렇게 말한다. "충분하게 신뢰하지 못할 때가 많습니다. 우리는 자신이 가치 없고 아무것도 아니라고 여기기 때문에 하느님이 우리에게 귀 기울이신다고 확신하지 못합니다. 이건 어리석은 생각이고 허약해지는 원인입니다. 나는 스스로 그렇게 생각했습니다."[201] 그녀는 우리가 과녁을 벗어나는, 즉 '죄를 짓는' 현실을 인정하지만, 잘못한 것에 머물러 있으면 안 된다고 경고한다. 하느님은 화제를 바꾸어 우리를 "어리석게 죄에 머무르"지 않고 벗어나게 하기를 원하시며, 그 대신 우리를 기쁨으로 부르시고 "나를 즐기고 너의 해방을 즐기라"고 하신다. 게다가 우리는 실제로 죄가 아니라 선이 지배하고 있는데도 우리가 저지르는 잘못이 가장 중요하다고 착각할 수 있다. "나의 죄가 하느님의 선이 하는 일을 방해하지는 않을 것입니다."[202] "하느님은 나를 책망하지 않으시므로, 나의 죄 때문에 하느님을 탓하거나 신뢰하지 못하는 것은 자연스럽지 못한 일입니다."[203] 하느님은 원한을 품지 않는다.

줄리안은 사람들을 죄의 상태에 두는 교회의 가르침과는 다른 길을 가며 이렇게 말한다. "거룩한 교회의 일반적인 가르침과 우리 자신의 생각에 따라, 우리가 이 세상에 사는 동안 우리의 죄에 대한 죄책감이 끊임없이 우리에게 들러붙어 있다는 것을 나는 알았습니다." 여기서 종교가 가르친 죄를 내면화하는 것에 대해 그녀가 경고하는 것을 주목하라. 무엇보다 놀라운 점은 그다음에 이어지는 계시이다. "그때 주 하느님께서 우리가 마치 천국의 천사들만큼 깨끗하고 온전한 것처럼 아무런 책망을 하지 않으시는 것을 알고 얼마나 놀랐는지요!"[204] 그녀는 죄를 일으키는 교회의 가르침에서 다시 물러나 이렇게 외친다. "거룩한 교회는 나에게 죄인은 책망받고 벌받을 만하다고 가르쳤습니다. 하지만 내가 받은 계시에서는 하느님 안에서 비난도 분노도 볼 수 없었습니다."[205]

줄리안은 값싼 죄책감이나 허울만의 부끄러움을 은밀히 거래하지 않는다. 그것은 병든 종교와 병든 정치의 토대를 제공하는 경우가 많다. 그녀는 다른 사람들이 그렇게 하는 것을 묵인하지도 않으며, 실로 마음속에 우리 존재의 선에 대한 더 큰 관점을 유지하라고 주장한다. "온갖 슬픔이나 행복의 느낌에도 불구하고 하느님은 우리가 세상보다 천국에서 더 참되게 존재한다는 것을 이해하고 믿기를 바라십니다." 실현된 종말론과 현존하는 하느님의 은총에 대한 그녀의 인식은 잘못과 악의 한가운데서도 사라지지 않고, 심지어 전염병과 팬데믹이 한창일 때도 사라지지 않는다.

7장

악을 이기는 사랑의 힘은
안녕으로 이끈다

우리는 사랑하도록 지음받았습니다……
사랑의 주님이 악의 영을 이기시는 것을 보면
웃음이 나옵니다.

줄리안

앞에서 줄리안이 우리와 모든 피조물을 얼싸안는 '끝없는 사랑'에 대해 말하는 것을 보았다. 줄리안이 보기에 우리는 사랑에 둘러싸여 있고, 사랑은 어디에나 있다. 그것이 범재신론 신학의 논리적 결론인 것 같고, 거기서 모든 존재는 신성의 바다에서 수영하며 물고기들이 물을 호흡하듯 신을 호흡한다. 신의 은총은 그와 같다.

사랑과 열망에 대해

줄리안은 『하느님 사랑의 계시』라는 책에서 사랑에 대해 자주 말하는데, 그녀가 사랑에 대해 말할 때는 열망을 언급하는 경우가 많다. 그녀가 보기에 단지 우리만 하느님을 열망하는 것이 아니라 하느님도 우리를 열망하신다. 그래서 "하느님은 사랑 때문에 우리를 열망하십니다"라고 말한다.[206] "하느님 안에 연민과 이해심의 성질이 있는 것처럼, 갈망과 열망의 성질도 있습니다."[207] 또 그리스도도 열망을 보이신다. "그리스도의 영적 열망은 우리 모두가 그분 안에 함께 있을 때까지 계속되고 언제나 계속될 사랑의 열망입니다."[208]

우리를 향한 하느님과 그리스도의 이런 열망은 상호적이고(서로 열망한다), 고통스러운 것으로 밝혀질 수 있다. "하느님은 이렇게 열망하고 기다리시면서 우리도 똑같이 열망하고 기다리기를 원하십니다." 이는 열망이 고통스러울 수 있을 때 기다리기를 배우는 것이다. "그것이 우리의 자연스러운 속죄이며, 내가 보기에 가장 고귀한 속죄입니다. 왜냐하면 이 속죄는 우리가 만족하고 하느님을 완전히 소유할 때까지 결코 우리를 떠나지 않을 것이기 때문입니다."[209] 열망은 '부정의 길' 일부로 나타나는 사랑의 차원이다. 그런데 열망이 만족되지 않는 중간 시기에 우리는 무엇을 하는가? "하느님은 우리가 느끼는 고통에서 우리의 것이 되리라고 신뢰하는 기쁨으로 마음을 돌리기를 원하십니다." 여기서도 신뢰가 길을 가르쳐준다. 기쁨은 가까운 곳에 있을 수 있다. 희망이 중요하다.

줄리안은 사랑이 우리의 '해방' 즉 구원임을 인식하고 이렇게 말한다. "우리는 평온하고 사랑하게 될 때까지 결코 행복하게 해방될 수 없습니다. 왜냐하면 평온과 사랑이 해방된 상태이기 때문입니다."[210] 평온과 사랑이 우리를 해방하고, 우리를 온전하게 해주고, 우리를 구원한다. 그리고 우리가 해야 하는 일은 다른 사람들도 해방될 수 있도록 그 사랑을 전하는 것이다.

2장에서 보았듯이 줄리안에게는 선을 찾고 기억하는 것이 제일 먼저이다. 선으로부터 사랑과 희망이 생기고, 모든 사랑은 선(혹은 적어도 선하다고 우리가 지각하는 것)에 대한 반응이다. 그것이 바로 선의 매력이다. 선에 대해 말하는 것은 곧 사랑에 대해 말하는 것이고, 사랑에 대해 말하는 것은 곧 선에 대해 말하는 것이다. 그것은 세상을 보는 방식이고, 사랑 너머에 선이 있기 때문이다. 아퀴나스는 "기쁜 사람은 더 큰 희망을 가지고 있다"고 말하며 희망을 생생히 간직하는 데 있어서 '긍정의 길'의 역할을 강조한다.[1] 줄리안에 따르면 자연 안의 어디에나 선이 있다. 그리고 인간 본성 안에 선이 상실된 곳에서 우리의 임무는 그것을 바로잡고 우리 자신과 다른 사람들 안에 다시 선을 가져오는 것이다.

다른 많은 경우처럼 줄리안은 죄란 '그릇된 사랑'이라고 정의한 토마스 아퀴나스와 비슷하게 말한다. 사실 죄를 이렇게 이해하는 것은 매우 유대교적인데, 히브리인들에게 죄라는 말은 '과녁을 빗나간'이라는 의미의 활쏘기 용어이기 때문이다. 아퀴나스는 심지어 죄도 사랑하려는 노력이고, 선함을 추구하는 노력이며, 비록 중심을 벗어나긴 했지만 어쨌든 노력이라는 논리적 결론을 내린다.

인간과 하느님 간의 사랑은 확실하다. 하느님은 이렇게 말씀하신다고 줄리안은 말한다. "나는 너를 사랑하고, 너는 나를 사랑한다. 그리고 우리의 사랑은 결코 둘로 갈라지지 않을 것이다. 너를 위하여 나는 네 뜻과 반대로 네게 죄가 내리게 한다. 내가 너를 보살피고 있다. 나를 믿어라."[211] 줄리안은 사랑이 충절과 지혜에서 비롯되고, 사랑은 "완전히 경탄에 빠져 하느님을 기뻐하는 것"이라고 가르친다. 경외와 경탄, 긍정의 길은 사랑을 둘러싼 경탄의 근원이다. 실로 "우리는 사랑하도록 지음받았습니다"라고 줄리안은 말한다.[212] 우리가 함양하는 특성과 우리가 기르는 덕성은 "함께 나누는 사랑"이고, "행동하는 사랑의 선물"이자 표현이다.[213] 사랑은 단지 느낌이 아니라 행동을 일으킨다. 행동이 없으면 은총을 줄 수 없다.

줄리안은 하느님을 판사 혹은 우리가 죄를 짓는지 엿보는 존재 혹은 징벌하는 아버지로 생각하지 않으며, 진실은 전혀 다르다고 말한다. "하느님은 우리가 당신을 연인으로 여기기를 원하십니다." 그녀는 이것이 "일어난 모든 일이 나를 위해 일어난 것처럼" 우리가 "사랑에 묶여 있다"는 의미라고 해석한다. "말하자면 하느님의 사랑은 우리 안에 일치를 이룹니다. 그래서 그 일치를 보면 자신을 다른 사람들로부터 분리할 수 없습니다."[214] 사랑의 핵심에 하나됨이 있고, 우리가 하나되는 것의 핵심에 사랑이 있다. 실로 줄리안은 여기서 『보여주신 것들』과 『하느님 사랑의 계시』에 담긴 모든 경험을 이렇게 요약한다. "계시가 일어나는 동안 계속해서 나는 두 가지를 보았습니다. 하나는 하느님의 사랑이 한없고 영원히 계속되리라는 것이었습니다." 그리고 그것은 그녀에게 '확고한 안도감'과 보호받는다는 인식을 일으켰다. 그녀가 둘째로 본 것은 교회 공동체의 '일반적인 가르침'을 사랑하고 기뻐할 수 있다는 것이었다.[215] 그녀는 자기가 본 것들이 분명히 그리스도교 전통에 부합한다는 것을 의심하지 않았다. 자신의 가르침이 어떤 식으로든 교회의 주류에서 벗어난다고 여기지 않았다.

'악의 영'과 싸우는 사랑에 대해

줄리안에게 또 하나의 사랑의 차원은 사랑과 선이 악에 맞서 싸운다는 것이다. 그녀는 우리가 선 안에, 그러므로 사랑 안에 푹 잠긴 삶을 산다고 주장하지만 결코 '사악함'이나 '악'이라 부르는 것을 외면하지 않는다. 오히려 선 자체를 악에 맞서는 힘으로 여기고, 악을 포함한 만물의 모체를 이루는 힘으로 여긴다. "사랑의 힘이 악의 영을 이기는 것을 보면 우리의 가슴이 위안과 기쁨으로 가득 찹니다." 그리고 웃음도 우리 가슴을 채운다. 그녀는 적의 무력함을 보고 웃는다. "사랑의 주님이 악의 영을 이기시는 것을 보면 웃음이 나옵니다. 하느님께서는 악을 있는 그대로 보시고, 악을 경멸하시고, 언제나 경멸하신다는 것을 깨닫습니다. 하느님은 악의 영이 저주받았음을 보여주셨습니다."[216]

간디Gandhi가 비폭력적 수단으로 영국인을 몰아냈을 때, 마틴 루터 킹 2세Martin Luther King Jr.가 똑같은 사랑의 수단으로 인종차별을 무찔렀을 때, 그리고 넬슨 만델라Nelson Mandela가 남아프리카 공화국의 인종차별 정책인 아파르트헤이트를 폐지시켰을 때, 또 존 루이스John Lewis가 시위행진을 이끌고 다리를 건너다가 사람들에게 두들겨 맞았지만 선거권 법을 통과시켰을 때, 이처럼 사랑이 악에게 승리하는 것을 볼 때, 또 그런 이야기들이 우리의 가슴을 위안, 기쁨, 심지어 웃음으로 충만하게 한다는 것은 사실 아닌가?

줄리안이 보는 것처럼 결국 삶에서 악은 이기지 못한다. "그리스도의 복된 수난의 힘이 모든 어둠보다 더 큽니다. 적은 사악하지만 무력합니다."[217]

악을 이기는 것은 하느님 어머니가 하는 일의 일부이다. "악을 이기고 선을 행하시는 그리스도 예수님은 우리의 참된 어머니이십니다…… 사악함이 일어나 선에 맞서는 것이 허용되었습니다." 하지만 선이 "사악함을 선으로 변형시켰"다.[218] 그러므로 우리는 '긍정의 길'의 힘에 참여하고 그것을 확장하여 악에 맞서 싸운다. "우리는 본성적으로 악을 거부하고, 인간의 본성은 그 자체로 순수하게 선하고 아름답습니다. 은총은 우리에게 사악함에서 벗어날 힘을 줍니다. 은총은 악을 멸절하고, 인간의 본성을 본래의 축복받고 아름다운 원천 즉 하느님에게로 회복시켜줍니다." 우리는 악하게 태어나지 않고, 악해지는 운명도 아니며, 우리의 운명은 선이다. 우리는 아름다워지도록 태어난다. "악을 행하는 것은 지옥과 비교할 수 없이 더 악하고 고통스럽습니다. 악은 우리의 아름다운 참 본성에 반대되기 때문입니다. 악은 부정할 뿐 아니라 사악합니다."[219]

우리 시대에 악은 추상적인 것이 아니다. 경찰이 수갑 채워진 흑인의 목덜미를 무릎으로 계속 눌러서 그가 살려달라고 빌며 필사적으로 숨을 쉬려 했지만 결국 죽게 했을 때, 악은 가혹한 정체를 드러낸다. 유사한 범죄를 저질렀을 때 백인보다 유색인을 훨씬 더 엄격하게 투옥하는 사법제도, 가난한 어린이들에게 더 열악하고, 소수민족 공동체의 (창조성이나 정의를 추구하는 것 같은) 문화적 힘에 호소하도록 마련되지 않은 교육제도가 뿌리박고 있는 인종차별 속에 악이 존재한다. 또한 코로나 바이러스 감염으로 인한 사망자 수가 백인보다 유색인이 세 배 더 많을 때, 유색인들은 사업을 시작하거나 집을 구매할 때 은행에서 대출 받기가 훨씬 더 어려울 때, 소수 인종의 투표권을 부정하는 음모가 넘칠 때, 우리가 이미 알고 있듯이 여러 나라의 정부가 세계를 파괴할 수 있는 핵무기를 잔뜩 보유하고 있고, 과학자들이 영혼을 팔아 핵무기를 만들어낼 때, 기후변화를 무시하거나 은폐할 때, 수많은 생물종이 멸종될 때, 부자들은 세금 감면을 받는 반면에 가난한 사람들은 생계를 위해 투쟁할 때, 코로나 바이러스를 무시하거나 방치해서 수십만 명이 사망할 때, 매스미디어가 증오와 분열과 거짓의 불길을 부채질할 때 악이 존재한다. 이런 일들이 일어나고 있는 우리 시대는 결코 악이 부족하지 않다.

줄리안이 잠들었을 때 무시무시한 악의 영이 찾아왔다. "그는 거대하고 메스껍고 번뜩이는 이를 드러내고 악질적인 모습으로 내게 으르렁댔습니다. 흉한 몸을 가진 그는 털북숭이 발로 내 목을 졸랐습니다. 나를 죽이려 했지만 그러지 못했습니다." "하느님에게 나를 맡겼습니다." 그때 심한 악취와 더불어 심한 열기가 일어났다. 그녀가 "모든 것이 불타고 있습니다!"라고 외쳤지만 다른 사람들은 그녀가 느끼는 악취와 열기를 느끼지 못했다. 결국 그녀는 "그것은 나만을 유혹하기 위해 온 악의 영이었"다는 것을 알고 안도했다.[220] 하지만 그녀가 한시름 놓은 것은 얼마 가지 못했다.

그때 마귀가 열기와 악취를 풍기며 다시 왔고 나를 매우 괴롭혔습니다. 악취가 지독하고 고통스러웠으며 몸에 내뿜는 열기는 끔찍이 가혹했습니다…… 그것은 모두 나를 절망시키기 위한 것 같았습니다…… 악의 영들은 날이 밝을 때까지 밤새도록 나를 괴롭혔습니다. 그런데 갑자기 악의 영들이 사라졌습니다…… 아무것도 남아 있지 않았지만 악취는 꽤 오랫동안 사라지지 않았습니다. 나는 마귀를 경멸했고, 그래서 그리스도의 수난 덕분에 마귀에게서 벗어났습니다. 그렇게 해서 그리스도께서 말씀하신 대로 악의 영이 정복되었습니다.[221]

줄리안이 이렇게 악의 영을 만나서 배운 교훈은 "선하신 하느님은 악의 영 속에 있는 증오를 보여주셨습니다. 내가 '악의 영'이라고 말하는 것은 평온과 사랑에 반하는 모든 것을 의미합니다"라는 것이었다. 악의 영은 몹시 "우리 영혼들을 증오하고, 그 증오는 악의 영 속에서 시기심의 영원한 불길로 타오릅니다. 하지만 악의 영이 우리에게 가하려는 모든 슬픔은 오히려 그에게로 돌아간"다.[222] 시기심의 불길은 우리 시대에도 생생히 타오르고 있지 않은가? 즉 국가 간의 시기심, 사람들 간의 시기심, 다른 인종과 성에 대한 시기심, 계급과 종교 간의 시기심 등이 여전하지 않은가?

악은 선의 지배를 받고 선이 악을 이긴다. "우리가 열망과 기쁨 속에서 살기를 바라시는 하느님의 뜻이 매우 확고하므로, 나는 그것에 반하는 것은 아무것도 주님에게서 비롯될 수 없고, 악의 영에게서 온다는 것을 깨닫게 되었습니다."[223] '긍정의 길'이 악보다 더 강하다.

모친 살해, 여성 혐오, 악의 실재

줄리안이 여성적 신과 하느님 어머니에 대한 깊은 사랑에 깊이 몰두하는 것을 보면, 오늘날 문화와 제도 속에서도 여전히 드러나고 있는 여성 억압을 전반적으로 반대할 것임을 추측할 수 있다. 그녀는 전 세계 사회가 여성을 끊임없이 억압하고 종속시키는 것에 대한 해결책을 제시한다.

또 줄리안은 지금 어디서나 일어나고 있는 어머니 지구를 죽이는 행위를 밝힌다. 그것은 실로 모친 살해나 마찬가지다. 인간이 악을 저지를 수 있는 능력 중에 우리 시대에 지구를 정복하고 고문하고 강간하고 살해하는 것만큼 파괴적인 다른 행위를 생각하기 어렵다. 우리는 지구의 숲과 열대우림, 토양과 바다, 강과 호수, 빙하와 동물, 조류와 곤충들, 바다의 먹이 사슬에 양분을 공급하는 미생물을 파괴하고 있다. 이것은 우리가 알고 있고, 우리에게 필요한 어머니 지구를 죽이고 있다는 증거이다.

어머니 지구만이 아니라 여성도 강압당하고 있다. 코로나 바이러스로 인한 팬데믹이 한창일 때, 미국 국회의사당 계단에서 플로리다의 늙은 백인 남성 하원의원이 브롱크스의 30세 라틴계 여성 하원의원을 '쌍*'이라고 부른 것을 잊지 말자. 설상가상으로 그 후에 그는 아내와 두 딸을 이용해 자기가 여성을 존중한다는 '증거'로 삼은 연설을 했고, 얼굴을 찌푸리며 '나의 하느님'과 '나의 조국'을 소리쳐 불렀다. 칼 융이 지적한 것처럼 바로 이것이 예외 없이 내면에 폭력을 품고 있는 감상적인 사람에게서 우리가 예상할 수 있는 일이다. 폭력과 감상주의는 함께 간다. 그러므로 종교적이든 정치적이든(그것은 '애국적'인 것으로 포장되는 경우가 많다) 감상적인 허위 연민을 경계해야 한다. 사람들이 흘리는 눈물을 보지 말고, 그들의 행동을 보고 판단하라.

하지만 그 하원의원이 속한 정당에서 그의 가혹한 발언에 맞서는 목소리를 내는 의원은 한 사람도 없었다. 반면에 미국 전역에서 여성들이 그 폭언에 응답해서 그들도 그런 언어폭력과 공격을 당했다고 말했다. 실제로 나의 자매와 조카딸은 그 사건을 듣고서 즉시 자진해서 그런 정보를 제공했다. 그리고 나의 자매는 "나는 그런 일을 겪지 않은 여성을 한 사람도 알지 못한다"고 말했다.

'여성과의 전쟁'은 어머니 지구와의 전쟁과 다르지 않다. 가부장적 속마음과 파충류 뇌(인간의 뇌 중에서 본능을 관장하는 부위-옮긴이)는 무엇이든 지배하고 정복해야만 한다. 적어도 회심 체험을 하기 전에는. 기후변화마저 부정하는 그 정당은 여성혐오자인 하원의원이 폭력 때문에 소환될 때 여성들의 치맛자락 뒤로 숨는 그의 감상주의적 경건을 감싸준다. 그 정당의 대표와 수많은 동료는 같은 존재 방식을 공유한다. 우리는 그런 여성 증오가 일어나고 있음을 부정할 수 없고, 권력의 전당에서 계속 일어나거나 통치하도록 허용하면 안 된다. 여성 증오는 진실의 빛을 통해 거짓임이 밝혀지기를 갈구한다.

줄리안은 진실을 말함으로써 여성적 지혜가 필요하다는 것을 명백히 밝힌다. 하느님을 가리키는 성별 발언에 균형을 이루어야 한다는 그녀의 주장은 우리 시대에도 매우 심오하고 설득력이 있다. 그녀의 신학 전체는 비이원론을 찬미하고 온갖 이원론을 거부한다. 그녀는 자연과 은총, 피조물과 하느님, 감각성과 영성, 몸과 영혼, 땅과 하늘, 남성과 여성의 거룩한 결합을 존중한다. 그러면 그것은 여성, 몸, 어머니 지구에 대한 공격을 치유하는 해독제를 제공한다. 줄리안은 가부장제의 심한 오점과 그에 따른 악을 내면에 지니지 않고 매우 의식적으로 그것을 넘어선다.

그녀는 에이드리언 리치가 가부장적 문화에서 관찰하는 '숙명론적 자기혐오'의 막대한 부담도 내면에 지니지 않는다. 실로 줄리안에게는 도무지 숙명론적인 것이 없다. 심지어 흑사병으로 인해 끔찍한 파괴가 일어나는 시기에도 숙명론에 기대지 않고 오히려 삶의 선함에 머물고, 인간이 그 선함을 지속할 수 있다는 것을 선택한다. 그리고 분명히 '자기혐오'를 품지 않은 채 두 권의 책 안에 지혜를 밝힘으로써 자신을 발견하려 애쓰고, 자신을 사랑하고 신뢰하려 애쓰고, 자기 자신 및 진실을 나누려 애쓴다.

그리스도교 제국의 이름으로 아프리카를 침략해 노예를 얻고전 세계의 토착 부족을 식민지화하고 파괴한 것을 15세기와 16세기의 교황들이 축복할 때 내세운 '발견의 교리'는 모친 살해의 또하나의 기만적인 예이다.[2] 몹시 해로운 그 교리는 토착적 지혜의특징인 '원주민 어머니의 사랑'을 효과적으로 살해한다. 융학파 심리치료사이자 작가인 클라리사 핀콜라 에스테스Clarissa Pinkola Estés는 문화는 '어머니들의 어머니'이므로 문화를 살해하고 멸절시키는 것은 또 하나의 모친 살해 행위라고 주장한다. 어머니들의어머니인 어머니 지구와 문화가 지금 위기에 처했다. 비록 파차마마를 경외하는 사람들이 증가하고 있지만.

줄리안의 모성에 대한 가르침을 어머니 지구에 적용하자. 4장에서 보았듯이 힐데가르트는 명백히 어머니 지구를 가리키는 언어를 사용했고, "땅을 파괴하지 말아야 한다"고 요구했다. 땅을 파괴하는 것은 곧 여성을 파괴하는 것이다. 모친 살해가 환경 파괴이고, 환경 파괴는 곧 모친 살해이다. 원주민의 땅을 침략하고, 그들의 문화를 파괴하고, 바이러스를 퍼뜨려 수백만 명의 원주민을 죽게 한 것은 그 결과가 모두 같다. 역사는 온갖 모친 살해로 가득하다. 종족 학살도 많이 일어났다.

줄리안은 '악의 영'인 '마귀'를 이겼다고 말했다. 마귀란 인간의 역사 속의 그림자이고, 어디에나 있는 인간 문화의 그림자 측면이다. 우리가 줄리안처럼 마귀라는 그림자를 비웃을 수 있을까? 그것을 넘어갈 수 있을까?

우리 시대의 상징인 칼리 여신

우리 가운데 있는 악의 존재에 대해 말하는 또 하나의 길은, 어머니의 그림자 측면을 인도에서 어둠의 어머니를 가리키는 '칼리' 여신으로 묘사하는 것이다. 인도에서 태어나고 자란 앤드루 하비 Andrew Harvey와 심리치료사 캐롤린 베이커Carolyn Baker는 그들의 공저인 『급진적 재생: 멸종의 시대에 새로운 인간의 탄생 (Radical Regeneration: Birthing the New Human in the Age of Extinction)』에서 칼리 여신에 대한 깊은 가르침을 전한다.

고대 힌두 현자는 "지금 우리가 살고 있는 시대를 예견했다"고 한다. 그들은 온갖 내적·외적 조화와 개인적·제도적 형태의 연민과 관심과 정의가 무너지는 것이 '암흑시대(Kali Yuga)'를 나타낸다고 본다.[3] 지금 어디에서나 일어나고 있는 산업 문명의 붕괴는 그런 현실을 반영하는 것 같다. 우리는 "칼리 여신의 춤이 소름 끼치도록 많은 인간과 동물의 생명과 지구의 광대한 부분을 파괴"하는

'치명적 단계'로 급격히 나아가고 있다.

하지만 그들은 "지구적 어둔 밤의 위기는 인류의 종말이 아니라 새로운 인간이 탄생하는 산도産道(어머니의 몸에서 아기가 태어나는 통로-옮긴이)"라고 믿는다.[4] '멸절의 잔인한 은총'을 포함하는 어둔 밤은 우리의 진화의 여정에서 새로운 단계를 일으킬 수 있다.

> 모든 진화적 신비가들이 그 점에 동의하는 바, 어둔 밤을 헤쳐나가는 유일한 길은 하느님의 사랑을 끊임없이 신뢰하고, 하느님의 지성의 불가해한 목적에 완전히 무조건적으로 한결같이 순복하는 것이다. 그런 신뢰와 점점 더 겸손해지는 절실한 순복을 통해 마침내 거짓 자아를 해결하게 된다. 거짓 자아는 권력에 대한 숨겨진 중독에 빠지고, '성취', '지위', '특권'에 대한 노골적이거나 미묘한 환상을 품는다.[5]

하비와 베이커는 시인이자 농부인 웬델 베리의 말을 인용한다. "어쩌면 무엇을 해야 할지 모를 때가 바로 우리가 진정한 일을 하게 된 것이고, 더 이상 어디로 가야할지 모를 때가 바로 우리가 진정한 여행을 시작한 것일지도 모른다."[6]

십자가의 성 요한은 그의 시에서 이렇게 말한다. "사랑, 그것이 내가 하는 모든 것이다." 줄리안은 그녀의 책 말미에 나오는 다음과 같은 대화에서 그녀가 한 일의 온전한 의미를 계시받는다.

> 내게 이런 말씀이 주어졌습니다. "너는 이 계시에서 주님

이 말하고자 하는 것을 명확히 알기 원하느냐? 잘 보아라.

너의 주님이 의도하시는 것은 사랑이었다.
누가 너에게 그것을 보여주었느냐? 사랑이다.
너는 무엇을 보았느냐? 사랑이다.
왜 그것을 너에게 보여주었느냐? 사랑 때문이다."[224]

앞서 5장에서 보았듯이 '영원한 사랑'은 진행 중이고, 그것을 받아들이는 것은 우리 몫이다.

모든 것이 잘될 것이다

토마스 아퀴나스는 희망을 신뢰와 연관 짓는다. 왜냐하면 신뢰가 "희망에 어떤 활력을 더하기 때문이다. 그러므로 신뢰는 희망처럼 두려움의 반대"이기 때문이다.[7] 신뢰와 관대함은 우리에게 선과 위대한 임무를 할 수 있도록 에너지와 열의를 주어 새로 활력을 얻게 하고, 이어서 희망을 일으킨다. 생태철학자 데이빗 오어David Orr는 희망이란 '소매를 걷어붙인 동사'라고 말한다. 줄리안도 그 말에 동의할 것이다. 선함, 기쁨, 경외로 깊이 들어갈 때뿐만 아니라 어둔 밤을 겪을 때 닥치는 힘든 일들을 포함해서 내면의 일을 겪을 때 희망이 생긴다. 그리고 세상에 선을 돌려주는 선한 일을 할 때 생긴다. 그 선한 일에는 내면의 일과 우리가 세상에서 하는 일이 포함된다. 존 루이스가 평생 한 일을 생각해보라. 마치 오늘이 그의 장례식 날인 것처럼 그가 생각난다. 그에 대한 기억과 그의 용기는 우리에게 희망을 준다.

"모든 것이 잘될 것입니다, 온갖 것들이 잘될 것입니다." 아마도 이것이 줄리안의 말 중 사람들이 가장 많이 기억하는 구절일 것이다. 1장에서 줄리안이 어둠과 악을 다루는 것, 또 지금 7장에서 그녀가 악을 대하는 것을 고찰할 때 보았듯 그녀는 모든 희망적 기대를 물리치고 그 대신 어둠을 있는 그대로 똑바로 직면하기를 요구한다. 그와 동시에 그녀는 인간사의 세계에서만 살지 않기 때문에 우리 내면에 깊이 있는 것과 팬데믹의 어둠 '후에' 올 것에 마음을 연다. 우리의 마음은 ('정상'이 무엇이든) '정상으로 돌아가려는' 강박과 향수를 포함하는 우리 문화의 독선적 경향에 깊이 물들어 있다. 지금 우리가 겪고 있는 소멸이 그런 마음을 정화하는가? 어둔 밤의 불을 함께 겪은 새로워진 인간성을 기다리는 가능성이 무엇인지 누가 알겠는가?

미국이 비대해진 국방 예산과 이미 충분히 오래된 가부장제 계략을 내려놓고 보다 건전하고 지속 가능한 다른 미래에 투자할 수 있을까? 우리가 어머니 지구에 대한 전쟁에 휴전을 선언하고, 생태계 파괴를 중단하고, 어머니 지구를 품에 안고 해로운 생활 습관을 바꾸는 것을 상상할 수 있을까? 우리가 지금의 에고만 생각하지 않고 미래의 아이들을 배려할 수 있을까? 그리고 2019년 유엔 보고서에 따라 앞으로 남은 9년 동안 우리가 그것을 할 수 있을까? 그런 미래는 여성의 지혜를 포함하는 반면 가부장제와 권력

투쟁에 대한 가부장적 집착과 그에 따른 '숙명론적 자기혐오'에 덜 의존한다. 그런 회심 경험이 코로나 바이러스 시대에 생긴 좋은 결과가 될 수 있을까?

만일 그럴 수 있다면 줄리안의 미래에 대한 비전은 가망성이 있다. 그녀는 희망의 만트라에 깊이 몰두해서 그것을 조금씩 바꾸면서 여러 번 반복한다. 하느님이 그녀에게 말한다. "죄는 존재할 필요가 있다. 하지만 모든 것이 잘될 것이고, 모든 것이 잘될 것이고, 온갖 것들이 잘될 것이다."[225] 죄를 단지 과녁을 빗나간 것으로 여기든 명백한 악으로 여기든, 죄는 역사 속에서 생기고 우리의 불완전한 선택에서 생긴다. 하지만 요점은 나쁜 소식을 전하는 것이 아니라 '안녕'이 승리할 것이고, '선'이 일어날 것이고, 인간이 빠지기 쉬운 허위를 '진실'이 구원할 것이라는 좋은 소식이다. 이것은 희망 사항일 뿐인가?

또 다른 곳에서 줄리안은 "선하신 주님은 나의 모든 물음과 의심에 대답하시며 온 힘을 기울여 말씀하셨습니다. '나는 모든 것을 잘되게 만들 수 있고, 모든 것을 잘되게 만드는 법을 알고, 모든 것을 잘되게 만들고 싶고, 모든 것을 잘되게 만들 것이다. 너는 네 눈으로 온갖 것들이 잘되는 것을 볼 것이다.'"라고 말한다. 그녀는 우리가 이런 가르침에서 평온을 찾아야 한다고 결론 내린다. 왜냐하면 "하느님은 우리가 이 말씀에 둘러싸여 평안하고 평온하기를 원하시"기 때문이다.[226]

줄리안은 인간들이 내면에 간직하고 있으며 깨우침과 생존을 가로막는 두 가지 큰 '병'을 언급한다. "하느님은 우리가 앓고 있는 두 가지 병을 보여주셨습니다. 하나는 견디는 능력이 부족한 것 즉 '나태'입니다. 그것은 우리가 수고와 고통을 감당하기 어렵다고 여기기 때문에 생깁니다. 나머지 하나는 '절망' 즉 두려워하는 경외입니다. 하느님은 일반적으로 모든 죄가 포함되는 죄를 보여주셨지만, 구체적으로는 그 두 가지 죄만 보여주셨습니다. 그 두 가지는 가장 큰 고통을 일으키고 괴롭히는 죄입니다."[227] 줄리안은 우리에게 아케디아와 새로운 일을 시작할 기력이 부족한 것, 절망과 무력감에 맞서라고 권한다. 손목을 걷어붙이고 일에 착수하라고 격려한다. 내면의 일과 함께 외부의 일을 하고, 영적인 일과 함께 정치적 일을 하고, 신비적 일과 더불어 예언자적 일을 하라고 한다.

줄리안에 따르면 우리를 방해하는 둘째 죄는 '절망' 자체이다. 무기력, 아케디아, 잠에서 우리를 깨우고 새로운 기력을 줄 수 있는 것은 긍정의 길과 미와 선에 대한 인식을 회복하는 것이다. 아퀴나스는 이렇게 말한다. "열정은 사물의 미에 대한 격렬한 경험으로부터 생긴다." 우리가 돌파의 순간까지 어둔 밤과 절망의 경로를 따라간다면 그것은 은총일 수 있다.

그런 맥락에서 미래에 대한 줄리안의 비전을 순진한 낙관론 혹은 희망 사항 혹은 영적 우회로가 아니라 '행동'하라는 깊은 요청으로 볼 수 있다. 그녀는 확실히 말한다. "마지막 날에 하느님 안에서 지금은 숨겨져 있는 비밀의 조언을 명백히 볼 것입니다. 그때는 흥분해서 '주님, 우리가 진작 이런 것을 알았더라면 모든 것이 잘되었을 것입니다'라고 말하는 사람이 아무도 없을 것입니다. 그 대신 모두 한목소리로 '주님, 축복받으소서! 그러합니다. 모든 것이 잘되었습니다'라고 말할 것입니다."[228] 한 생물종으로서 우리의 안녕과 지구의 놀라운 생물종들과 더불어 지구 자체의 안녕은 우리가 깨어나는 것과 우리가 어떤 일을 하느냐와 관련된다.

8장

팬데믹과 팬데믹을 넘어
온전히 살기: 줄리안의 가르침 요약

우리는 공경과 사랑하는 경외로 충만하여
모든 힘을 다해 행동으로 돌아섭니다.

줄리안

지금까지 줄리안의 일곱 가지 가르침을 살펴보았다. 그녀는 그것을 서른 살 때부터 생의 마지막까지 50여 년 동안 편집하고 완성했다. 이제 일곱 개 장 순서대로 줄리안의 가르침을 요약해보겠다.

1장 어둠을 직면한다

1. 어둠에서 달아나지 마라. 부정보다 진실을 앞세워라.
2. 적당한 기회에 자신의 목표와 의도를 살펴보라. 나는 왜 여기 있는가? 나는 무엇과 누구를 섬기기를 바라는가?
3. 인생은 짧다. 인생에서 무엇을 해야 하는가? 특히 어려운 시기에 어떻게 삶에 기여할 수 있는가?
4. 절대로 생명과 시간을 당연하게 여기지 마라.
5. 죽는 것을 두려워하지 마라. 여러 가지 죽음과 내려놓음 속으로 들어가라.
6. 애도 작업을 하라.
7. 자기 연민과 희생자 의식에 저항하라. 비통함에 얽매이기보다 "좋아지는 것"과 "삶을 즐기기"를 선택하라.
8. 기쁨이든 슬픔이든 자기감정과 소통하라.
9. 중독으로 마비되지 않도록 조심하고, 사회에 있는 중독의 존재를 주의해서 지켜보라. 그런 중독으로부터 누가 이익을 얻고 있는지, 사회적으로 개인적으로 비판적으로 파악하라.
10. "기쁨과 슬픔"의 춤에 익숙해져라. 계속 유순해지라.
11. 줄리안과 (특히 메히틸드와 십자가의 성 요한 같은) 다른 신비가들이 영혼의 어둔 밤, 사회의 어둔 밤에 대해 가르쳐주

는 것을 공부하라.

2장 선함, 기쁨, 경외

1. 역사에도 불구하고 세상을 사랑하라.

2. 빅뱅이 일어나고 138억 년의 놀라운 여정 후에 지금 우리가 이처럼 놀라운 우주에서 이처럼 놀라운 행성인 지구 위에 있다는 것이 얼마나 특별하고 얼마나 축복인지를 기억하라. 더 큰 그림을 보라.

3. 선을 흠뻑 만끽하라. 그리고 "첫째로 선한 것은 자연의 선입니다"라는 것을 기억하라.

4. "하느님의 불가사의한 지혜를 이해하지 못할 만큼 무지하게" 되지 말고, 우리에게 매일 계시되는 것의 "힘과 선을 파악하지 못할 만큼 편협하게" 되지 마라.

5. "하느님은 자연과 같으십니다." 그리고 하느님은 "바로 자연의 본질"이다. 거기에 머물러라.

6. "자연 안의 선이 하느님이십니다."

7. 하느님은 "끝없는 선"이고 "영원한 선"이다.

8. 하느님은 "지고의 기쁨"을 겪고 특히 "우리도 기뻐하기를 바라시는 다섯 가지 지고의 기쁨"을 겪는다.

9. 우리 모두는 "영원한 기쁨의 생득권"으로 태어난다.

10. 건강한 자기 사랑은 반드시 필요하고, 우리가 피조물에서 만나는 모든 것도 "하느님이 사랑하시는 모든 것"이다.

11. "만물 안에서 하느님을 보는 것은 완벽한 기쁨 속에서 사는

것입니다."

12. 우리가 하는 내적인 일과 외적인 일과 노동은 신성하다. 우리의 영혼과 땅에 "달콤한 물이 흐르게 하고, 고귀하고 풍성한 과일이 열리게" 하기 위해 "땅을 파고 고랑을 내며, 땀 흘려 일"하라. 우리의 노동으로 얻은 이 "음식과 음료"가 우리의 "진실된 예배"가 되게 하라.

13. 경외를 귀중히 여겨라. 우리 영혼의 첫째 의무는 "경건하게 경탄하는 것"이다. "경건한 경외는 하느님의 지고의 아름다움에 대한 합당한 응답입니다."

14. "사랑하는 감사의 기도가 가장 거룩한 기도입니다."

15. 감사드리면 행동하게 된다. "공경과 사랑하는 경외로 충만하여 모든 힘을 다해" 우리가 인도되는 "행위를 하게 된"다.

3장 자연과 하느님은 하나다

1. "첫째로 선한 것은 자연의 선입니다."

2. "빛은 우리 생명의 원천입니다. …… 빛은 하느님이고, 영원한 낮입니다."

3. "자연과 은혜는 서로 조화를 이룹니다…… 다른 하나가 없으면 어느 것도 효과를 발휘하지 못합니다."

4. "하느님은 토대이시고 본질이시고 본성과 같으십니다."

5. "하느님은 참된 아버지이시고 자연의 어머니이십니다."

6. "우리가 사랑을 무시하기 때문에 모든 어려움이 생깁니다."

7. "하느님은 결코 언젠가부터 우리를 사랑하기 시작한 것이 아

닙니다. …… 태초부터 우리를 사랑하셨습니다."

8. 믿음은 "우리가 하느님 안에 있고, 보이지 않는 하느님이 우리 안에 계십니다"라는 것을 신뢰하는 것이다.

9. "하느님과 우리들 사이에는 '사이'가 없습니다."

10. 그리스도는 "모든 인간을 구현"한다. 그리고 "우리 모두 안에 있는 영적 열망을 나타내십니다. 그리스도는 모든 영적 탐구자들이시고, 모든 영적 탐구자들은 그리스도"이다.

11. 하느님은 "나는 네가 사랑하도록 만드는 것이다. 나는 네가 열망하고 바라도록 만드는 것이다"라고 말한다.

12. 모든 자연은 상호의존적이다. "그리스도께서 운명하실 때 하늘과 땅이 무너졌습니다. 그분도 자연의 일부이시기 때문입니다."

4장 여성적 신과 하느님의 모성

1. 막데부르크의 메히틸드는 "하느님은 아버지 같기만 한 것이 아니다. 하느님은 또한 사랑하는 아이를 바닥에서 들어 무릎에 앉히는 어머니이시다"라고 가르쳤다. 우리는 "(시작도 끝도 없는-옮긴이) 원처럼 둥근 신의 연민에 둘러싸여" 있다.

2. 힐데가르트는 "바퀴처럼 둥근 하느님의 신비"가 우리를 "껴안고 풍요롭게 한다"고 가르쳤다.

3. 힐데가르트의 환시에서 어린 소녀가 말했다. 그 소녀의 이름은 '사랑'이다. "그녀로부터 모든 피조물이 비롯되었다. 사랑이 첫째이기 때문이다. 사랑이 모든 것을 만들었다. 모든 거룩함

의 시작에서 사랑은 악을 섞지 않고 모든 피조물을 낳았다."

4. "하느님은 우리의 아버지이심을 매우 기뻐하시고, 하느님은 우리의 어머니이심을 매우 기뻐하십니다."

5. 연민은 "온화한 은혜 속의 모성"에 속한다. 연민은 "우리의 감수성을 보호하고 증가시키며, 생명을 주고 치유"한다.

6. "연민의 작용이 우리를 사랑 속에 있게 합니다." 연민에는 정의가 필수이다.

7. "하느님은 정의이십니다."

8. "어머니의 보살핌은 가장 가깝고 가장 자발적이고 가장 확실합니다."

9. "예수님은 우리의 참된 어머니이십니다. 그분 안에 우리를 영원히 지니시고, 우리는 그분 밖으로 결코 나오지 않습니다."

10. 그리스도는 "우리를 회복시키고 구원하시는 자비로운 어머니"이다.

11. 여성적 신과 하느님의 모성은 영원한 삼위일체와 신성에 필수이다.

12. 그리스도는 신의 지혜이고, 그것도 여성적 신을 나타낸다.

13. 어머니 지구가 고통받을 때 어머니 하느님도 고통받는다.

14. 가부장적 복수와 분노에 맞서라. 그것들은 우리 안에 있지만 신성 안에는 없기 때문이다.

5장 비이원론을 맛본다

1. "우리는 창조될 때 하느님과 결합되고 하느님과 하나가 되었

습니다." 그것은 "귀중한 하나됨"이다.

2. 우리는 "빛나고 고귀하게" 창조되었고, 우리는 "태초부터 알려지고 사랑"받았다.

3. 기도는 "우리를 하느님과 하나되게" 하고, 관상도 그렇게 한다.

4. "그리스도께서 고통받으셨을 때 우리도 고통받았으므로 그리스도와 우리의 위대한 하나됨"으로 인해 우리는 그리스도의 고통을 공유한다.

5. "하느님과 인간 사이에 참된 하나됨"이 존재한다.

6. 아무것도 우리를 그리스도에게서 분리하지 못한다.

7. "우리는 부활한 그리스도의 영광과 타락한 아담의 비참함"이라는 "행복과 슬픔의 놀라운 뒤섞임"을 경험한다. 팬데믹 시대에 필요한 기본적 치료제는 이런 변증법을 가지고 사는 것이다.

8. "기쁨의 원인과 슬픔의 원인"이 있고, 하느님이 우리를 "올려주기"도 하고, "넘어지게"도 한다.

9. 혼란이 닥치기를 기대하라. 그리고 "신성한 동의"로 응답하라.

10. "부정적 충동에 굴하지 마세요…… 우리는 평생 날마다 그런 혼란 속에 있습니다. 하지만 복된 주님은 그분이 항상 우리와 함께 계신다는 것을 신뢰하기를 원하십니다."

11. 이원론에 저항하라. 삶에서 긍정의 길과 부정의 길을 "엮고 결합"할 때 우리는 "하느님과 연인"이 된다. 그것은 우리가 하느님과 공동창조하는 '창조의 길'이라는 춤이다.

12. 우리 인생의 첫째 의무는 "경건히 경탄하고 놀라는" 것이다.

이것은 긍정의 길이다.

13. 우리 인생의 둘째 의무는 "온화하게 내려놓고, 놓아두고, 언제나 하느님 안에서 기뻐하는" 것이다. 이것은 부정의 길이다.

14. "현세에서 하느님을 뵙는 것은 계속 일어나는 경험일 수 없습니다." 그러므로 리듬을 찾고, "평화를 가져다주고 우리를 편안하고 조화롭고 유순하게 해주는" 성령과 함께 일하라.

15. "우리 안에 행복과 고통이 뒤섞인 것은 너무 놀라워 우리나 이웃들이 어느 상태인지 거의 알 수 없습니다. 그것은 그토록 놀랍습니다!"

6장 우리의 감각성을 신뢰한다

1. 팬데믹 상황에서 "하느님께서는 '너는 유혹받지 않을 것이다. 어려움이 없을 것이다. 괴롭지 않을 것이다'라고 말씀하시지 않습니다. 하느님께서는 '너는 굴복하지 않을 것이다'라고 말씀하셨"다.

2. "행복할 때나 불행할 때나 항상 강하고 절대적으로 신뢰하십시오." 마틴 루터 킹 2세, 프레드 셔틀스워스, 도로시 스탕 Dorothy Stang, 존 루이스가 신뢰함으로써 용기를 발휘한 것을 생각해보라.

3. 신뢰는 연민의 기반이고, 믿음의 진정한 의미는 신뢰이다.

4. 신뢰는 지혜 문학의 중심에 있고, 지혜 전통은 역사적 예수의 전통이다.

5. 줄리안은 신뢰와 믿음을 범재신론에 연관시킨다. "믿음이란 다름 아니라 우리의 존재를 바르게 이해하는 것입니다. 있는 그대로를 신뢰하고 놓아두는 것입니다. 우리가 하느님 안에 있고, 보이지 않는 하느님이 우리 안에 계심을 바르게 아는 것입니다."

6. 우리의 "신뢰를 크게" 하라. "모든 것을 신뢰하고 기뻐하십시오."

7. 자기 몸을 신뢰하라. "하느님은 우리의 감각성 안에 계십니다."

8. "하느님께서 우리 몸과 영혼의 아름다운 하나됨을 이루셨습니다."

9. "하느님은 우리의 본질과 감각성이 결합하여 절대 분리되지 않게 하는 수단이십니다."

10. "하느님은 우리 영혼과 몸의 영광스러운 합일을 이루셨습니다."

11. "하느님의 뜻은 우리가 감각적 본성과 영적 본성, 두 가지 본성을 가지는 것입니다." 그러므로 몸을 편안히 여겨라.

12. "우리의 가장 초라한 욕구에서도 하느님의 선이 우리에게 충만합니다." 용변을 보는 것도 그런 것인데, 사실 그것은 "가장 초라한 욕구에서도 우리를 보살피시는" 하느님의 일이다. 이것이 우리를 보살피는 하느님 모성의 본보기이다.

13. "하느님은 피조물을 경멸하지 않으십니다." 반면에 우리는 이따금 피조물을 경멸하지 않는가? 우리 문화는 이따금 피

조물을 경멸하지 않는가? 기후변화를 부정하는 것은 피조물을 경멸하는 것이 아닌가?

14. 자기 인식이 중요하다. 자기 자신을 알아야 한다. 특히 내적 자아 혹은 참 자아를 알고, 우리를 우리 아닌 어떤 것으로 만들려 하는 힘에 저항하라.

15. 자기 자신에게 진실해야 한다. 또한 자기비판을 하되 지나치게 비판하지는 마라.

16. 자신을 용서하는 법을 배우고, "두려움 때문에 생긴 정말 역겨운 무지와 허약함인 거짓 온유함"을 피하라. 두려움을 피하라.

17. 자신이 "가치 없고 아무것도 아니라고" 여기는 것은 "어리석은 일이고, 우리가 허약해지는 원인"이다. 그러므로 강해져야 한다.

18. 자신에게 닥치는 억압을 내면화하지 마라. 우리에게 비난, 분노, 수치심을 쏟아내려 하는 사람에게 저항하라. 피해자 의식보다 주체성을 선택하라.

7장 악을 이기는 사랑의 힘은 안녕으로 이끈다

1. 하느님과 그리스도는 우리를 간절히 열망하고, 우리도 하느님과 그리스도를 간절히 열망하기를 바란다.

2. 해방과 구원은 같은 것이다.

3. 선과 사랑은 함께 일어나고, 사랑은 선에 대한 응답이다.

4. "우리는 사랑하도록 지음받았습니다."

5. "하느님은 우리가 당신을 연인으로 여기기를 원하십니다."

6. 줄리안이 책을 쓸 때 두 가지 가르침이 주어졌다. 하나는 "하느님의 사랑은 한없고 영원히 계속될 것입니다"이다.

7. 둘째 가르침은 줄리안이 교회 공동체의 "일반적인 가르침"을 "사랑하고 기뻐하는 법"을 배웠다는 것이다. 다시 말해 그녀는 자신의 신학이 그리스도교 공동체의 주류 가르침을 나타낸다고 생각했다.

8. 사랑이 악을 이긴다.

9. "사랑의 힘이 악의 영을 이기는 것을 볼 때, 우리 가슴이 위안과 기쁨으로 가득 찹니다." 또 웃음이 넘친다.

10. "악을 거부하는 것이 우리의 본성"이므로 악에 맞서라. 한창 일어나는 악을 알고 연구하며 그것을 다루어라.

11. 줄리안이 악과 직접 만났을 때 "악의 영 속에 있는 증오"가 드러났다. 그녀는 "평온과 사랑에 반하는 모든 것"이 악이라고 한다.

12. 강해지고, 모친 살해와 여성 혐오의 악에 맞서라. "마음을 다하고 영혼과 능력을 다하여" 악에 맞서라.

13. 가부장제와 그에 따른 '숙명론적 자기혐오'라는 악에 맞서라.(에이드리언 리치)

14. 노예제와 원주민 대량 학살을 정당화하는 '발견의 교리'에 담긴 악에 맞서라.

15. '마귀' 즉 불의를 영속화시키는 역사와 문화의 그림자 측면을 비판하라.

16. "하느님은 정의이십니다."

17. 신뢰는 희망에 활력을 더하고, 희망이란 '소매를 걷어붙인 동사'이다.(데이빗 오어) 그러므로 희망은 내면이든 외적으로든 우리가 하는 일에 따라 커질 수 있다.

18. 그런 맥락에서 줄리안이 "모든 것이 잘될 것입니다"라고 약속한 것은 타당하다. 그 약속은 우리 자신과 사회를 불균형에서 균형으로 바꾸고, 이원론에서 사랑으로, 모친 살해에서 모친 사랑으로, 과도한 가부장제와 위력과 지식에서 지혜와 여성적 신 및 연민과 정의를 위해 일하는 건강한 남자다움으로 변형시키는 용기, 신뢰와 연관된다.

19. 아케디아와 절망이라는 두 가지 병이 우리를 방해한다. "이두 가지가 대부분의 고통과 혼란을 일으키는 죄입니다." 긍정의 길이 아케디아와 절망을 이기고 선함, 기쁨, 경외가 그것을 이긴다.

줄리안의 네 가지 길: 그녀의 가르침을 요약하는 다른 방식

지금까지 일곱 개 장에 담긴 줄리안의 교훈을 요약했다. 창조영성 전통과 밀접하게 연관된 줄리안의 가르침을 평가하는 다른 길은 창조영성에서 영적인 여정을 언급하는 '네 가지 길'의 관점으로 보는 것이다. 여기서 매우 간단히 그런 관점으로 살펴보겠다.

첫째 길: 긍정의 길. 경외와 경탄, 기쁨과 환희의 길이다. 분명히 2장에서 이런 경험에 대해 풍부하게 논의했고 또 3장, 5장, 6장에서 하느님과 자연의 선, 범재신론, 신뢰, 하느님과 자연의 하나됨에 대해 말했다.

둘째 길: 부정의 길. 1장에서 그림자를 직면하고 그것과 함께 일어나는 어둠을 겪지만 부정에 저항하는 줄리안의 깊은 가르침을 살펴보았다. 5장에서 줄리안이 긍정의 길과 부정의 길을 우리 삶에서 항상 일어나는 "행복과 슬픔의 길"이라고 말하는 것을 보았다.

셋째 길: 창조의 길. 줄리안의 책 전체에서 그랬듯이 4장에서 하느님의 모성(칼 융은 창조성이 '어머니의 영역'에서 온다고 말한다)을 집중적으로 다루었다. 줄리안에게 일어난 계시인 '보여주신 것들'은 줄리안이 서른 살 때부터 시작한 명상 수행, 연구, 탐구 그리고 그녀의 책의 탄생을 증언한다. 또한 그녀의 저술을 통해 영어의 탄생도 증언한다.

넷째 길: 변형의 길(via transformativa). 4장에서 줄리안의 연민과 정의를 다루고, 7장에서는 우리가 전사와 예언자가 되어 사랑으로 악의 힘을 물리칠 필요가 있음을 말한다. 물론 4장은 하느님의 일방적인 가부장적 이미지를 파괴하여 모든 신성의 요소에서 여성적 신으로 이끌어준다.

결론과 후기에서도 줄리안의 가르침을 실천하고, 그녀의 신학을 가지고 억압과 불의에 맞서는 것을 강조할 것이다.

결론

왜 줄리안을 말하는가, 왜 지금 말하는가?

80년의 보람 있는 인생을 산 위대한 예언가 존 루이스는 《뉴욕 타임스》에 기명 논평으로 젊은이들에게 보내는 작별 편지를 남겼다. 그 편지에서 그는 자신의 삶, 투쟁과 패배, 승리와 도전을 간단히 소개한 다음, 자신이 십대일 때 시민운동가 로자 파크스Rosa Parks와 마틴 루터 킹 2세 박사를 만난 후에 정의를 위한 열정의 삶으로 부름받았다고 말했다. 그렇게 사는 동안 그는 마흔 번 투옥되었고, 여러 번 살해당할 뻔했고, 그 후에 국회의원이 되어 33년 동안 일했고, 정의를 구현하는 일을 지지하는 법을 제정할 수 있었다. 정의의 삶은 곧 연민의 삶이다. 줄리안은 그것을 알았다. 존 루이스가 작별 편지에서 우리에게 남긴 교훈 중 하나는 이것이다. "역사의 교훈을 공부하고 배우세요…… 진실은 변하지 않습니다."

나는 그의 충고가 노리치의 줄리안에 대한 이 책에도 적용된다고 본다. 그녀는 우리의 조상이므로 그녀를 공부하는 것은 곧 역사를 공부하는 것이다. 그런데 그녀는 대단한 조상이고, 당시 팬데믹이 유럽을 휩쓸던 매우 위험한 상황에서 나온 지혜의 샘이다. 그녀가 평생 한 권의 책을 썼다(그다음 두 번 고쳐 썼다)는 사실은 특별하다. 그것은 여성이 영어로 쓴 첫 책이었다는 것만이 아니라 평생에 걸쳐 성찰과 섬김을 통해 그 책을 심화했기 때문이다. 그녀는 진실을 말하고 있었고, 존 루이스가 작별 편지에서 알았던 것처럼, 미래 세대에게 자신의 책을 선물한다는 것을 알았다.

그녀의 책이 수 세기 동안 철저히 무시당했다는 사실은 그 책의 중요성을 감소시킬 수 없다. 오히려 그 반대다. 그 사실로 인해 우리는 질문하게 된다. 왜 줄리안의 책과 그녀가 평생 한 일은 수 세기 동안 외면당했을까? 인류가 몇 세기 전에 그녀의 책을 연구했다면 종교의 역사와 문화의 역사는 어떻게 달라졌을까? 개신교 종교개혁이 필요했을까? 토착 문화가 말살되는 일을 피할 수 있었을까? 노예제가 생기지 않았을까? 두 번의 세계대전이 일어나지 않았을까? 아이들을 학교에서 교육하는 것을 충분히 지원했을까? 지구 파괴와 기후변화를 도중에 멈출 수 있었을까?

우리가 아직도 그 안에 사는 그림자를 폭로하는 질문을 함으로써 우리 자신과 역사와 사회를 배우게 된다. 내게는 사람들이 그녀의 책을 무시한 이유가 명백하고, 그 명백한 것을 언급할 때 조상으로부터 물려받은 그림자를 언급하지 않을 수 없다.

첫째, 줄리안은 여성이기 때문에 무시되었다. 그녀와 동시대인인 초서의 책은 1476년에 출간되었다. 그것은 영국에서 최초로 인쇄된 책이었다! 하지만 줄리안은 보통 여성이 아니었다. 그녀는 깊이 인식하고 의식하는 여성이었고, 자신을 긍정하고 여성으로서 자신의 경험을 믿은 확신에 찬 여성이었다. 그녀는 여성으로는 처음으로 영어로 책을 썼는데, 왜 그 책은 무시당했는가? 그 사실만 숙고해보자. 그런데 그녀는 그 책을 계속 썼고, 다시 고쳐 썼다. 그녀는 '신뢰'의 중요성에 대해서 글만 쓴 것이 아니라 실제로 신뢰했다. 자신의 통찰, 직관, 비전, 경험, 배움을 신뢰했고, 그런 것들을 세상에 말할 권리를 신뢰했다. 그녀는 다섯째 차크라chakra(산스크리트어로 '바퀴', '순환'이라는 뜻으로 인체의 여러 곳에 존재하는 에너지의 중심점을 이르는 말-옮긴이)인 '예언의 차크라'를 신뢰했다.

물론 예언의 차크라는 말하고, 자신의 목소리를 찾고, 자기가 아는 대로 진실과 지혜를 말하는 것이다.

줄리안은 자신의 목소리를 찾았고, 여성으로서 처음으로 영어로 책을 썼다. 여성성에 대해, 어머니됨에 대해, 어머니 하느님에 대해 말한다. 그녀는 하느님의 여성적인 면을 주장하며, 창조주 하느님만이 아니라 해방자 하느님, 성령 하느님을 고취한다. 그녀는 삼위일체 모두, 혹은 우리가 감히 상상하는 신성의 모든 층들은 여성적 신으로 충만하다고 주장한다. 혹은 그래야만 한다고 주장한다.

그녀는 자신의 책 전체에서 끊임없이 '비이원론'과 '하나됨'의 주제를 말한다. 감각성과 본질은 하나다. 그리고 그것은 섹슈얼리티와 영성도 하나라는 의미이다. 그녀는 몸과 마음, 물질과 정신의 '영광스러운 뒤섞임'을 말한다. 자연과 하느님의 결합을 주장하고, 범재신론이 바로 '믿음의 의미'라고 주장하고, (인간도 자연의 일부이기 때문에) 하느님과 인간의 결합을 주장한다. "하느님과 인간 사이에는 '사이'가 없습니다."

줄리안은 비이원론을 절대적으로 옹호한다. 그것은 줄리안이 페미니스트임을 의미한다. 페미니스트 신학자 로즈마리 루터 Rosemary Ruether가 명백히 밝힌 것처럼 비이원론은 페미니즘적 사고의 핵심이다. 바로 그런 이유 때문에 줄리안은 글자 그대로 수세기 동안 외면당했다. 우리가 아직 그녀의 말을 들을 준비가 되지 못했기 때문이다. 우리는 제국을 건설하는 남성적 계획과 '어머니의 사랑'을 간직한 토착 문화를 침략하고 파괴하는 '발견의 교리'에 지나치게 몰두했다. 그리고 지식이 가져다주는 힘이 과학과 기술을 통해 제국을 떠받쳤기 때문에 지혜를 희생해서라도 지식을 얻느라 너무 바빴고, 자본주의라는 괴수를 만들어내는 데 지나치게 골몰했다. 그 괴수는 우리로 하여금 어머니 지구(혹은 미래 세대)에게 어떻게 되갚을지 고려하지도 않은 채 어머니 지구에서 될수록 많은 상품을 쥐어짜내기를 요구했다. 우리는 자본주의 경제계획을 계속 돌아가게 하기 위해 다른 사람들을 노예로 부리느라 너무 바빴다. 여성들을 억압하느라 너무 바빴고, 여성들을 예속시켜 더욱 미묘한 방식으로 지배하고 경멸했다. 모친 살해와 여성 비하가 지배했다. 줄리안의 페미니즘은 우리에게 익숙한 가부장적 의제와 어울릴 수 없었다.

하지만 오늘날 여성운동, 생태운동, '흑인의 생명도 소중하다' 운동 덕분에 그리고 기후변화와 그의 일부인 코로나 바이러스로 인해 우리는 우리가 한 일과 그 대가가 무엇인지 깨닫고 있다.

바로 여기서 줄리안이 관련된다. 그녀의 세계관은 비이원적이고, 페미니즘적이며, 그녀는 많은 경우에 (제도 교회를 포함하는) 가부장제에 맞선다. 하지만 그녀는 고발하는 입장이 아니라 사랑하는 자세로 섬세하게 맞선다.

줄리안이 매우 오랫동안 무시당했고, 우리가 그녀의 목소리를 들을 준비가 되지 못한 주된 이유 중 둘째는 그녀가 철저히 창조 중심적 신학을 펼치며 "하느님은 자연 안에 계십니다"라고 말하고, 자연과 하느님의 은혜가 하나라고 하고, 선은 어디에나 있지만 '무엇보다 자연 안에' 있다고 말할 때, 사람들이 그런 주장을 이해할 수 없었기 때문이다. 최대한의 이익을 얻기 위해 당연히 자연을 착취할 수 있다고 생각할 때, 어느 누가 자연의 거룩함에 대한 이야기에 귀를 기울이겠는가? 토머스 베리가 밝힌 것처럼 흑사병이 닥친 후에 종교에서 창조영성이 사라져버렸고, 종교는 인간중심주의와 나르시시즘이라는 극단적 행위를 저질렀다. 그것은 인간과 인간의 지독한 타락과 구원, 원죄(그런데 성경에는 나오지 않는다), 속죄를 말하기 위해 본질적으로 (우주론을 말하는) 성경의 첫 페이지를 찢어버리는 것이었다. 자연에 대한 신뢰를 말살한 팬데믹이 맹위를 떨쳤던 바로 그 시대에 창조영성을 가장 옹호했던 사람이 사실상 침묵당했던 것은 대단한 역설이다.

하지만 오늘날 우리는 다시 우주에 대해 말하고, 우주에 대해 말하는 과학에 귀 기울이고, 우주에 대한 단순한 사실을 넘어 우주의 의미까지 더 깊이 파고들 준비가 되어 있다. 130억8천만 년 된 우주에서 45억 년 전에 이토록 풍요하고 아름답고 독특한 지구가, 육지와 바다와 하늘에 놀라운 피조물들이 가득한 지구가 생겼다는 것은 무엇을 의미하는가? 그리고 몇십억 년이 지난 후에 우리 인간종이 지구에 초대된 것은 무엇을 의미하는가? 맥락이 모든 것이고, 우리의 맥락은 창조 자체이다. 아퀴나스는 우주에서 가장 탁월한 것은 인간이 아니라 우주 자체이며, "하느님은 우주가 완전해지게 하기 위해 인간이 존재하기를 바라신다" 그리고 "계시는 자연과 성서, 두 권으로 주어진다"고 가르쳤다.[1] 또 아퀴나스는 자연에 대해 명상하기를 권했는데, "마음은 피조물들 위에 머무를 때 사랑과 신의 선으로 불타오르기" 때문이다.[2] 줄리안은 인간 본성을 비롯한 자연을 깊이 연구했다(영어 'nature'에는 '자연'이라는 의미와 '본성'이라는 의미가 있다-옮긴이). 그렇지 않았다면 어떻게 "하느님은 자연 안에 계십니다"라고 말하고, 사물 안의 선이 하느님이라고 말할 수 있었겠는가?

우리는 하나의 종으로서 나르시시즘을 극복하지 못했고, 지혜를 희생한 대가로 지식에 취하고 중독되었다. 어머니 지구와 지구의 다른 피조물들, 원주민들과 노예로 만든 유색인들에 대한 통제권과 지배를 점점 강화했다. 왜 그랬는가? '경제'라는 신을 섬기기 위해서였다. 그 과정에서 우리는 창조 중심의 선조들이 간직한 지혜를 소홀히 여겼고 망각했다. 줄리안은 창조 중심의 선조들 중 한 사람일 뿐이다. 하지만 그녀는 여성으로서 철저한 의식을 가졌기 때문에, 그리고 심지어 팬데믹이 세상을 황폐화시키는 동안에도 피조물 안의 선과 기쁨과 환희를 생생히 유지하고 신학의 중심으로 삼았기 때문에, 누구보다 두드러진다.

평생 창조영성이라는 풍요하지만 자주 버려지고 때로 비난받았던 전통을 추구한 것은 내게 영광이었다. 존 루이스가 마틴 루터 킹 2세의 말을 처음 들었을 때처럼, 나도 프랑스 도미니크회원이며 역사학자인 나의 멘토 세뉘를 따라 나의 소명이자 평생 할 일을 발견했다. 그분의 영향으로 나는 서양의 두 가지 종교 전통, 우세한 타락/구원 전통과 이와 다른 창조영성 전통에 주의를 기울이게 되었다. 그중에서 창조영성을 탐구하는 것이 나의 필생의 사업이 되었다.

그 일은 흥미진진하고 때로는 힘겨운 여정이었다. 두 분의 교황이 나의 연구를 "위험하고 그릇되었다"고 했다. 하지만 역사는 그 두 교황이 보르지아Borgias 교황 이래 가장 부패했음을 입증했다. 그리고 셋째인 프란체스코Francis 교황은 환경에 대한 훌륭한 회칙 '찬미 받으소서(Laudato Sí)'에 창조영성을 받아들였다. 그 회칙은 대부분 나의 학생이었던 사람이 작성했다. 나는 『원복』이라는 책으로 인해 1년 동안 함구령을 받았고, 결국 34년 후 수도회에서 쫓겨났다. 그런데 나는 그 이후에 토마스 아퀴나스가 '원선'과 '원초적 선(primal goodness)'에 대해 썼고, 힐데가르트가 '원지혜(original wisdom)'를 찬미했다는 사실을 밝혔다.

종교적 유산에서 창조영성을 발굴하고, 피조물의 거룩함을 가르치는 다른 종교 전통들의 지혜로부터 그것을 이끌어내는 과정에서 나는 빙엔의 힐데가르트에 대해 세 권의 책을 썼고(그 후 그녀는 성인과 교회 박사의 칭호를 받았다), 마이스터 에크하르트에 대해 세 권의 책을 썼으며, 성인이자 교회 박사로 선언된 토마스 아퀴나스에 대해 두 권의 책을 썼다. (그중 한 권은 번역되지 않은 그의 성서 주석과 다른 내용을 처음으로 번역한 자료집을 제공한다.)

그리고 이제 줄리안에 대한 책을 낸다. 이 책은 내가 그녀의 업적에 처음으로 관여하는 것이 아니다. 수년간 많은 책에서 그녀의 가르침을 말했다. 하지만 이 책을 쓰면서 줄리안의 영혼과 이야기 속으로 더 깊이 여행할 수 있었고, 그 여정에 매우 감사한다.

줄리안이 지적으로나 영적으로 난데없이 하늘에서 뚝 떨어진 사람이 아님을 인식하는 것이 중요하다. 줄리안에게도 베네딕트, 힐데가르트, 프란체스코, 아퀴나스, 메히틸드, 에크하르트 같은 선조들이 있었다. 줄리안은 역사적 예수를 키운 히브리 성서의 지혜 전통에 기반을 둔 계보에 속한다. 이 책을 연구한 후에 나는 성인이 된 줄리안에게 직접적으로든 간접적으로든 가장 큰 영향을 준 것은 토마스 아퀴나스와 마이스터 에크하르트임을 조금도 의심하지 않는다. 아퀴나스는 비이원론 때문에 (다시, 이것이 그를 최초의 페미니스트로 만든다) 옥스포드와 파리의 주교들에 의해 단죄받았다. 줄리안이 태어난 것은 그때로부터 한 세기도 지나기 전이었다. 그런데 그 후 (이 점을 아무리 강조해도 지나치지 않다) 아퀴나스가 1323년에 성인으로 추대된 것은 줄리안이 태어난 때로부터 불과 20년 전이었다. 틀림없이 영국의 도미니크회원들은 대단히 흥분했을 것이다.

그로부터 약 6년 후 에크하르트가 숨지고 나서 한 주 후에 단죄받았다. 하지만 도미니크회원들은 에크하르트의 저술들을 그의 학생이자 제자인 존 타울러의 저술들과 함께 영국으로, 분명히 노리치로 밀수해 들여갔다. 줄리안은 틀림없이 에크하르트와 타울러의 저술을 접했을 것이다.

그런데 이 모든 일들이 모여 결국 지금에 이르렀다. 즉 이제 우리는 팬데믹과 기후변화의 한가운데서 줄리안과 창조 중심 신비가와 예언자의 목소리에 새롭게 귀 기울일 준비가 되어 있다. 마침내 줄리안의 시간이 도래했다.

하지만 그게 다가 아니다. 전 세계에서 여성의 예속이 드러나는 진실의 빛 속에서 가부장제가 사라지고 있다. 여성 혐오와 더불어 모친 살해가 아주 오래 지배했고, 그에 따른 대가를 지불하고 있다는 것을 매일 더 잘 알아가고 있다. 줄리안은 여성적 신을 옹호하고, 여성적 신에는 그녀의 모든 표현에 들어 있는 하느님의 모성도 포함된다. 이 점에서도 완벽히 적절한 시기에 줄리안의 목소리가 나왔다.

발견의 교리 배후에 있는 신학에 도전한다

솔직히 말해보자. 4세기에 아우구스티누스가 형편없고 비성경적이고 비유대교적인 원죄 개념의 토대를 마련했지만, 서방 그리스도교에서 그것과 연관된 타락과 속죄 교리의 지배력은 흑사병이 창궐한 이후에 급증했다. (동방교회는 원죄를 명백히 거부했다.) 원죄를 내세우는 그리스도교는 신뢰의 종교가 아니라 두려움의 종교였고, 창조의 종교가 아니라 인간중심주의적 종교였고, 사랑과 연민의 종교가 아니라 지배의 종교였다. 그다음 세기의 두 번째 대전염병과 맞물리고, 종교 이데올로기에 의해 강화된 제국의 야망이 증가하면서 타락/구원의 종교가 우세해졌다. 물론 나는 이른바 '발견의 시대'라는 은유적 전염병을 말하는 것이다. 그것은 15세기 말에 시작되었고, '발견의 교리'로 알려진 몇 건의 로마 교황 칙령들에 의해 지지받았다. 그 교리는 그리스도교 국가의 왕과 왕비에게 권력을 주어 아프리카와 곧 아메리카라고 불리게 된 '신세계'에서 땅을 빼앗고, 원주민을 노예로 삼을 수 있게 했다. 이런 그리스도교 제국의 군주들이 저지른 정복의 핵심에 타락/구원의 신학이 있었다. 공정하게 말하면 그런 교황 칙령들이 작성된 것은, 이슬람이 아프리카를 차지하려는 야망을 가진 맥락에서 부분적으로 그에 맞서 균형을 이루려고 의도된 것이었다. 무슬림이 아프리카인들을 이슬람으로 개종시키려는 것을 막으려는 것이 교황 칙령들의 실제 정치적 맥락이었다.

열기와 불길을 부채질하는 강풍을 동반한 들불처럼 발견의 교리는 다음 세기까지 이어져 개신교 개혁가들에게 퍼졌고, '나는 구원받았는가?'라는 자기중심적이고 '신경증적'(성서학자 스텐달 Stendahl의 주장)이고 내성적인 질문이 일어났다. 개신교에서는 그 질문을 설교했고, 로마가톨릭에서는 (여러 면에서 종교개혁을 초래한 방종과 더불어) 그 질문을 팔았다. 그런 종교는 서방 그리스도교를 본래 길에서 많이 벗어나게 했다. 즉 창조의 사랑과 자연이 계시와 하느님의 원천이라고 여기는 데서 벗어난 것이었다. 힐데가르트, 프란체스코, 아퀴나스, 에크하르트, 그다음 줄리안은 어떻게든 그것을 훌륭히 헤쳐나간다. 그럼에도 창조영성은 사실상 근절되었다. 그 대신 타락과 속죄에 대한 집착이 식민주의와 노예제를 유지하는 데 도움을 주었고, 자연과 친밀하게 살고 자연의 거룩함을 이해하는 원주민에게 자신들의 거짓을 투사했다. 그것이 히스테리, 대량학살, 노예제 같은 집단적 악을 키웠다.

이러한 가르침은 영원히 지옥에 떨어지는 두려움을 일으켰다. 반면에 아퀴나스는 참 종교의 핵심은 '지극한 감사'라고 이해했다. 또 창세기 1장을 말하는 종교는 인간이 창조와 우주 안에서 펼쳐지는 선과 원복에 참여할 때 창조와 우주는 '선하고', '매우 선하다'고 선언한다. 실로 창조는 거룩하다.

물론 아퀴나스는 그런 면에서 혼자가 아니다. 그는 베네딕트, 빙엔의 힐데가르트, 프란체스코를 비롯해 창조의 거룩함을 종교 수행의 출발점으로 여겼던 사람들의 어깨 위에 서 있다. 인간성의 불완전함과 '과녁을 빗나간'(유대인은 죄를 이렇게 이해했고, 아퀴나스는 그것을 비틀어 '잘못된 사랑'이라고 한다) 선택은 거룩한 창조의 맥락 안에서 치유되어야 한다. 인간도 거룩하지만, 광대한 마음과 상상력을 가지고 있으므로, 인간과 다른 생물들을 위해 기꺼이 최선의 결말을 넘어서게 할 수 있는 선택을 한다. 우리에게는 그런 힘이 있다. 아퀴나스에 따르면 다른 모든 생물종들을 합한 것보다 인간 한 사람이 더 많은 악을 저지를 수 있다. 다른 종들은 최선을 다해 번식하고 생존하고 자손을 가르친다. 인간처럼 다른 종들을 말살하거나 지구를 오염시키고, 기후변화를 일으켜 수백만 가지 종을 영원히 멸종시키거나 핵무기로 지구 전체를 위협하는 종은 없다.

창조에 근거한 영성과 인간에 근거하거나 타락/구원에 근거한

영성의 차이가 점점 커지는 가운데 줄리안이 등장한다. 평생 흑사병이 온 세상을 파괴했지만, 그녀는 인간의 본성을 비롯한 자연의 선에 대한 유대교의 가르침과의 계약을 깨지 않는다. 그녀는 지혜 신학을 옹호한다. 실로 그녀의 신학은 모두 "지혜가 모든 선한 것들의 어머니이다"(지혜서 7:11-12)라고 말하는 지혜 신학에 기반한다. 분명히 그것이 그녀의 세계관 전체에 충만한 선의 형이상학 기반이 아닌가? 또 그녀가 하느님을 어머니로서 이해하는 것을 풍부하게 개발한 원천이 아닌가? 줄리안은 그런 지혜 가르침을 가슴속과 머릿속에서 평생 거듭 숙고했다. 그리고 지혜의 가르침은 그녀에게 일어난 '하느님 사랑의 계시'의 모든 측면에 들어 있다.

줄리안은 종교의 이름으로 자연을 경시하는 어떤 의견에도 직설적으로 완강히 맞선다. 그런 입장은 팬데믹이 맹위를 떨치고, 비판주의가 깊어지고, 가부장제가 확장되는 시기에 매우 드물었다. 당시는 제국 권력의 야망을 떠받치는 상품을 찾아 머나먼 땅까지 항해할 때 지니고 있던 탐욕과 폭력에 의해 가부장제에서 파충류 뇌의 우세함이라는 불길이 확장되는 시기였다. 그 모든 것은 발견의 교리를 공표한 교황 칙령들에 담긴 언어와 의도에 너무도 명백히 나타난다. 1445년부터 1494년 사이에 쓰인 그런 교황 칙령의 언어들 중 일부를 살펴보자.

1452년 교황 니콜라우스 5세Nicholas V는 교황 칙령 'Dum Diversas(다를 때까지)'를 공표했다. 이는 포르투갈의 알폰소 5세 Alfonso V가 모든 사라센(무슬림)과 이교도들과 온갖 비신자들을 '영구적 노예제'로 구원하는 권한을 부여하는 것이었다. 분명히 그것은 포르투갈이 서아프리카에서 벌이는 노예무역을 용이하게 해 주었다. 그리고 1455년 같은 교황의 칙령 'Romanus Pontifex(로 마 교황)'는 발견의 시대에 발견된 땅까지 유럽 가톨릭 국가들의 지 배력을 확장시켰다. 그 칙령은 아프리카와 신세계 아메리카 대륙의 비그리스도교인인 원주민들을 노예로 삼을 것을 장려했다. 왕에게 "모든 사라센과 이교도, 그리고 어디에 있든 그리스도의 다른 적 들, 그리고 그들이 보유한 왕국, 공작의 영지, 공국, 영지, 재산, 모 든 동산과 부동산을 침략하고 색출하고 획득하고 무찌르고 정복 하라. 그리고 그 사람들을 영속적인 노예로 삼아라" 명했다. 따라 서 15~16세기의 전 지구적 노예무역과 제국주의 시대는 교회의 든든한 뒷받침을 받았다. 그 모든 짓을 '구원의 종교'라는 이름으 로 저질렀다.[3]

교황 알렉산더 6세Alexander VI는 1493년 공표한 교황 칙령 'Inter Caetera(다른 일들 사이에서)'에서 스페인 왕국의 통치자 이 사벨라Isabella 여왕, 페르디난드Ferdinand를 받아들였고, "미개한 국가들을 굴복시켜 믿게 하라"고 선언했다. 교황은 그들에게 "그리 스도교의 통치를 전파하라"고 촉구하면서, "사랑하는 아들 크리스 토퍼 콜럼버스"가 "지금까지 다른 사람들이 발견하지 못했던 매우 멀리 떨어진 섬들과 많은 육지들을 발견했다. 그곳에는 매우 많은 사람들이 평화롭게 살고 있고, 보고한 바와 같이 그들은 옷을 입 지 않고 고기를 먹지 않는다"고 알렸다. 그들은 '하나의 신', '하늘 에 있는 창조자를 믿는' 사람들이었다. '구원자이신 주 예수 그리 스도의 이름으로' 그들을 교육시켜야 한다고 했다. 그런데 이미 수

천 년 동안 그곳에서 살아온 원주민들과 장소를 '발견했다'고 말하는 게 옳은가? 그리고 그들이 침략한 책임을 정당화하는 것이 (어머니 혹은 선생님 혹은 정의 혹은 사랑의 그리스도가 아니라) '구원자' 그리스도라는 것에 주목하라. 또 원주민들은 이미 평화롭게 살고 있었다는 것을 주목하라. 그들이 개종할 필요가 있었는가? 그리고 무엇으로 개종해야 했는가?

교황은 하느님이 주신 선물이라고 선언한 제국의 하느님으로서 하느님을 언급한다. 하느님은 그분으로부터 제국과 정부와 모든 선한 것들이 비롯되는 분이고, 왕과 총신들이 모든 그리스도교 국가들의 영광을 위해 행동해야만 하기 때문이다. 교황은 그리스도교 제국들이 서로 성나게 하지 말라고 지시하고, 만일 그 칙령을 무시하는 사람은 "전능하신 하느님의 분노를 일으키고 복된 사도 베드로와 바울로의 분노를 초래할 것이다"라고 한다. 베드로와 바울로가 분노했을까? 하느님이 분노했을까? 이와 달리 줄리안은 하느님 안에서 분노를 보지 못했다고 말한다. 그러므로 그런 하느님의 분노는 우리의 분노를 투사한 것이라고 한다.[4]

1494년 토르데시야스 조약(Treaty of Tordesillas)은 발견의 교리에 따라 비그리스도교 지역만 식민지화할 수 있다고 선언했다. 1823년 발견의 교리는 존 마샬John Marshall 미국 대법원장의 영도하에 미국 대법원이 상세히 설명하는 국제공법의 개념이 되었다. "발견의 교리는 식민 지배 혹은 식민 후기의 지배에 유리하도록, 주로 원주민들의 토지 소유를 무효로 하거나 무시하는 결정을 지지하는 데 이용되었다."[5]

이런 야망과 확장과 경쟁은 줄리안의 신학을 반길 여지가 거의 없다. 줄리안의 신학은 자연과 하느님의 선에 기반하여 무엇보다 연민을 고양하는 하느님의 모성을 말하고 또 진정한 사랑과 진정한 정의와 분노하지 않는 하느님을 말하기 때문이다. 간단히 말해, 정복하고 최고가 되려는 파충류 뇌보다 동류의식과 모성과 연민을 우선하는 포유류 뇌를 선호하는 신학인 것이다. 그렇다면 그들이 줄리안의 세계관을 사실상 포기하고 타락/구원의 이데올로기를 지지한 것이 놀랍지 않다. 타락/구원의 이데올로기는 무엇보다 대다수 개인을 지옥에 떨어지는 두려움으로 혼란에 빠뜨렸기 때문에 사람들은 대량 학살, 노예제, 전쟁 같은 주요 의제에 거의 의문을 제기하지 않았다. 가부장제가 활보하고 있었다. "하느님은 우리의 어머니되심을 기뻐하십니다"라고 말하는 신학과 더불어 원주민 어머니의 사랑을 말하는 신학은 환영받지 못했다. 그렇다면 줄리안의 책이 수백 년 동안 출간되지 못했고, 출간된 후에도 대체로 외면당한 것은 전혀 놀라운 일이 아니다. 여성의 에너지는 제국의 목표와 가부장적 목표에게 자리를 내주고 구석으로 물러나야 했다.

줄리안은 창조 중심 영성을 가르쳤고, 그대로 살았다. 그리고 종교가 자연 혐오와 자기혐오의 숙명론을 따를 때 일어난 일을 분명히 감지했다. 지혜 신학에 확립되어 있는 기쁨, 경외, 선으로부터 도피하는 것을 알아챘다. 그녀는 서구 종교에서 과도한 가부장제가 일어나고 있음을 인식했다. 가부장제에 맞섰고, 가부장제의 비관주의, 이원론, 인간중심주의, 나르시시즘, 여성과 자연을 억압하는 것을 조목조목 신랄하게 해체했다. 여러 면에서 줄리안은 혼자뿐이었다. 오늘날까지.

줄리안은 그녀의 시대에도 오늘날에도 종교계를 뒤흔든다. 그리고 종교와 더불어 문화도 뒤흔든다. 사회학자 로버트 벨라Robert Bellah는 "영혼에 호소하지 않으면 아무도 위대한 국민을 변화시키지 못했다…… 문화는 혁명의 열쇠이며, 종교는 문화의 열쇠이다"라고 지적한다.[6] 줄리안은 종교와 서구 문화를 안팎으로, 위아래로 뒤집는다. 힐데가르트, 프란체스코, 아퀴나스, 메히틸드, 에크하르트와 더불어 줄리안은 그리스도교 영성과 신학을 다시 쓴다. 줄리안은 선도자이고, 방금 말한 그녀의 동료들은 우리의 안내자이다. 그녀는 지혜 신학을 견지하는데, 그것은 모든 신학자들이 동의하는 대로 역사적 예수의 삶과 가르침의 원천이었던 유대교의 자연에 기반한 영성이다. 예수의 이야기와 사명의 진정한 해석을 말하는 것은 발견의 교리를 내세우는 교황의 칙령이 아니라 줄리안이다.

발견의 교리는 대단히 원죄를 조장한다. 그것은 제도화되고 고착되고 모든 '비신자들'에게 투사된 원죄이다. 원죄는 인류의 원초적 종교들을 비난하는 기본적인 도구로 사용되었다. 그리스도교의 구원이 없었다면 그들은 현생뿐만 아니라 내생에서도 불행했다! 이제 오늘날 모든 그리스도교 단체들은 공식적으로 원죄를 거부해야만 하고, 교황은 전 세계인들이 볼 수 있도록 성 베드로 광장에서 원죄를 화형시켜야 한다. (그런 교황 칙령의 사본만 불태워도 충분할 것이다. 원본은 유리 진열장에 넣어 높이 평가받는 바티칸

도서관에 보관해 앞으로 수 세기 동안 모든 사람들이 볼 수 있게
해야 한다.)

실로 힐데가르트, 아퀴나스, 프란체스코, 에크하르트, 줄리안의
창조영성이 '미래의 신학'이다. 베데 그리피스 신부는 그렇게 말한
다. 이제 선과 경외, 미와 정의와 사랑의 하느님을 되찾아야 할 때
가 아닌가? 발견의 교리에 힘입은 사람들은 아프리카와 아메리카
대륙에 배와 병사들을 보냈고, 제국과 노예화와 대량 학살의 신을
섬겼다. 그리고 현재까지 끊임없이 초국적 부당 이득을 얻고, 대지
와 대지에 기반한 문화를 약탈하고 있다. 치명적인 발견의 교리가
초래한 역사의 트라우마 때문에 우리 모두가 고통당하고 있다. 이
제 하느님 곧 지혜의 여신이자 자연의 연인에게 제자리를 찾아주
어야 할 때이다. 그것은 지혜, 영, 연민, 비이원론, 우주, 범재신론,
신성한 어머니 지구가 앞으로 나아갈 수 있는 자리이다. 그 결과
마침내 패러다임이 변하고 주변부였던 것이 중심으로 이동한다.
줄리안은 우리에게 필요한 이런 패러다임 변화의 원천이다. 시간이
다 되었다. 그래서 줄리안이 등장한 것이다.

우리는 지금까지 창조 신비가와 예언자들의 말을 들을 준비가
되지 않았을지도 모른다. 우리는 그럴 만한 가치가 없을지도 모른
다. 우리는 과거에 지배와 파괴의 길을 선택했고, 함께하는 권력이
아니라 억압하는 권력의 길을 선택했고, 전쟁과 아프리카인들을
노예로 삼고 비열한 게임을 하는 길, 가부장제와 그것의 왜곡된
가치의 길, 냉혹한 개인주의와 적자생존의 길을 선택했다. 그리고
상호 의존과 연민의 길을 외면했고, 젠더 균형과 존중의 길을 외면

했고, 생태 정의와 인종 정의와 경제 정의의 길을 외면했다. 수많은 생물종의 생존과 지구를 다시 지속 가능하게 만드는 것과 더불어 우리 인간종의 생존 자체를 위해서도 줄리안의 지혜가 필요하다. 줄리안은 우리 시대의 영적 혁명의 선도자로서 우뚝 서 있고, 그녀의 지혜는 충분히 오래 무시당했다. "충만한 기쁨은 우리의 생득권입니다"와 같은 줄리안의 가르침은 실로 우리 문화를 다시 건설하는 데 도움이 될 수 있을 것이다.

후기

21세기를 위한 예언가

지금까지 줄리안의 비이원론, 언어에서 몸과 영 모두 즉 감각성과 본질을 찬미하는 것, 우리 자신을 비롯해 자연과 감각성이 선하다는 주장을 살펴보았다. 그것은 당시에 자신을 채찍질하며 마을마다 돌아다녔던 정신 나간 남성들을 직접적으로 비판하는 것이다. 그녀는 거리낌없이 그런 미친 짓을 어떻게 생각하는지 알려준다. 또 교회가 복수하고 분노하는 하느님을 승인하는 것에 맞선다. 그녀는 분노하는 하느님 같은 것을 알지 못하고, 오히려 '인간'이 분노하고 복수하려는 것을 안다. 다시 말해 우리가 스스로 살펴보지 못하는 자신의 그림자와 분노와 비통함을 신에게 투사하느라 바쁜 것이다. 그녀는 가부장제와 근본주의에서 주장하는 '벌을 내리는 아버지 하느님'을 명백히 거부한다.

우리의 팬데믹 시대에 우리는 백신이 해결해줄 것이라는 희망을 가지고 온 힘을 다해 일하고 있다. 하지만 그와 더불어 코로나 바이러스의 원인을 좀 더 깊이 성찰해야 할 것이다. 그것은 기후변화이다. 기후변화가 일어난 깊은 원인은 인간이 자연을 거룩하게 대하기를 거부했기 때문이며, 자본주의와 가부장제가 사실상 멈춤없이 수 세기 동안 자연을 착취했기(노예제는 그 경제체제의 일부다)

때문이다. 기후변화와 과학을 부정하는 것은 가부장제의 두드러진 특징인 파충류 뇌로 행동하는 것의 일부이다. 줄리안이 정면으로 맞서는 '숙명론적 자기혐오'도 마찬가지다. 모친 살해, 어머니 지구와 원주민 종교를 말살하는 것, 여성 혐오는 그런 병들고 몹시 해로운 남성성의 일부이며, 그것으로부터 우리를 보호하기 위해 백신이 필요하다.

노리치의 줄리안, 그리고 그녀가 뼈와 가슴과 마음에 지니고 있으며 예수로부터 베네딕트, 힐데가르트, 프란체스코, 아퀴나스, 메히틸드, 에크하르트에게로 이어지는 창조영성의 풍부한 전통을 볼 때, 아마도 줄리안이 오늘날 우리에게 정말 필요한 백신일지도 모른다.

코로나 바이러스 이후에, 마침내 그것이 완전히 퇴치된다 해도, '정상으로 돌아가는' 것만으로는 충분하지 못하다. 코로나 바이러스 이전의 '정상'도 우리가 다시 시작하기에 전혀 건강하지 못한 상태였기 때문이다. 코로나 이전의 정상은 기후변화를 초래했고, 수많은 생물종을 멸종시켰고, 우리 인간종도 멸종의 문턱까지 이르게 했고, 월스트리트와 다국적기업을 신으로 모시는 사람들의 이름으로 많은 것을 부정했다. 또 인종차별과 성차별을 일상적인 삶의 방식으로 여기게 했고, 교육과 종교, 정치와 대중매체, 경제를 왜곡했다. 팬데믹 이전의 그런 정상으로 돌아가기를 바라는 사람이 있을까?

팬데믹은 그냥 허비하기에는 너무 중요하다. 팬데믹은 우리를 일깨우기 위해 일어났다. 무엇을 일깨우는가? '새로운 정상'을 일깨우는 것이다. 그것은 지구의 거룩함과 지구의 온갖 생명들의 거룩함을 공경하는 정상이다. 거룩한 남성성과 더불어 여성적 신을 공경하는 정상이다. 인간의 몸과 몸이 기본적으로 필요로 하는 것과 함께 지구의 몸에 필요한 것을 공경하고, 그런 기반 위에서 새로운 몸의 정치를 일으키는 정상이다. 억만장자들과 그들을 만들어낸 구조를 떠받들지 않는 정상이다. 그리고 '뭐, 어쩔 수 없지'라는 태도로 수십만 명의 사람들이 죽어가는 것을 그냥 바라보면서 숙명론적 자기혐오를 실현하는 자기도취 정치인을 선출하지 않는 정상이다.

줄리안은 분노, 처벌, 소위 '복수'에 의해 움직이는 징벌하는 아버지 하느님을 절대적으로 파괴한다. 그녀는 분노와 복수를 하느님 안에서 찾을 수 없었고, 오직 (자신에게 있는 그것을 하느님에게 투사하는) 인간 안에서만 볼 수 있었다! 징벌하는 아버지 하느님은 탈레반, 보수 복음주의자 패트 로버트슨Pat Robertson, 심지어 바티칸 등 모든 근본주의의 기반이다. (초가부장적 교황 요한 바오로 2세John Paul II와 베네딕트 16세는 종교재판을 다시 도입하고, 108명의 신학자들을 단죄해서 내쫓아 생계를 잇기 어렵게 만들었으며, 사상가들을 두려움에 떨게 해서 많은 사상가들이 나가 떨어져 죽은 듯 가만히 있게 만들었고, 사실상 그 과정에서 신학을 '살해'했다. 반면에 그동안 파시스트적 종교 지도자들과 그들이 만든 파시스트적 교단들은 그대로 유지했다. 나중에 역사가 되돌아보게 될 두 교황이 재위한 34년 동안의 바티칸 교황청은 근본주의적이었다.) 징벌하는 아버지 하느님은 파시즘에게 복수와 두려움, 지옥과 천벌이라는 날고기를 먹인다. 따라서 파시즘에는 반드시 그것들이 뒤따른다.

줄리안은 가부장제에 이중의 타격을 가한다. 하느님과 자연의 비이원론, 하느님과 인간의 비이원론, 몸과 영혼의 비이원론, 감각성과 영성의 비이원론을 주장하기 때문이다. 흡혈귀가 피를 빨아 번성하듯이 가부장제는 이원론에 의존해 번성한다. 그러므로 줄리안이 20세기 말까지 사실상 무시당한 것은 놀라운 일이 아니다. 가부장제를 해체하고 파괴하는 줄리안은 노예제, 식민주의, 집단 학살 그리고 모친 살해라 부르고, 적어도 1492년부터 서구 문명을 이끌어온 어머니 지구에 대한 증오에 의존한 제국 건설의 의제와 어울릴 수 없었기 때문이다.

줄리안의 자연에 대한 사랑은 분명히 여신 전통과 연관된다. 고고학자 마리야 김부타스Marija Gimbutas는 "여신이 표현될 때는 항상 자연의 모든 생명이 결합된 것의 상징이었다"고 말했다.[1] 줄리안이 '믿음(faith)'이라는 말을 '신뢰'라는 말로 명백히 고친 것은 믿음의 배후에 있는 과도하게 의기양양한 지적 추진력을 해체한다. 그것은 믿음을 '동의'로 규정하여 "이것을 믿지 않으면 죽이겠다"고 강요한다. 그리스도교가 15세기 말에서 16세기에 전 세계에서 원주민들의 땅을 침략했을 때 유럽의 정복자들은 그리스도의 깃발과 십자가를 들고 행진했던 왜곡된 믿음을 이용했다. 그 대신 줄리안이 믿음을 신뢰로 이해한 것(그것은 예수가 믿음을 이해한 바이기도 하다)을 이용했다면 어땠을까. 줄리안의 비이원적 창조영성의 바탕은 자신의 몸, 감각성, 열정을 신뢰하는 것이다. 심리학자 윌리엄 에크하르트가 연민의 심리학에 대한 책에서 입증하는 것처럼, 연민을 일으키는 것은 두려움이 아니라 신뢰이다.

현대의 순교자인 도로시 스탕 수녀는 아마존 열대우림과 거기에 사는 농부들과 원주민들을 위해 목숨을 바쳤다. 잘 알려진 것처럼 그녀는 지구를 보존하는 투쟁을 돕는 수호성인이다. 그녀도 창조영성을 배웠으므로 힐데가르트, 아퀴나스, 마이스터 에크하르트, 줄리안의 후예이다.

700년 전 우리는 줄리안과 그녀가 계승한 창조영성 계보를 이해할 수 없었다. 반면에 오늘날 여성운동이 일어나고, 학계와 정치계에서 여성들이 활발히 활동하고, '흑인의 생명도 소중하다' 운동이 일어나고, 생태 운동과 멸종 저항 운동이 일어나고 있으므로 우리는 줄리안의 창조영성을 이해할 수 있다! 그리고 모친 살해와 여성 혐오를 직면하고 있으므로 우리는 반드시 창조영성을 이해해야만 한다.

가부장제란 결국 모친 살해가 아니면 무엇인가? 연민을 말살하고 어떤 대가를 치르더라도 에고를 강화하는 것이 아니면 무엇인가? (그 대가는 전쟁, 보복, 투사, 증오, 사람을 죽이는 데 1초마다 5만6천 달러를 지출하는 것 등이다.) 또 하느님의 재가와 승인을 얻기 위해 징벌하는 아버지 하느님을 꾀는 것이 아닌가?

줄리안은 창조성, 보살핌, 연민, 정의, 힘을 위한 어머니의 원리가 되살아났음을 알리는 전령이 아닌가? 19세기에 칼 마르크스Karl Marx(그리고 찰스 디킨스Charles Dickens)가 있었다면, 21세기에는 줄리안이 있다고 말할 수 있을지도 모른다. 칼 마르크스가 예언자적 유산에 다가가 경제적·산업적 '진보'의 겉치레 속에 숨겨진 비윤리적 그림자를 드러내는 나팔을 분 것처럼, 그리고 찰스 디킨스가 소설에서 자본주의의 어두운 측면 때문에 고통당하는 등장인물들을 통해 외쳤던 것처럼, 줄리안도 가부장제를 해체함으로써 그 특권과 위험에 맞선다. 그녀는 징벌하는 아버지 하느님 대신 사랑하는 어머니 하느님을 제시한다. 소수의 생존을 찬양하는 대신 정의와 보살핌의 민주주의를 선언한다. 몸과 영혼, 남성과 여성, 인간과 자연이 대립하는 이원론 대신 그것들의 일치를 선언한다. 두려움 대신 신뢰를 선언한다. 파충류의 뇌를 가지고 이끄는 대신 포유류의 협동적 뇌로 사고한다. 어머니 지구를 강간하고 약탈하는 대신 자연 안에 있는 하느님과 힐데가르트가 말한 '창조의 거미줄'을 공경한다. 인간의 이기심과 나르시시즘 대신 축하하고 함께 나누는 새로운 초대를 한다. 그리고 자기 연민과 자기 권력 강화 대신 다른 사람들에 대한 보살핌을 고무하는 건강한 자기 사랑을 이룬다.

줄리안은 분명히 종교의 패러다임 전환을 전한다. 그것은 원죄 이데올로기로부터 원선과 원복 의식으로 전환하는 것이며, 죄로부터 감사로 전환하는 것이다. 또 줄리안의 시대부터 오늘날까지 종교를 지배한 질문 즉 위대한 성서학자 스텐달이 '성서에서 볼 수 없는 신경증적 질문'이라고 말한 "나는 구원받았는가?"라는 질문으로부터 "어떻게 해야 어머니 지구와 우주와 우리 종이 물려받은 은총에 감사하고 보답할 수 있을까?"라는 감사와 은혜의 질문으로 전환하는 것이다.

랍비 헤셸은 예언자의 기본 임무는 방해하는 것이라고 가르친다. 줄리안은 우리에게 가부장제를 방해하고, 가부장제가 인간의 역사와 인간의 영혼과 지구를 괴롭힌 상처를 치유하라고 권한다. 그럼으로써 어리석음에서 지혜로 건너오라고 손짓한다. 우리는 그녀의 말에 귀 기울이고 있는가?

주

머리말

1 Edmund Colledge, OSA, and James Walsh, SJ, *A Book of Showings to the Anchoress Julian of Norwich* (Toronto: Pontifical Institute of Mediaeval Studies, 1978), 1:39.

2 Mirabai Starr, *The Showings of Julian of Norwich: A New Translation*, (Charlottesville, VA: Hampton Roads, 2013), xvi.

3 Ibid., xix, xxii.

4 Mary Ford-Grabowsky, ed., *The Unfolding of a Prophet: Matthew Fox at 60*(Berkeley, CA: self-pub., 2000), 63f.

5 Matthew Fox, *Sheer Joy: Conversations with Thomas Aquinas on Creation Spirituality* (Mineola, NY: Ixia, 2020), 48, 47.

6 Colledge and Walsh, *A Book of Showings*, 1:197.

7 Ibid., 196.

8 Nasrullah Mambrol, *Literary Theory and Criticism* (July 4, 2020): https://literariness.org/2020/07/04/analysis-of-t-s-eliots-four-quartets/.

9 Thomas Merton, *Cold War Letters* (Maryknoll, NY: Orbis Books, 2006), 104f.

10 Matthew Fox, *A Way To God: Thomas Merton's Creation Spirituality Journey* (Novato, CA: New World Library, 2016), 143-164.

11 Colledge and Walsh, *Book of Showings*, 1:41, 198.

12 Matthew Fox, *Hildegard of Bingen, a Saint for Our Times: Unleashing Her Power in the 21st Century* (Vancouver: Namaste, 2012), 49.

13 Edmund Colledge, OSA, and James Walsh, SJ, *A Book of Showings to the Anchoress Julian of Norwich* (Toronto: Pontifical Institute of Mediaeval Studies, 1978), 1:39.

14 Starr, *The Showings of Julian of Norwich*, xiv.

15 Ibid., xxii.

16 Brendan Doyle, *Meditations with Julian of Norwich* (Santa Fe, NM: Bear, 1983).

1장 어둠을 직면한다

1 *The Nation* (March 18, 2020): https://www.thenation.com/article/environment/coronavirus-indigenous-peoples/.

2 Matthew Fox, *Creation Spirituality: Liberating Gifts for the Peoples of the Earth* (San Francisco: HarperSanFrancisco, 1991), 82.

3 나는 Matthew Fox, *Meister Eckhart: A Mystic-Warrior for Our Times* (Novato, CA: New World Library, 2014), 88-93에서 마거릿 포레가 마이스터 에크하르트에게 미친 영향에 대해 말했다.

4 Sue Woodruff, *Meditations with Mechtild of Magdeburg* (Santa Fe, NM: Bear, 1982), 60-65.

5 Ibid., 68.

6 Ibid., 69.

7 Ibid., 71.

8 Ibid., 70.

9 『어둔 밤』 십자가의 성 요한 지음, 방효익 옮김. 2008. 기쁜소식. / John Frederick Nims, *The Poems of St. John of the Cross* (Chicago: University of Chicago Press, 1979), 19, 21.

2장 선함, 기쁨, 경외

1 Jean Delumeau, *Sin and Fear: The Emergence of a Western Guilt Culture, 13th-18th Centuries*, 번역 Eric Nicholson (New York: St. Martin's Press, 1990), 145f.

2 Matthew Fox, *Meditations with Meister Eckhart* (Santa Fe, NM: Bear, 1983), 56.

3 Matthew Fox, ed., *Hildegard of Bingen's Book of Divine Works with Letters and Songs* (Santa Fe, NM: Bear, 1987), 64.

4 Colledge and Walsh, *Book of Showings*, II:463, 752.

5 Matthew Fox, *Sins of the Spirit, Blessings of the Flesh: Transforming Evil in Soul and Society* (Berkeley, CA: North Atlantic Books, 2016), 189-236.

6 『사람은 혼자가 아니다』, 아브라함 요수아 헤셸 지음, 이현주 옮김. 2007. 한국기독교연구소. 27. / Abraham Joshua Heschel, *Man Is Not Alone: A Philosophy of Religion* (New York: Farrar, Straus and Young, 1951), 11.

7 『사람을 찾는 하느님』, 아브라함 요수아 헤셸 지음, 이현주 옮김. 2007. 한국기독교연구소. 55. / Abraham Joshua Heschel, *God in Search of Man: A Philosophy of Judaism* (New York: Farrar, Straus and Cudahy, 1955), 78.

8 Fox, *Creation Spirituality*, 29에서 인용.

3장 자연과 하느님은 하나다

1 Woodruff, *Meditations with Mechtild*, 42.

2 Matthew Fox, *Passion for Creation: The Earth-Honoring Spirituality of Meister Eckhart* (Rochester, VT: Inner Traditions, 1991), 512.

3 Matthew Fox, Bishop Marc Andrus, *Stations of the Cosmic Christ* (Unity Village, MO, Unity Books, 2016).

4 Matthew Fox, *The Coming of the Cosmic Christ* (San Francisco: HarperSanFrancisco, 1988), 83-128.

5 John O'Donohue, *Anam Cara: A Book of Celtic Wisdom* (New York: HarperCollins, 1997), 96f.

6 Fox, *Meditations with Meister Eckhart*, 97.

7 Fox, Andrus, *Stations of the Cosmic Christ*, 123-28.

8 Thomas Berry, *When the Trees Say Nothing: Writings on Nature*, Kathleen Deignan (Notre Dame, IN: Sorin Books, 2003), 18f.

4장 여성적 신과 하느님의 모성

1 『더 이상 어머니는 없다』, 에이드리언 리치 지음, 김인성 옮김. 2002년. 평민사. 7-9. / Adrienne Rich, *Of Woman Born: Motherhood as*

Experience and Institution (New York: W. W. Norton, 1976), 11f.

2 같은 책, 130. / Ibid., 114f.

3 Woodruff, *Meditations with Mechtild*, 79, 109.

4 Fox, *Hildegard of Bingen*, 114.

5 *Hildegardis Scivias*, Adeloundis Führkötter, OSB, Angela Carlevaris, OSB(Turnhout: Brepols, 1978), 2:565.

6 Fox, *Hildegard of Bingen*, 125–32.

7 Ibid., 114f.

8 Ibid., 120.

9 Ibid., xiii.

10 Ibid., 115.

11 Fox, *Passion for Creation*, 291.

12 Fox, *Meister Eckhart*, 66f.

13 Matthew Fox, *The Tao of Thomas Aquinas: Fierce Wisdom for Hard Times* (Bloomington, IN: iUniverse, 2020), 115.

14 Matthew Fox, *Wrestling with the Prophets: Creation Spirituality in Everyday Life* (New York: Jeremy Tarcher, 2003), 297–316.

15 John Dominic Crossan, *In Search of Paul: How Jesus's Apostle Opposed Rome's Empire with God's Kingdom* (San Francisco: HarperSanFrancisco, 2004), 278–91.

16 Matthew Fox, *Illuminations of Hildegard of Bingen* (Rochester, VT: Bear, 2002), 76–82 and plate 9.

5장 비이원론을 맛본다

1 William Hermanns, *Einstein and the Poet: In Search of the Cosmic Man* (Brookline Village, MA: Branden, 1983), 68f.

2 Matthew Fox, *Passion for Creation*, 77.

3 Ibid., 312.

4 Ibid., 302.

5 Fox, *Sheer Joy*, 89.

6 Ibid., 167.

7 Ibid., 168.

8 Ibid.

9 Fox, *Meditations with Meister Eckhart*, 58.

6장 우리의 감각성을 신뢰한다

1 William Eckhardt, *Compassion: Toward a Science of Value* (Oakville, Ontario: CPRI, 1973), 4f.

2 Gerhard von Rad, *Wisdom in Israel* (Nashville: Abingdon, 1974), 306.

3 Roland E. Murphy, *Wisdom and Knowledge*, (n.d.), 2:190.

4 Walter Brueggemann, *Catholic Biblical Quarterly*, 31 (1969): 486f., 489.

5 Ibid., 492, 491, 495. Matthew Fox, *Original Blessing: A Primer in Creation Spirituality* (New York: Jeremy P. Tarcher/Putnam, 2000), 81-87에서 창조 신학의 근본 원리 중 하나로 신뢰라는 주제를 말했다.

6 Fox, *Tao of Thomas Aquinas*, 155.

7 Fox, *Meditations with Meister Eckhart*, 82.

8 Fox, *Sheer Joy*, 149f.

9 Ibid., 146-52.

10 Fox, *Hildegard of Bingen*, 34.

11 Woodruff, *Meditations with Mechtild*, 43.

12 Ibid., 41.

13 Ibid.

14 Ibid., 39.

15 Fox, *The Coming of the Cosmic Christ*, 112-14에서 시 전문과 해설을 볼 수 있다.

16 『더 이상 어머니는 없다』, 에이드리언 리치 지음, 김인성 옮김. 2002. 평민사. 326-327. / Rich, *Of Woman Born*, 284-86.

17 『소농, 문명의 뿌리』, 웬델 베리 지음, 이승렬 옮김. 2016. 한티재. 216, 218, 219. / Wendell Berry, *The Unsettling of America: Culture and Agriculture* (San Francisco: Avon Books, 1977), 107f.

18 같은 책, 254-255. / Ibid., 123f.

19 Fox, *Passion for Creation*, 72.

7장 악을 이기는 사랑의 힘은 안녕으로 이끈다

1 Fox, *Sheer Joy*, 229.

2 *Doctrine of Discovery: Mother Earth's Pandemic*:
  https://doctrineofdiscovery.org/papal-bulls/.

3 Andrew Harvey and Carolyn Baker, *Radical Regeneration: Birthing the New Human in the Age of Extinction* (Bloomington, IN: iUniverse, forthcoming).

4 Ibid.

5 Ibid.

6 Ibid.

7 Fox, *Tao of Thomas Aquinas*, 154.

결론

1 Fox, *Sheer Joy*, 89, 93, 59.

2 Ibid., 101.

3 *Doctrine of Discovery: Mother Earth's Pandemic*:
  https://doctrineofdiscovery.org/dum-diversas/.

4 *Doctrine of Discovery: Mother Earth's Pandemic*:
  https://doctrineofdiscovery.org/inter-caetera/.

5 2020년 8월 22일 위키피디아 열람
  https://en.wikipedia.org/wiki/Discovery_doctrine.

6 Robert Bellah, *The Broken Covenant: American Civil Religion in Time of Trial* (New York: Seabury, 1975), 162.

후기

1 Marija Gimbutas, *The Language of the Goddess* (San Francisco: HarperSanFrancisco, 1989), 321.

[1] Mirabai Starr, *The Showings of Julian of Norwich: A New Translation* (Charlottesville, VA: Hampton Roads Publishing Company, Inc., 2013), 180. 아래에서 S는 이 책을 가리킨다.

[2] S 6f.

[3] Brendan Doyle, *Meditations with Julian of Norwich* (Santa Fe, NM: Bear & Co., 1983), 132. 아래에서 D는 이 책을 가리킨다.

[4] S 132.

[5] S 133.

[6] S 139.

[7] S 139.

[8] S 139.

[9] S 157.

[10] S 172.

[11] D 64.

[12] S 212.

[13] D 33.

[14] S 216.

[15] S 22.

[16] S 23.

[17] D 118.

[18] D 86.

[19] S 116.

[20] S 8-12.

[21] S 8-12.

[22] D 43.

[23] D 110.

[24] D 111.

[25] S 171.

[26] S 176.

[27] S 220.

[28] S 101.

[29] D 56.

[30] S 101.

[31] D 80.

[32] D 42.

[33] D 112.

[34] S 139.

[35] S 139.

[36] S 140.

[37] S 42-43.

[38] S 163.

[39] S 84.

[40] S 156.

[41] S 77.

[42] S 22.

[43] S 23.

[44] S 171.

[45] S 155.

[46] S 157.

[47] S 162.

[48] S 171.

[49] S 171.

[50] D 104.

[51] S 85.

[52] S 142.

[53] D 116.

[54] D 117.

[55] S 104.

[56] S 122.

[57] S 84.

[58] D 84.

[59] S 192.

[60] S 60.

[61] S 56f.

[62] S 56.

[63] S 179.

[64] S 179.

[65] S 116.

[66] S 204.

[67] S 201.

[68] S 139.

[69] S 101.

[70] S 101.

[71] S 109f.

[72] S 107.

[73] S 156.

[74] S 220.

[75] S 221.

[76] S 221.

[77] D 131.

[78] D 106.

[79] D 82.

[80] D 108.

[81] D 109.

[82] D 109.

[83] D 111.

[84] D 102.

[85] D 60.

[86] S 198.

[87] D 88.

[88] D 72.

[89] S 195.

[90] D 89.

[91] D 37.

[92] S 149.

[93] S 149.

[94] D 77.

[95] S 154.

[96] S 113.

[97] S 159.

[98] D 25.

[99] S 133.

[100] S 139.

[101] S 149.

[102] D 47.

[103] D 104.

[104] D 39.

[105] S 202.

[106] D 44.

[107] D 19.

[108] D 103.

[109] D 85.

[110] D 81.

[111] D 80.

[112] D 80.

[113] D 61.

[114] D 105.

[115] D 110.

[116] D 110.

[117] S 165.

[118] D 101.

[119] D 132.

[120] D 99.

[121] D 90.

[122] S 159.

[123] S 161.

[124] S 162.

[125] S 163.

[126] S 164.

[127] S 164.

[128] S 165.

[129] S 167.

[130] S 167.

[131] S 158, 174.

[132] D 90.

[133] S 160.

[134] S 164.

[135] S 166.

[136] S 166.

[137] S 166f.

[138] D 82.

[139] D 79.

[140] D 79.

[141] D 100.

[142] D 93.

[143] D 73.

[144] S 186.

[145] D 70.

[146] D 44.

[147] S 147.

[148] S 137.

[149] S 138.

[150] S 146.

[151] S 149.

[152] S 139.

[153] S 142.

[154] S 142.

[155] S 140f.

[156] S 195.

[157] S 142.

[158] S 143.

[159] S 143.

[160] S 162.

[161] S 142.

[162] S 160.

[163] S 219.

[164] D 78.

[165] D 78.

[166] D 78.

[167] D 87.

[168] D 87.

[169] D 34.

[170] S 153.

[171] D 35.

[172] S 187.

[173] D 122.

[174] D 89.

[175] D 71.

[176] D 67.

[177] D 52.

[178] S 142.

[179] S 143.

[180] S 159.

[181] S 1552.

[182] D 92.

[183] D 93.

[184] D 94.

[185] D 95.

[186] S 152.

[187] D 96.

[188] S 156.

[189] D 99.

[190] S 157.

[191] S 152.

[192] D 29.

[193] D 98.

[194] S 181.

[195] S 190f.

[196] S 199.

[197] D 78.

[198] D 128.

[199] D 125.

[200] D 120.

[201] D 67.

[202] D 62.

[203] D 50.

[204] D 83.

[205] D 76.

[206] D 55.

[207] D 55.

[208] D 54.

[209] D 129.

[210] S 122.

[211] D 13.

[212] D 74.

[213] S 222.

[214] D 113.

[215] S 113f.

[216] S 35.

[217] S 34.

[218] S 163.

[219] S 173.

[220] S 182f.

[221] S 188f.

[222] S 207.

[223] S 218f.

[224] D 134.

[225] D 48.

[226] D 53.

[227] D 121.

[228] D 135.